唐伯虎研究

买艳霞 ——————著

TANGBOHU

YANJIU

江苏人民出版社

图书在版编目(CIP)数据

唐伯虎研究/买艳霞著.—南京:江苏人民出版
社,2021.12
 ISBN 978-7-214-26631-6

Ⅰ.①唐… Ⅱ.①买… Ⅲ.①唐寅(1470~1523)—
人物研究 Ⅳ.①K825.72

中国版本图书馆 CIP 数据核字(2021)第 215571 号

书　　　名	唐伯虎研究
著　　　者	买艳霞
责 任 编 辑	于　辉
装 帧 设 计	刘莘莘
责 任 监 制	陈晓明
出 版 发 行	江苏人民出版社
地　　　址	南京市湖南路 1 号 A 楼,邮编:210009
照　　　排	江苏凤凰制版有限公司
印　　　刷	南京新洲印刷有限公司
开　　　本	652 毫米×960 毫米　1/16
印　　　张	16.75　插页 2
字　　　数	210 千字
版　　　次	2021 年 12 月第 1 版
印　　　次	2021 年 12 月第 1 次印刷
标 准 书 号	ISBN 978-7-214-26631-6
定　　　价	80.00 元

(江苏人民出版社图书凡印装错误可向承印厂调换)

目 录

绪论

唐寅(1470—1524),字伯虎,一字子畏,号六如居士,别号桃花庵主、鲁国唐生等。吴县吴趋里(今江苏苏州)人。有学圃堂、梦墨亭诸室名。不管是学术领域,还是世俗大众,众人更熟悉的是称字的唐伯虎,因而本书取唐伯虎这个更为大众熟悉的名称来展开研究。唐伯虎出生于商贾之家,天资聪颖,年少时就有成为侠客英雄的理想,对于读书人追捧的举业并不是很上心。明朝弘治初年,他曾和祝允明、文徵明等人倡导古文辞,一起开展过学习古文辞的活动。二十五六岁时他的家庭遭遇变故,短短一两年之内,亲人接连丧故。父母妻儿及唯一的妹妹都离开了人世,只剩下他和弟弟唐申一家相依为活。遭遇变故的唐伯虎一度很消沉,后经好友祝允明劝说,闭户经年,准备举业,在弘治十一年(1498)戊午参加了乡试,高中解元。次年会试,与江阴富家公子徐经同行。后因给事中华昶、林廷玉,劾主考程敏政鬻题于徐经事受牵连,被发往浙蕃做小吏,唐伯虎以之为耻,没有去赴任,从此归隐家乡,潜心艺术,成为一名书画俱佳的地方名人。45岁时,他曾应宁王朱宸濠之聘,其间唐伯虎觉察到宁王有谋逆之心,就假装发狂得以脱身。唐伯虎曾在桃花坞筑室,最喜在桃花树下饮酒赏花。他的家庭虽然并不富有,却经常与友人诗酒相会,高朋满座。他喜欢收藏图书,还通晓音律,诗文成就较高,曲词亦有特色,书画成就最突出。年五十四而卒。钱谦益《列朝诗集小传》将唐伯虎与徐祯卿、祝允明、文徵明并称为"吴中四才子"。《明史》卷二八六将唐伯虎列入"文苑传"。

在明代文人中,唐伯虎的名字可谓是家喻户晓、妇孺皆知,当然这一切都得益于通俗文学作品中所展现的那个风流倜傥、满腹文采又玩世不恭的才子形象。虽然"点秋香"的故事纯属虚构,但人们却从此记住了多情任性的才子唐伯虎。而多情任性恰恰是唐伯虎最真实、最可爱的地方。历史上的唐伯虎确实也风流过,他自诩为"江南第一风流才子",他有过"平康驴背驮残醉"(《漫兴》其三)①、"煖簇薰笼与妓烘"(《春日写怀》)②的风流生活,他曾是"平康巷陌倦游人,狼籍桃花中酒身"(《漫兴》其六)③的浪荡才子。但他同样是一位有理想有抱负的文人,中解元后他满怀"壮心未宜逐樵渔,泰运咸思备扫除"(《领解后谢主司》)④的豪情,对功名他曾有过"名不显时心不朽,再挑灯火看文章"(《夜读》)⑤的热烈追求。他还具有侠客精神,"尝自谓布衣之侠,私甚厚鲁连先生与朱家二人"(《与文徵明书》)。⑥ 科举受挫、理想成空,他不禁消极的感叹:"追思浮世真成梦,到底终须有散场"(《叹世》);⑦也难免愤慨地倾诉:"黄金谁买长门赋,黛笔难描满额鬖"(《漫兴》其六)。⑧ 仕途失意,理想不能实现,使得空有豪情万丈、满腹才华的唐伯虎只有在诗文书画烟花酒月中寄托自己抑郁的情怀。唐伯虎的一生是孤独与寂寞的。《伯虎绝笔》云:

---

① 《唐伯虎全集》,周道振、张月尊辑校,中国美术出版社,2002 年,第 81 页。
② 《唐伯虎全集》,第 91 页。
③ 《唐伯虎全集》,第 82 页。
④ 《唐伯虎全集》,第 59 页。
⑤ 《唐伯虎全集》,第 88 页。
⑥ 《唐伯虎全集》,第 220 页。
⑦ 《唐伯虎全集》,第 94 页。
⑧ 《唐伯虎全集》,第 82 页。

生在阳间有散场,死归地府也何妨?

阳间地府俱相似,只当漂流在异乡。①

笔者看到的不是面对死亡无所畏惧的潇洒的唐伯虎,而是有着深深孤独与寂寞的唐伯虎。对于唐伯虎来说,阳间和地府是一样的,这一样表现在不管在哪里他都觉得自己是身处异乡,这是何其沉痛与悲哀。风流潇洒又抑郁不得志的唐伯虎却没有灵魂的家园。

　　唐伯虎是明代著名画家之一,因而美术界对唐伯虎的重视要高于文学界。但唐伯虎同时也是一位有成就的文学家,他于诗、词、曲、赋、文等文学样式均有涉猎,而以诗歌成就为最高,在明代诗歌史上也占有一席之地。在对唐伯虎诗歌历史地位的评价上,章培恒在《明代的文学与哲学》(1989)将唐伯虎作为南方文学的代表,与北方的李梦阳并提,是对唐伯虎文学价值的高度肯定。章培恒、骆玉明主编的《中国文学史》(1996)是近年来首次设专节介绍包括唐伯虎在内的"吴中四才子"的文学史,书中对唐伯虎与祝允明作了专门的论述。但该书认为唐伯虎诗歌的俚俗之作"不事修饰,不计工拙,成功地表现了诗人的个性。但它对向来的文人诗歌传统,却造成严重的破坏"。② 肯定了唐伯虎诗作在表达个性上的成就,也批评了他的创作对历来的文人诗歌传统带来了破坏。有趣的是,在 11 年后章培恒、骆玉明修订的《中国文学史新著》(2007)中对唐伯虎的认识和肯定都出现了明显的提高,他们提出唐伯虎"是明代最早出现的、有意识地在诗歌上进行创新的诗人。他的某些作品,在我国白话文学史上具有重要意义。至其创作态度,则是勇敢地抒写他所认为的人性"。③ 可谓是近年来文学史中对唐伯虎诗学成就的高度评价。陈书录《明代诗文的演变》(1996)

① 《唐伯虎全集》,第 159 页。

② 章培恒、骆玉明主编:《中国文学史》下,复旦大学出版社,1996 年,第 245 页。

③ 章培恒、骆玉明主编:《中国文学史新著》下,复旦大学出版社,2007 年,第 85 页。

中认为以唐伯虎为代表的吴中诗坛是"以杨维桢为代表的尊情抑理的精神向晚明李贽、袁宏道等人独抒性灵、尚今尚俗思潮过渡的一座桥梁"。① 黄卓越《明中后期文学思想研究》则提出了唐伯虎的诗歌情色学的新观点,认为弘治以后吴中的感觉主义风尚开始添入了情欲论的成分,唐伯虎就是这一思潮的弄潮儿。由此可知,唐伯虎在明代诗歌史上的地位还是值得肯定和研究的。学界对唐伯虎的个案研究,较之吴中其他文人也是比较深入的。

目前学界在唐伯虎生平研究与文集整理上有以下几部力作。杨静庵的《唐寅年谱》(1947)可谓唐伯虎生平研究中的里程碑式著作,该年谱基本勾勒了唐伯虎一生中的基本活动和经历的重大政治事件,此后的有关唐伯虎的生平史实的研究,及多种传记文学的创作基本都以此书为准。台湾学者江兆申《关于唐寅的研究》(1969)从六如居士之身世、六如居士之师友与遭遇、六如居士之游踪与诗文、六如居士之书画与年谱等方面对唐伯虎作了细致的研究,还对唐伯虎的诗文进行了辑佚,辑出诗歌 111 首,尺牍 2 则。台湾学者郑骞《唐伯虎诗辑逸笺注》(1982)继江兆申辑作之后,该书辑唐伯虎各体诗 302 首(其中和江兆申辑诗一致的,郑骞作出明确标示该诗江本已有)、联句 3 首、断句 9 则、词 2 首,此外又辑出赞 3 首、题跋 9 篇、尺牍 9 篇,别成伯虎杂文辑存,列为附录,附录还收有《伯虎诗文辨伪》《宝绘录伪撰伯虎诗文汇辑》等文。江兆申所辑逸诗多未注明出处且无校笺,郑骞此书于每篇下均注明出处,并给以简单的校笺。大陆的学者王宁章、王毓骅的《〈唐伯虎全集〉补遗〉之补遗》(1998),也是对江兆申成果的补充,补入乐府 2 首、五言古诗 4 首、七言古诗 4 首、五言律诗 6 首、五言排律 1 首、七言律诗 46 首、五言绝句 10 首、七言绝句 117 首、词曲 10 首、尺牍 7 篇、论 1 篇、题跋 11 则、赞 6 首、联句 2 联,共辑的各类作品 227 首(篇)。这

---

① 陈书录:《明代诗文的演变》,江苏教育出版社,1996 年,第 183 页。

两位学者在辑逸说明中提到了江兆申，未提到郑骞，似乎在作此项工作时未见到过郑骞的《唐伯虎诗辑逸笺注》，因而所辑作品与郑辑作品有重复之处。周道振的《唐伯虎全集》(2002)，是目前收集唐伯虎作品最全的集子，所收辑逸作品依据的也主要是书画题跋类。在该书的参考文献中未见到江、郑两人之书，也未提及二王之工作，故周道振先生辑补唐伯虎作品与江、郑及二王诸位先生的劳动亦有重复之处。但是周道振的收集本从整体结构和框架上都是最合理最完善的本子，也是研究唐伯虎最有参考价值的本子。

近年来有关唐伯虎的专题论文，从数量上来看，是逐年递增的。以唐伯虎为主题的单篇研究论文，1979—1989 年，约有 11 篇。1990—1999 年，约有 8 篇。2000—2009 年，约有 45 篇。2010—2021 年，约有 16 篇。从数字上来看，20 世纪 80 年代与 90 年代，学界对唐伯虎的关注度是比较平衡的，2000—2009 年，关注度大大提高，单篇论文是过去 20 年的两倍。2010 年至今，论文篇数有明显下降，关注度有所减弱。且从 2002 年马宇辉的博士学位论文《新视野中的唐寅》开始，越来越多的高校学位论文选择唐伯虎作为研究对象，博士学位论文也对他有较大篇幅的涉及。以唐伯虎及其相关文学作品为研究对象的学位论文：2002 年，1 篇博士论文、1 篇硕士论文；2003、2006 年，各有 1 篇硕士论文；2007 年，1 篇博士后出站报告、3 篇硕士论文；2008 年，2 篇硕士论文；2009 年，1 篇硕士论文；2010 年，2 篇博士论文；2011 年，1 篇博士论文；2017 年，1 篇硕士论文；2020 年，1 篇硕士论文。另外，2003 年有 2 篇硕士论文涉及唐伯虎；2004 年有 2 篇博士论文涉及唐伯虎；2005 年有 1 篇博士论文、1 篇硕士论文涉及唐伯虎；2006 年有 2 篇硕士论文涉及唐伯虎；2008 年有 1 篇硕士论文涉及唐伯虎；2010 年有 1 篇硕士论文涉及唐伯虎；2020 年有 1 篇硕士论文涉及唐伯虎。从 2002 年至今，有 1 篇博士后出站报告、3 篇博士论文、11 篇硕士论文专题研究唐伯虎，3 篇博士论文、10 篇硕士论文涉及唐伯虎研究。

以唐伯虎为题的学位论文涉及唐伯虎的心态与诗歌创作、词曲研究、交游研究、人格探究、年谱新编、"三笑"故事、形象演变等方面。非专题论文则将对唐伯虎的个体研究纳入明代文人派系研究,如把唐伯虎纳入"吴中派"或"吴中文人集团"的研究中,侧重点在他的生平思想及诗歌创作的成就上。

台湾地区相关的学位论文,以唐伯虎为题的有 4 篇,分别是柳喜在《三笑姻缘故事研究》(1986)、谭银顺《唐寅生平及其诗文研究》(1992)、朱龙兴《论唐寅〈陶穀赠词图〉中的情色意涵》(1997)、李立明《唐寅及其诗歌研究》(2007),均为硕士论文。涉及唐伯虎的研究也有 4 篇,分别是林贤得《明代中叶吴中名士诗歌研究》(1986)、钱天善《明三家画题画诗研究》(2002)、徐德智《明代吴门词派研究》(2005),以上 3 篇为硕士论文;另有 1 篇博士论文,是林宜蓉的《中晚明文艺场域"狂士"身分之研究》(2002)。这些论文仅能见到摘要,全文未见。从摘要来看,其研究涉及唐伯虎的生平、诗文(题画诗)、词作、"三笑"故事等方面。

对于唐伯虎研究中一些具体的问题,主要集中在唐伯虎的生平、思想、文学创作、影响及"三笑"故事、形象演变等几个方面。对此,邓晓东在《百年来唐寅研究的回顾与展望》中则有较为简要的总结。该文先对"唐寅研究的历史回顾"作了简单介绍,把百年来大陆的唐伯虎研究分为奠基、停滞、复苏繁荣三个阶段,对每一阶段的主要成果给予了简略介绍。该文还对"唐寅研究的五大内容"作出简介,包括唐伯虎生平、交游及作品辑逸,唐伯虎的思想性格,唐伯虎的文学创作,唐伯虎的影响,"三笑"的研究。基本上对唐伯虎的研究现状作了较简略的总结。为了清楚地展现唐伯虎研究中的具体问题,笔者在此不避重复,拟作一详细介绍。

唐伯虎一生经历的两次重大政治事件,一为弘治十二年(1499)"科场案",一为应宁王朱宸濠之邀的南昌之行。然而,两者都因为史料的不足而呈现语焉不详的状态。特别是后者,因宸濠后来的"谋逆"事件，唐伯虎在宸濠处的经历，更是因所见资料较少而不太受学界关注。因而研究者把更多的目光集中在了弘治十二年的"科场案"上，案情大致如下：唐伯虎在弘治戊午举乡试第一。主考梁储还朝后，极力向程敏政推荐唐伯虎。己未会试，程敏政为主考官，唐伯虎与江阴举子徐经同行至京参加会试。后因给事中华昶参劾程敏政鬻题给徐经，此事株连到唐伯虎，涉嫌人员均下狱。虽然程敏政鬻题事难以核实，显系捕风捉影。但程敏政还是被勒令致仕，徐经与唐伯虎也被黜落功名。会试前，唐伯虎曾拜会过程敏政，时值梁储奉命出使安南，唐伯虎遂请程敏政作文以为梁储送行。科场案发后，唐伯虎竟因请程敏政作文事，瓜田李下，终被牵连，论发到浙藩为吏。有说华昶弹劾程敏政，是因为傅瀚觊觎敏政之位，指使华昶所为。还有说程敏政鬻题给徐经事，很可能是因为都穆的告发。综观正史与野史的各种记载，明清两代文人给予了众多辨析。问题集中在程敏政是否"鬻题"？华昶的参劾是否被人假手？傅瀚是否欲夺程敏政之位？徐经与唐伯虎有没有于考试前得到试题？都穆是否是卑鄙的告发者？虽然，在诸多细节上大家见仁见智，但最终得出在此案中，唐伯虎实为无辜受累者。近人基本接受了这种结论，研究的分歧多集中在一些细枝末节上。如杨静庵《唐寅年谱》认为：唐伯虎"与同乡都穆交恶，誓不相见，亦由科场案事"。① 告发者或为唐伯虎之友都穆。江兆申《关于唐寅的研究》看法与此相近，并指出了李东阳有可能存在"淹灭内帘证据，替程敏政弥缝"②的情况。陈寒鸣《程敏政与弘治己未会试"鬻题"案探析》(1998)、刘彭冰《弘治十二年科场风波考述》(2003)，从《明孝宗实录》及其他记载出发，均认为程敏政并未"鬻题"。谈晟广《明弘治十二年礼部会试舞弊案》(2006)，从涉案人员复杂的人

---

① 杨静庵：《唐寅年谱》，商务印书馆，1947 年，第 41 页。

② 江兆申：《关于唐寅的研究》，台北"国立"故宫博物馆，1969 年，第 47 页。

际关系入手,对傅瀚是否"有谋代其(程敏政)位",华昶是否"甘为鹰犬"及"都穆构陷"提出质疑。杨继辉《唐寅科场案详考》(2006)也认为都穆告发一事最经不起推敲。

关于唐伯虎的思想研究,主要集中在唐伯虎的思想与同时代王阳明的思想之比较、与晚明浪漫思潮的关系、其思想的复杂性(兼具儒佛道色彩)及人格等方面。对于唐伯虎思想与王阳明思想的关系,学者们作了初步探讨,虽不深入,但发轫之功实不可没。如魏际昌《唐六如评传》(1986)认为六如与阳明同时,思想境界很有许多相似之处。因为两人都是出入二氏归本儒家的,不过一个以事功、理学著称(王),一个以诗文书画传世(唐),应该说是各有千秋的。王文钦《唐寅思想初探》(1987)中认为唐伯虎的哲学思想有别于与他同时的王守仁、湛若水。就他的思想渊源来看,远受孟轲、近受陈献章影响较多,也有庄周的影子。李双华《论唐寅的人生态度及其文化意义》中认为王阳明与唐伯虎在政治功业上虽然差别很大,但从文化上看,明中晚期思想的变异都与二人有密切关系。王阳明开创了理学的新局面;唐伯虎则以他的思想行为和人生态度,直接促成了明代知识分子心态的转变,对明中后期的思想解放潮流产生重大影响。

王文钦在《唐寅思想初探》(1987)中认为唐伯虎思想性格中的重个性、重真情的成分实开晚明浪漫思潮的先声。周月亮、章培恒、王乙、周怡、魏崇新、王春华等人均持此种观点。他们认为唐伯虎追求世俗生活、崇尚个性自由,以及反对假道学、重真情等都使他成为晚明类似思潮的前驱人物,他的精神现象标志着那个时代审美意识的取向。诸多硕士论文也采用了这种观点。李双华《明代中叶吴中派研究》中认为市民性是解读唐伯虎思想的关键,唐伯虎对个体的关注是新兴的价值观念体系,这种价值体系的着眼于个人而不是集体国家。

另外,研究者还注意到唐伯虎思想的复杂性问题。段炳果《唐伯虎的遭遇及其对艺术思想的影响》(1989)认为唐伯虎有孟子"兼济"与"独善"之一致的思想内核,化之以"济物之心"而处世,又有超凡脱世的思想;还认为唐伯虎审美思想中具有该时期社会思潮中尊重人、特别是尊重妇女劳动的文化意识在萌生。王富鹏《论唐寅思想的多面性和整体性》(2000)则认为唐伯虎的思想既有及时行乐的市民意识,也有儒家读书做官、显亲扬名的仕宦思想和佛道出世的理念,其思想意识体现了三者的统一与相通。王文英《唐伯虎的人生历程及其立名思想》(2007)认为虽然在唐伯虎的身上存在着道家思想、佛禅心理、玩世行为,但儒家建功立业、名垂后世的思想意识却占据更主导的地位。谢丹《唐寅文学研究》(2008)认为科考案前,唐伯虎的思想基本上以儒家的积极入世精神为主导;科考案后,及时行乐和佛道出世思想成为他思想的主体。他的思想中既有着仕宦用世的功名意识,又有着及时行乐的生命意识和佛道出世的空幻意识。

对唐伯虎狂放不羁的人格的研究也在逐渐细化。王富鹏《论唐寅的佛道出世人格》(2002)和《论唐寅的儒侠入世人格》(2003)两文中论述了唐伯虎既有佛道出世人格,又有儒侠入世人格。他还在《论唐寅性格的女性化特征及成因》(2006)中认为唐伯虎在科场案后,自觉不自觉地接受了传统文人"拟女性"的创作手法,使其自己与诗中的落花、散曲中的弃妇三位一体,显示出女性化的性格特征。孙植《论唐寅诗的情志内容及其人格表现》(2004)中认为唐伯虎率真颖达、清高自傲的人格特征通过花鹤琴笛等一般象征寄托物和放旷的言行、风流的外表曲折反映在其诗歌的情志内容之中。此外,沈金浩《唐寅、文征明文化性格比较论》(2005)从二人的寿命、科举、仕途和社会地位;生活态度、人生趣味;诗、书、画风格来对比研究,得出唐、文的这种差异,反映了在当时的政治体制下,文人及其所代表的文化可能作出的选择。许丽媛《唐寅人格探析》(2007)从唐伯虎傲诞不羁、出名教外的行为,追慕豪侠、避世隐居的思想，与崇新尚奇、自成一家的文学主张来论述唐伯虎张狂的人格。并探讨了其人格形成的主客观原因，认为除自身性格及特殊经历外，时代、地域、环境三个因素也不容忽视，具体落实在与之交游的吴地狂士、隐逸传统以及市民阶层、理学、吴中重文的传统和新兴商业之风交织诸多方面，对唐伯虎人格作了较系统的研究。

唐伯虎的文学创作以诗歌为主，文、词、曲、赋作品相对较少，因此学界研究多集中在他的诗歌创作上，近几年来曲、文、词、赋的研究也日益得到关注。李昌集《中国古代散曲史》(1991)、郭预衡《中国散文史》(1999)、张仲谋《明词史》(2002)、孙海洋《明代辞赋述略》(2007)等著作的相关章节对唐伯虎的曲文词赋均略有涉及。

唐伯虎重性情、尚天趣的诗歌风尚，因张扬个性、独具特色而颇受世人关注。胡适《王阳明之白话诗》中认为唐伯虎的诗是明诗正传。温肇桐《明代四大画家》中认为唐伯虎的诗轻艳潇洒。宋佩韦《明文学史》谈到唐伯虎的诗作时说他："晚年益自放，做诗不计工拙，然才气烂漫，时复斐然。"[1] 基本沿用了钱谦益的观点，"晚益自放，不计工拙，兴寄烂熳，时复斐然"。[2] 郑振铎在《插图本中国文学史》中，论及吴中诗人（包括唐伯虎）诗作时说他们的创作以抒写性情为第一义，但缺点在于每伤绮靡，与虚伪的复古运动相比，可算是沙漠中的绿洲，给予了较高的评价。钱基博在《中国文学史》中沿袭了四库馆臣的评价"寅诗颓唐浅率，老益潦倒"。[3] 学界对其诗歌的研究主要集中在诗歌内容、诗歌风格的转变、诗歌审美特征、诗歌的历史地位及题画诗的专题研究上。

关于唐伯虎诗歌的内容，俞明仁《漫议唐伯虎》归纳其诗歌内容为述己诗、写景诗、劝世诗、艳情诗四大类。章培恒《明代的文学与哲学》中提出唐伯虎诗歌有较新的内容，体现在其诗作中对饮

---

[1] 宋佩韦：《明文学史》，商务印书馆，1934年，第109页。
[2] （清）钱谦益：《列朝诗集小传》，上海古籍出版社，1983年，第298页。
[3] 钱基博：《明代文学》，商务印书馆，1933年，第90页。

食、声色、市井等世俗生活的歌颂。朱万曙《一个文学史不该忘却的作家——唐伯虎文学创作试论》认为其诗歌饱含着对现实的不满和批判、对自由个性的赞美、对山水景物的生动描绘。周怡《略论唐寅》则认为唐伯虎诗作尤爱咏花、咏美人、写春情。邱晓平《明中叶吴中文人集团研究》认为其诗歌可分为对传统儒家人生价值的否定、对享乐虚无的抒写、为市民写心三个方面。王晓辉《唐寅生命意识的解读》认为理想和现实的矛盾给唐伯虎所造成的伤痛，与解决这一伤痛所进行的探求与思考，是其诗歌的主要内容。谢丹《唐寅文学研究》认为唐伯虎的诗歌大致可分为纪游诗、感怀诗、咏物诗、艳情诗。

关于唐伯虎诗歌的艺术特色，学界基本上沿袭了明清两代学者对唐伯虎的诗歌评价，认为其诗作有秾丽熟俗之作，也有天真烂漫之语，且诗作注重抒发真性情。如宋戈《论唐寅诗歌的艺术特色》指出了唐伯虎诗歌的清新俊逸、自然流畅、想象力丰富的特点，并肯定了唐伯虎诗歌俚俗化的倾向。就其诗歌的审美特征，陈书录《明代诗文的演变》曾以愤世嫉俗之中有幽怨之美、超尘脱俗之中有飘逸之美、市井风俗之中有世情之美、纪游题画诗中有天趣之美加以概括。

唐伯虎诗风的变化，与其人生经历有直接的关联。钱谦益认为其诗歌风格有早、中、晚三变，江兆申论唐伯虎诗采用此种说法。今人则倾向于分成早晚两期，认为其诗歌创作风格的变化，早年追慕六朝、初唐，崇尚华美艳丽；晚年走向颓然自放，俚俗浅白。如徐朔方、孙秋克在《明代文学史》写道："唐寅早年的诗比较秾丽，科场失利后性格狂荡不羁，诗风也一变而为放达，风格则浅近俚俗。"[①]李双华、邱晓平的博士论文，以及诸多硕士论文等都基本以此来论述其诗歌创作风格的变化。

---

① 徐朔方、孙秋克：《明代文学史》，浙江大学出版社，2006年，第230页。

关于唐伯虎的题画诗,学者们主要从题画诗的分类及其体现的审美特征两方面来探讨。如周怡、林坚、施宁、俞明仁、汪涤、谢丹等就对唐伯虎的题画诗多有关注。如周怡《略论唐寅》认为唐伯虎的题画诗往往能够从画境之外多维地表达情景,以听觉补充视觉。汪涤《明中叶苏州诗画关系研究》中认为唐伯虎山水诗画,虽然数量众多,但是表现的题材却很有规律,一般不出以下几类:一是表现看泉、听风、远眺、渔隐、骑驴等文人的山林隐逸;二是表现燕坐、纳凉、品茗等文人家居生活;三是归牧、船渡、行旅等日常劳作。谢丹《唐寅文学研究》认为唐伯虎题画诗所表现出璀璨美、意趣美、新奇美和悲剧美等多重审美意蕴,体现了唐伯虎诗歌独特的艺术魅力。

关于唐伯虎文、赋的成就,专题研究暂未见,但相关研究略有涉及。郭预衡《中国散文史》(1999)认为唐伯虎为文,有如其人,"或精或泛",确无"常态"。现存之文虽已不多,但有些篇章,如书信诸作,颇见特色,确属富于"才情"之文。李双华《明代中叶吴中派研究》则认为唐伯虎的散文不为风气所囿,借六朝之风,抒一己之意,使人不觉其佶钉,而觉其错落低昂。此为吴中文风的一种独特风格。孙海洋《明代辞赋述略》(2007)评价唐伯虎之赋走向清艳一流。于雯霞《明中叶吴中四才子论》(2003)中论及唐伯虎时,认为唐伯虎对赋体情有独钟,其《金粉福地赋》,迎合了当时人们夸富好逸的心理。邸晓平《明中叶吴中文人集团研究》(2004)中认为唐伯虎的赋有一定成就,如《娇女赋》从叙事摹写的方式和手段上看,体现出了汉大赋极尽摹写、恢宏绝丽的特点,《金粉福地赋》语言优美而富有韵味,节奏婉转、流畅,无论是写人,还是写景,都能曲尽其态。对于此赋,李双华《明代中叶吴中派研究》评价为虽不免歌功颂德,然词采华嫱,语言流畅,尽显才子风格。

关于唐伯虎的词曲,关注的虽不多,但也有了专题研究。总体来看,学界认为唐伯虎的词曲作品多写闺情,间有叹世。词作有曲化倾向，曲作有词化倾向。张仲谋在《明词史》（2002）中对唐伯虎词作直白如话、不讲句法，又好为俚俗语的特点作了探讨，并认为其词作与散曲几无分别。邸晓平的博士学位论文对此有不同看法，认为明词曲化的现象虽然不少，但唐伯虎的词较多地保持了词体传统的风格。刘畅的硕士学位论文《唐寅、祝允明曲化词研究》中认为唐伯虎和祝允明的词在内容、风格以及音韵等各个方面都对传统词体有了较大的突破，在推动和促进明词曲化的进程中是一支中坚力量；并对唐伯虎词作表达方式少含蓄而多直白、审美格调尚俚俗而拒雅正、情感律动轻圆融而重张力的特点作了探讨。李昌集《中国古代散曲史》（1991）对唐伯虎艳雅的曲风也有涉及。赵义山《论词场才子之曲与明中叶散曲之复兴》（2003）中谈到唐伯虎散曲的词化倾向时，认为唐伯虎的散曲从句式、词语、意象、情思、意境和韵味等方面，都与传统的婉约词并无二致。刘畅《唐寅散曲略论》（2008）中认为唐伯虎的散曲蕴藉灵秀，在内容、风格和艺术手法等方面都不同于其前代和同时代的其他曲家，这主要表现在其小令的词化或雅化、个人情感的有意识融入和小而有致的艺术手法上。

关于唐伯虎的影响主要集中在唐伯虎诗歌对曹雪芹《红楼梦》的影响和唐伯虎文学形象的影响研究上。俞平伯先生在 1922 年率先提出了唐伯虎诗歌与《红楼梦》的关系，认为黛玉葬花一事本于六如葬花，进而就《葬花诗》与唐伯虎《花下酌酒歌》《一年歌》进行了比较，得出曹雪芹的创作并不是无本之木。郑振铎在《葬花词》中认为唐伯虎的这两首诗歌也不是独创，可能是受了刘希夷的《代悲白头翁》的影响。胡怀琛在《林黛玉葬花诗考证》中就林黛玉的《葬花诗》进行了更远的追溯，认为岑参、施肩吾也有类似的诗歌创作。继俞平伯、郑振铎、胡怀琛后，学界陆续有人就此发表看法。虽然论述角度不同，但基本上都认为曹雪芹创作《红楼梦》受了唐伯虎的影响，《红楼梦》中的诗歌与唐伯虎的某些诗歌有相通之处。

如蔡义江《红楼梦诗词曲赋评注》(1979)、陈昭《红楼梦小考》、黄立新《红楼梦十论》(1990)、雷广平《论唐寅诗风对〈红楼梦〉诗词创作的影响》(1996)、黄龙的《曹雪芹与唐伯虎》(1998)等著述对此问题多作了细化研究。

关于唐伯虎文学形象的影响研究,主要是由马宇辉提出来的。她在《新视野中的唐伯虎》(2002)、《文学史写作的一个挑战——唐伯虎之文化意义论析》(2004)、《一部续写不已的"名著"——唐伯虎》(与陈洪合作的该文为2004年"中国文学古今演变研讨会"的会议论文)、《"唐伯虎点秋香"考论》(2007)及《唐寅与弘治己未春闱案的文学史影响》(2008)等论文中或多或少地论述到了唐伯虎对后世产生了很大的影响,从这一事实出发,认为小说、戏曲、弹词里的唐伯虎故事,都是人们对唐伯虎的续写。且唐伯虎被后世附会以大量奇闻轶事,成为叙事文学中箭垛式的人物,本身就具有很大的影响力,这一特殊现象很值得深入研究。陈思欣《唐寅形象演变研究》(2017),主要从唐伯虎的历史形象和后世文艺形象两个方面进行研究论述,分别论述了"明清通俗文学中的唐寅形象""民国通俗小说中的唐寅形象""当代影视中的唐寅形象"。

关于"唐伯虎点秋香"的故事,虽然从清代开始就有学者开始辨析其事的真实性,王士祯《古夫于亭杂录》卷五载,"小说有唐解元诡娶华学士家婢秋香事,乃江阴吉道人,非伯虎也"。[①]继王士祯辨"点秋香"非伯虎所为后,阮葵生、翟灏、董恂、俞樾、黄蛟起等人又一辨再辨,虽然在主人公的姓名及情节上或有差别,但此事非伯虎所为还是公认的结果。就目前学界对此事的研究成果来看,主要还在故事真伪的考辨及本故事的影响上。如李志梅的《唐寅与"三笑姻缘"》(2002)进一步论证了"点秋香"附会说的合理性及其成因。马宇辉的博士后出站报告《"唐伯虎点秋香"考论》(2007),

---

① (清)王士祯:《古夫于亭杂录》,中华书局,1988年,第106页。

又从唐伯虎在文学史上的流行状态入手，围绕"唐伯虎点秋香"的历史原型，追索这个故事的源头，创作初衷和流变过程，重点探讨此题材下的系列作品之流行及唐伯虎文学形象的流变意义。

　　学界对唐伯虎的研究已取得了一定的成果，也还存在一些鲜有人涉及的领域，如在唐伯虎生平史实研究中，尚有很大可开拓的空间。对于唐伯虎应聘宁王朱宸濠的事件，尚缺乏深入辨析。唐伯虎的交游史实研究还不够深入。唐伯虎诗文集的版本源流尚缺乏细致梳理，对署名唐伯虎的《六如居士尺牍》等几本尺牍作品的真伪尚无人甄别。唐伯虎对待诗文的创作态度、唐伯虎对前代文学的继承问题也值得深入探讨。因而，本书将针对上述问题，作深入细致地考辨和分析，并对唐伯虎的曲词文赋作出较细致地研究。

第一章
唐伯虎的人生理想与豫章之行

谈到唐伯虎,我们立刻会想起一个风流才子,精通书画,追求享乐,沉醉于美酒与美色之中。追求适意人生,纵情声色固然是唐伯虎人生的一部分,但唐伯虎的人生理想却并不仅仅只有这些。青年时代的唐伯虎有着充满武功色彩的人生理想。辨析这种理想的渊源及对唐伯虎的人生行为的影响,有助于我们更好地理解唐伯虎日常生活中所展现出来的任侠的性格、狂放的行为,唐伯虎在中年乃至晚年所经历的重大政治事件中的行为及抉择。唐伯虎在45岁时,曾受聘于宁王朱宸濠,有为时约半年的豫章之行。学界对此事一直缺乏深入的考辨,辨析此事对唐伯虎的生平史实研究或有裨益。

第一节 唐伯虎的人生理想辨析

理想是人类对美好未来的设想,是人们对自己一生所走道路的抉择。孔子曰:"君子疾没世名不称焉。"①建功立业是历代士人的共同理想。唐伯虎也不例外。

青少年时期的唐伯虎是一位颇有志向的年轻人,他对功名有着明确的追求,并有诸多理想。他在《与文徵明书》中说:"计仆少

---

① (清)刘宝楠:《论语正义·卫灵公》下,中华书局,1990年,第629页。

年,居身屠沽,鼓刀涤皿,获奉吾卿周旋,颉颃婆娑,皆欲以功名命世,"①可见少年时代身居屠沽的唐伯虎就有着明确的"功名"意识。

唐伯虎不但有着明确的功名意识,还对实现它有很迫切的愿望。徐祯卿在《新倩籍》中为唐伯虎作有一篇传记,这篇传记对于我们了解青年时代的唐伯虎有重要价值。因为《新倩籍》作于弘治八年乙卯(1495),徐祯卿时年17岁,唐伯虎26岁,正值唐伯虎人生的青年时期。据周道振《唐寅年表》,唐伯虎在弘治七年甲寅(1494)与徐祯卿订交。不久,唐伯虎就把徐祯卿推荐给了沈周、杨循吉,徐祯卿由是知名。《新倩籍》作于次年,传记对唐伯虎大为赞叹,或出于对唐伯虎引荐的感激之情,但更多地还是出于对知心朋友的欣赏。徐祯卿在《新倩籍》中说唐伯虎"衔杯对友,引镜自窥,辄悲以华盛时,荣名不立;俟河之清,人寿几何? 恐世卒莫知,没齿无闻,怅然有抑郁之心,乃作《昭恤赋》以自见"。② 从中可见,26 岁的唐伯虎是有着远大抱负的,他对于自己盛年时期还"荣名不立",是有些惆怅与不甘的。据考证唐伯虎作于 25 岁的《白发》:

> "清朝揽明镜,元首有华丝。怆然百感兴,雨泣忽成悲。
>
> 忧思固逾度,荣卫岂及衰。夭寿不疑天,功名须壮时。
>
> 凉风中夜发,皓月经天驰。君子重言行,努力以自私"。③

反映的也是唐伯虎对功名不果的哀叹与自勉。阎秀卿《吴郡二科志》中也有一篇唐伯虎的传记,该书有阎秀卿弘治十六年癸亥(1503)的序,传记应作于此年。唐伯虎时年 34 岁,距弘治十二年的科场案已有五年之久。这篇文献对我们了解 34 岁以前的唐伯虎的功名心也有重要价值。阎秀卿在《吴郡二科志》中记载唐伯虎"每谓所亲曰:'枯木朽株,树功名于时者,遭也。吾不能自持,使所

---

① 《唐伯虎全集》,第 220 页。
② 《徐祯卿全集编年校注》,范志新校注,人民文学出版社,2009 年,第 794 页。
③ 《唐伯虎全集》,第 15 页。

建立,置之可怜。是无枯朽之遭,而传世之休乌有矣。譬诸梧枝旅霜,苟延奚为?'后复感激曰:'大丈夫虽不成名,要当慷慨,何乃效楚囚?'"①可见唐伯虎对于"树功名""成名"的不能实现,是很有些落寞与不甘的。

一

孔子曰:"学而优则仕"。② 读书做官基本上是古代文人的共同理想。作为明代的文人,通过参加科举考试,成为一名文官,也是多数士人的理想。但唐伯虎的理想显然不在于此,读书参加科举考试走上仕途是父亲对他的期望,却不是唐伯虎本人自觉的追求。那么,唐伯虎追求的是什么理想呢?

唐伯虎在《与文徵明书》中对自己的追求有过明确的表述,他的理想充满武功色彩,侠客、英雄、武将都曾是他的人生目标。《与文徵明书》是唐伯虎在遭遇了弘治十二年(1499)的科场案后所作,信中委述款曲,对自己在北京会试的悲惨遭遇作了详细地述说,当作于次年(1500)回吴中后,唐伯虎时年 31 岁。信中唐伯虎说:"尝自谓布衣之侠,私甚厚鲁连先生与朱家二人,为其言足以抗世,而惠足以庇人,愿赍门下一卒,而悼世之不尝此士也。"③可见青年唐伯虎的理想是成为一名"布衣之侠",他的追慕对象是鲁仲连、朱家这样的侠客。同文中他还深恨自己"筋骨柔脆,不能挽强执锐,揽荆吴之士,剑客大侠,独当一队,为国家出死命,使功劳可以纪录。乃徒以区区研摩刻削之材,而欲周济世间,又遭不幸"。④ 从中可以看出唐伯虎对自己柔弱书生的身份很不满,深恨自己不能像一名孔武有力的武将那样披坚执锐,带领豪杰侠客,为国家效力。他同

---

① 《四库全书存目丛书》史 90,齐鲁书社,1996 年,第 133 页。
② (清)刘宝楠:《论语正义·子张》下,第 744 页。
③ 《唐伯虎全集》,第 220 页。
④ 《唐伯虎全集》,第 221 页。

样认识到这一理想的不能实现,明白自己只是一个"研摩刻削之材",只是一个文弱书生,迫不得已,只好走上科举考试成为文官的道路,来成全"周济世间"的愿望,但不幸又遇到了科场案的牵连,失去了继续参加科考的机会。同文中又有"仆素佚侠,不能及德;欲振谋策,操低昂,功且废矣"。① 也是对自己侠客理想的表白。阎秀卿《吴郡二科志》中说唐伯虎曾"自咏曰:'白面书生期马革,黄金说客剩貂裘'"。② 可见成为征战沙场的武将,或者有纵横家谋略的谋士,也是唐伯虎所追求与向往的。唐伯虎在《上吴天官书》中还说过:"若肆目五山,总辔辽野,横披六合,纵驰八极;无食道情,慷慨然诺,壮气云蒸,烈志风合;戮长狼,令赤海,断修蛇,使丹岳,功成事遂,身毙名立,斯亦人生之一快,而寅之素期也"。③ 从这段慷慨激昂、气势充沛的陈词中,我们亦可见唐伯虎具有浓厚武功色彩的理想。但唐伯虎毕竟是个书生,这些理想都由于客观条件的限制而成了空想,只有侠客的精神被他融化吸收并通过实践行动不断地表现出来。所以熟悉他的好友祝允明在《唐子畏墓志并铭》中说唐伯虎"然一意望古豪杰,殊不屑事场屋"。④ 在《梦墨亭记》中说他"天授奇颖,才锋无前,百俊千杰,式当其选。形拔而势孤,立峻则武狭。童幼所志,以为世勋时位、茂禄侈富,一不足为我谋。少长,纵横古今,肆恣千氏"。⑤ 祝允明称唐伯虎为俊杰,为武狭,说唐伯虎对世人追求的名利财富毫无兴趣,喜欢的是纵横术,想成就的是侠客与豪杰,确实是知己之言。文徵明也经常称唐伯虎为"英雄"。唐伯虎《与文徵明书》中说:"而吾卿犹以英雄期仆。"⑥说明唐伯虎尽管遭遇了科场案的沉重打击,但唐伯虎依然坚持自己的追

---

① 《四库全书存目丛书》史 90,第 133 页。
② 《四库全书存目丛书》史 90,第 133 页。
③ 《唐伯虎全集》,第 218—219 页。
④ (明)祝允明:《怀星堂集》卷十七,载《文津阁四库全书》集 421,第 375 页。
⑤ (明)祝允明:《怀星堂集》卷十七,载《文津阁四库全书》集 421,第 375 页。
⑥ 《唐伯虎全集》,第 220 页。

求,所以文徵明对他还是一如既往地以"英雄"期许。徐祯卿在《新倩籍》中说他"尝负凌轶之志,庶几贤豪之踪"。① 阎秀卿在《吴郡二科志》中说他"志甚奇"。② 都是对他不同寻常的理想追求的侧面印证。

二

唐伯虎追慕侠客,不仅仅停留在精神层面上,他还身体力行,不断地以自己的实际行动来实践自己的理想。唐伯虎狂放不羁的个性与任侠放诞的行为,部分是因为他对侠客的追慕。明白此点,我们就可以更好地理解当时的人对他的评价。不管是"真侠客"(徐祯卿《唐生将卜筑桃花之坞谋家无资贻书见让寄此解嘲》),"伟丈夫"(王宠《九日过唐伯虎饮赠歌》),还是"雅姿疏朗,任逸不羁"(徐祯卿《新倩籍》),"放浪不羁"(阎秀卿《吴郡二科志》),"漫负狂名"(顾璘《国宝新编》),"落魄迂疏不事家,郎君性气属豪华"(文徵明《简子畏又》)等类似的评语,在某种程度上,都是唐伯虎追逐侠客理想并付诸实践所留给别人的印象。

自从司马迁在《史记》中记载了一批侠客后,侠客就成了后代无数人仰慕和效仿的对象。唐伯虎最崇拜的鲁仲连与朱家,就是这批侠客中的两位佼佼者,这两人也经常是历代胸怀侠客梦想的人共同崇拜的偶像。鲁仲连,战国时代齐国人,典型的布衣之侠,谋略非常,善于策划,常游历于各诸侯国,为他人排忧解难。他一生做过许多侠义之事,最著名的就是"义不帝秦"之事。朱家,西汉初鲁(今山东曲阜)人。以任侠闻名,多次藏匿解救豪强和亡命者。最著名事例,就是曾用计解救为高祖追杀的季布。更重要的是朱家还有高尚的道德情操和几近完美的人格,史载他"然终不伐其

---

① 《徐祯卿全集编年校注》,第 120 页。
② (明)阎秀卿:《吴郡二科志》,载《四库全书存目丛书》史 90,第 132 页。

能,歆其德,诸所尝施,唯恐见之。振人不赡,先从贫贱始。家无馀财,衣不完采,食不重味,乘不过軥牛。专趋人之急,甚己之私。……自关以东,莫不延颈愿交焉。楚田仲以侠闻,喜剑,父事朱家,自以为行弗及"。①当然除了鲁仲连与朱家这种布衣之侠外,侠客还有卿相之侠、刺客之侠等等,他们的代表人物有战国四君子(孟尝君、春申君、信陵君、平原君),以及荆轲、专诸、要离等人。这些侠客虽千差万别,但却有相近的行事特点,那就是"任侠",主要特点为重然诺,讲信义;重名节,轻财富;救人之急,解人之难,以及对自由和独立人格的追求。当然纵酒、好色、喜佩剑似乎也是侠客们日常生活中不可分割的一部分。

唐伯虎以鲁、朱为追慕对象,他在现实生活中有意无意地效仿他们,其行为表现出鲜明的侠客色彩。首先,他重然诺,讲信义。在《与文徵明书》中,他说自己"沥胆濯肝,明何尝负朋友？幽何尝畏鬼神"。②行事光明磊落,仰不愧天,俯不愧地,不负朋友,不畏鬼神,正是侠义行为的表现。徐祯卿也在《新倩籍》中评价他:"素忼于意气,怪世交鄙甚,要盟同比,死生相互,毋遗旧恩;故长者多介其谊慨云。系曰:'……偢荡激扬,操比侠士'。"③可证唐伯虎是一个讲义气的人,他看不起那些口是心非、以利益为交往前提的俗人;他重视诺言,认为一旦结盟,就要死生不变;他感念旧恩,心存回报。这种典型的侠客行为,赢得了长辈们的欣赏,所以徐祯卿说他"操比侠士"。唐伯虎在《席上答王履吉》中说:"我观古昔之英雄,慷慨然诺杯酒中。义重生轻死知己,所以与人成大功。我观今日之才彦,交不以心惟以面。面前斟酒酒未寒,面未变时心已变。"④这也是对古昔侠义行为的赞叹和对当日浇薄世风的批判。

---

① (汉)司马迁:《史记·游侠列传》,中华书局,1982年,第3184页。
②《唐伯虎全集》,第221页。
③《徐祯卿全集编年校注》,第794页。
④《唐伯虎全集》,第39页。

其次,他轻财富,好救人之急。在《与文徵明书》中,他说自己是:"跌宕无羁,不问生产,何有何亡,付之谈笑。鸣琴在室,坐客常满。而亦能慷慨然诺,周人之急",①"自轻富贵犹飞毛"。② 祝允明也说他"粪土财货"。(《唐子畏墓志并铭》)③他还把这种追求体现在行动上,他曾资助徐祯卿参加科举考试,把仅有的一本《太玄经》送给好友钱同爱,徐祯卿《识太玄经》:"此本旧藏唐子畏家,后以赠钱君同爱,更无副本,唯赖此传诵耳。钱君珍藏之"。④ 他还在弘治十二年(1499)的冬季赞助过好友朱存理买驴,当时隐士朱存理想买一头驴,徐祯卿为他写了《为朱性甫募买驴疏》,向各位好友募缘,"鲁国男子唐寅赠旧刻《岁时集》一部,计十册,抵银一两五钱"。⑤ 这年春天唐伯虎刚经历过科场案的重大创伤,归家后又遭遇家人的冷遇。即使如此,具有侠义心肠的他还是积极响应了募捐活动,或许因为没有现银,就捐出了自己的书。他还重视名节,坚持对自由和独立人格的追求。科场案后,朝廷把他发为浙藩小吏,他拒绝上任,认为作小吏"蓬篠戚施,俯仰异态;士也可杀,不能再辱"。(《与文徵明书》)⑥官场小吏的趋炎附势、仰人鼻息和侠客高洁的人格与独立自主的追求完全是格格不入的,所以他说自己"何能自戮尘中,屈身低眉,以窃衣食,使朋友谓仆何使? 后世谓唐生何素?"(《与文徵明书》)⑦可见唐伯虎有高洁的人格追求,俯仰异态的事是不能做的,他的放弃自在情理之中。后来,他应聘到宁王府也是怀着建功业的理想,而不是为图富贵的目的去的。至于他以佯狂之

---

① 《唐伯虎全集》,第 220 页。
② 《唐伯虎全集》,第 222 页。
③ (明)祝允明:《怀星堂集》,载《文津阁四库全书》集 421,第 375 页。
④ 《徐祯卿全集编年校注》,第 663 页。
⑤ (清)陆心源:《穰犁馆过眼录》卷十九,载《续修四库全书》子 1087,上海古籍出版社,2002 年,第 196 页。
⑥ 《唐伯虎全集》,第 221 页。
⑦ 《唐伯虎全集》,第 222 页。

行为离开宁王府，也是对于大节的保全。

对于侠客们喜爱的纵酒、好色、喜佩剑等狂放行为，唐伯虎更是一位忠实的践履者。纵酒与好色是唐伯虎最为大众熟悉的行为。在唐伯虎的诗集中，"酒"字是多处可见的，如《桃花庵歌》仅有的 20 句诗歌中，"酒"字就出现了 6 次，"醉"字就出现了 2 次，频率不可为不高，其余例证不再一一列举。关于唐伯虎的好色，唐伯虎本人及其朋友如文徵明等人的诗歌中多有涉及，那些经常为论者所引用的，笔者在这里就不再采用，倒是笔者在唐伯虎友人黄云的《黄丹岩先生集》中看到一些诗，与此有关，可以拿来作为例证。黄云曾写有《唐伯虎》诗曰："走马春城遍绿烟，挥金随处拥婵娟。自家花样天机杼，笑领蓬莱第一仙"。① 可见唐伯虎曾经有过纵情声色、快意潇洒的生活。从黄云的诗作中还可见唐伯虎曾经有一个叫"绿烟"的侍人。《题张汝勉藏唐伯虎画》曰："山中白云谁赠我，舒卷只向图中看。新图乃是伯虎画，秋林忽生春昼寒。□危倚峻复回互，滴沥泉声石群聚。不闻老鹤巢长松，似有微风吹碧树。丹枫秋未深，人居仙品何招寻。清言不可测玄度，我欲对之披我襟。伯虎画法实神授，有如文字肖天秀。电光石火散浮名，草木山中共坚瘦。绿烟茗碗捧玉纤，春酒一瓢戒濡首"。② 下有双行小字："伯虎为酒困自作，戒甚切，绿烟其侍人也"。可知此图乃唐伯虎为戒酒所作，画中还有个叫"绿烟"的女性，应该是唐伯虎生活中实际存在过的一位侍人。诗歌没有描述绿烟的长相，只有"捧玉纤"一词透漏了绿烟的皓腕纤指，或可推测她是一位绝色的佳丽。可惜此图似乎没有流传下来，不能一睹佳人风采。而唐伯虎在《五十自寿》中说自己"笑舞狂歌五十年，花中行乐月中眠。漫劳海内传名字，谁论腰间缺酒钱？"③可谓是对自己酒色生

① （明）黄云：《黄丹岩先生集》，载《四库全书存目丛书》集 60，第 171 页。
② （明）黄云：《黄丹岩先生集》，载《四库全书存目丛书》集 60，第 131 页。
③ 《唐伯虎全集》，第 80 页。

涯的总结。

侠客与剑,总有不解之缘。古人认为,剑是"君子之器"。柄直喻君子立身中正,锋利如君子无往不前,剑藏鞘中喻君子神光内敛、韬光养晦。因此,古人多佩剑,剑对于文人来说,已超出了兵器的范畴,成了一种精神的象征。屈原"带长铗之陆离兮,冠切云之崔嵬"的高洁形象,李白"仗剑去国"的豪迈情怀都已经化作了一种文化象征。唐伯虎也拥有过两把宝剑,还是祝允明送给他的,但后来可能因为祝允明本人太喜爱这两把剑了,曾专门写了一首诗想把宝剑要回去。祝允明《为唐子畏索剑》,有小序"昔年承唐子惠爱,曾以双剑赠答其意,别来恒念之。其一镂'青萍'二文者,尤忆。间以一章问之,或肯假,抑更惠乎。"诗曰:"手解青萍昔赠君,仗来多少截妖氛。知君道就□□后,把与东人刬白云"。① 虽然诗歌第三句缺了两字,但这并不妨碍我们理解诗歌完整的内容。从最后一句来看,祝允明委婉地提出要唐伯虎把这两把宝剑还给他。祝允明在侠客理想上与唐伯虎可谓志同道合,因为喜爱唐伯虎,慷慨赠剑;但祝允明也是一位爱剑之人,所以他对已经送出去的宝剑恋恋不舍,想要回来也是可以理解的。祝允明曾专门写诗歌颂过自己的青萍宝剑,其在《咏床头剑》中曰:"三尺青萍百炼锋,流年三十未开封。藜床且作书生枕,只恐中宵跃卧龙"。② 又有《宝剑篇》曰:"我有三尺匣,白石隐青锋。一藏三十年,不敢轻开封。无人解舞术,秋山锁神龙。时时自提看,碧水苍芙蓉。家鸡未须割,屠蛟或当逢。想望张壮武,揄扬郭代公。高歌抚匣卧,欲哭干将翁。幸得留光彩,长飞星汉中"。③ 二诗对照来看,当咏的就是送给唐伯虎的那把"青萍"宝剑。

---

① 《唐伯虎全集》,第619页。
② (明)祝允明:《怀星堂集》卷六,载《文津阁四库全书》集421,第326页。
③ (明)祝允明:《怀星堂集》卷四,载《文津阁四库全书》集421,第316页。

三

理想的形成固然有很多因素,除了个人个性、气质等内在因素之外,家族成员、生活环境等外界因素的影响也是不可忽视的。中国古代社会基本上以家族宗法为基础,家族成员之间的相互影响往往是潜移默化又旷日持久的。生活环境的影响主要包括居住环境、文化氛围及友朋等方面。

唐伯虎生长于商贾之家,尽管其父祖辈并非世家出身,但远祖却有不少大名鼎鼎的人物。清代唐仲冕《重刊六如居士集序》中交代了唐氏更早的祖系"吾宗以国为氏,自前凉陵江将军辉,徙居晋昌,其曾孙瑶、谘,皆为晋昌守,谘子揣,瑶子褒,皆封晋昌公。褒来孙俭,从唐太宗起晋阳,封莒国公,图像凌烟。后世或郡晋昌,或郡晋阳,皆莒公后。迄宋皇佑为侍御史介,以直谏谪渡淮,至明为兵部车驾主事泰,死土木之难,子孙分居白下、檇李间。珏籍富顺,珪籍益都,其季子瑾乃籍丰城,子畏先生盖白下、檇李间近派"。① 细读这份简单的家谱追踪,我们可以发现唐氏家族的郡望是"晋昌"或"晋阳"。唐伯虎的远祖中确实有一些声名显赫的人物,他们或为辅佐帝王开国的功臣如唐瑶、唐俭,或为直言敢谏的高官如唐介,或为捐躯沙场的唐泰,且多为战功赫赫的将领,堪称乱世中的英雄,治世中的能臣。

虽然这些远祖因为时代的久远,都没有也不可能直接教育影响唐伯虎,但作为心怀敬仰的后代子孙缅怀远祖并有意识地向他们学习却是可能的。而且商贾之家的出身决定了他会比别人更热衷于追寻远祖的辉煌,因为在一个重视宗法家族郡望的社会里,名门之后本身就是一种社交资本。虽然唐伯虎的这种追踪没有得到

---

① (清)唐仲冕编:《六如居士全集》七卷,清嘉庆六年,果克山房。

时人的认同,祝允明在给他写墓志铭时明确地说"唐氏世吴人"。①
但唐伯虎在主观上认同了这些人,自然会有意识地去熟悉、接受、
摹仿这些人。这种熟悉与崇拜体现在行动上,主要表现为唐伯虎
在画作上经常落款"晋昌唐寅","晋昌"是甘肃省安西县一带,曾是
唐氏的郡望。他还自称"鲁国唐生""鲁国男子",其来源应该是唐
俭曾被封"莒国公"。莒,古州名,唐置,治所在今山东省莒县。就
此,我们可以明白生长于江苏吴中的唐伯虎为何要称自己为甘肃
人和山东人。从唐伯虎作品的署款上,可知他对这份荣耀家谱是
很熟悉,也很引以为豪的。

我们先来简介一下唐瑶的事迹。唐瑶主要生活在东晋十六国
时代的后凉与西凉时期,这是一个战乱频繁的时代,百姓生灵涂
炭,生活在水深火热之中。唐瑶是后凉的晋昌太守,他不但是一名
手握兵权的将领,还是一个有正义感与悲悯心肠的将领。隆安四
年(400)五月,胡人大沮渠蒙逊杀了后凉的统治者段业,自称车骑
大将军,建号永安,建立北凉政权。蒙逊为胡人,且极有可能是匈
奴人。因而,他建立的北凉就是一个少数民族建立的政权。这时,
西凉的开业功臣唐瑶登上了历史的舞台,他奋而反叛发起起义,
"移檄六郡,推玄盛为大都督、大将军、凉公、领秦凉二州牧、护羌校
尉。玄盛乃赦其境内,建年为庚子"。② 玄盛就是汉族世族李暠,李
暠正是在唐瑶的辅助下,才得以建元庚子,定都敦煌,建立西凉政
权,与蒙逊的北凉抗衡。唐瑶的起义不仅仅是不甘将要受到且渠
蒙逊的异族统治,而且是出于想给当地百姓一个安宁的生活。史
载唐瑶当时"以凉土丧乱,民无所归,推陇西李暠于敦煌,以宁一
州"。③ 可见,唐伯虎的这位远祖还有着悲悯的情怀,其起义的行为
多少有着救民于水火之中的侠义色彩。功成之后,李暠遂分封官

① (明)祝允明:《怀星堂集》,载《文津阁四库全书》集421,第375页。
② (唐)房玄龄等撰:《晋书》卷八十七,中华书局,1974年,第2259页。
③ (北齐)魏收:《魏书》卷四十三,中华书局,1974年,第962页。

吏,唐瑶被封为征东将军。唐瑶移檄的六郡"盖敦煌、酒泉、晋昌、凉兴、建康、祁连也"。①基本上在现甘肃省境内。唐瑶的儿子唐褒,曾被封为晋昌公。唐伯虎称自己为"晋昌唐寅",应该跟他对唐瑶有侠义色彩的英雄行为的崇拜有着密切的关系。

唐伯虎的另一位远祖唐俭,也是一位乱世中的英豪。唐俭(579—656),字茂约,并州晋阳(今山西太原)人。他是李渊从太原起兵建立唐朝的直接参与者之一,对唐朝的建立和统一全国起了重要作用。《旧唐书》卷五十八载:"高祖在太原留守,俭与太宗周密,俭从容说太宗以隋室昏乱,天下可图。太宗白高祖,乃召入,密访时事。俭曰:'明公日角龙庭,李氏又在图牒,天下属望,非在今朝。若开府库,南啸豪杰,北招戎狄,东收燕、赵,长驱济河,据有秦、雍,海内之权,指麾可取。愿弘达节,以顺群望,则汤、武之业不远'。"②唐俭劝李氏父子起兵,以成汤、武之业,可见其政治眼光之敏锐与远大,而其对行军路线的分析,又颇有乱世谋士之风采。《唐俭碑文》又说:唐俭对李渊"奏前载之废兴,及列代之成败,笑夷吾之九合,□孔明之三分。……似汉□之遇子房"。③ 李渊得到唐俭好像汉高祖遇到了张良。可见李渊是非常重视唐俭的,就像是刘邦重视张良一样。唐俭随李氏父子起兵太原后,先从做记室参军,以后不断升迁。平京城后,加光禄大夫、相国府记室,封晋昌郡公。唐王朝建立后,唐俭曾被封到山东为"莒国公"。李渊曾效仿汉宣帝画功臣像于麟阁以示表彰,唐俭就因功高被李渊图形麟阁。后李世民也有类似之举,他把对李唐有功的二十四位功臣图形于凌烟阁,唐俭位居第二十二位。

唐伯虎对这位为唐王朝的建立立下汗马功劳的远祖必定也是心存敬意的,因此他才会在署名时自称"鲁国唐生""鲁国男子唐

① (宋)司马光编著:《资治通鉴》卷一一一,中华书局,1956年,第3515页。
② (后晋)刘昫等撰:《旧唐书》卷五十八,中华书局,1975年,第2305页。
③ 张沛编著:《昭陵碑石》,三秦出版社,1993年,第221页。

寅"。在《贫士吟》(其三)中唐伯虎曾写诗歌颂张良的事迹,诗曰:
"贫士居无半亩廛,圮桥拾得老人编。英雄出处原无定,麟阁勋名
勒鼎镌"。① 诗歌讴歌了张良的英雄事迹,但张良并未被图形麟阁,
倒是唐俭曾被图形麟阁,联系到李渊曾把唐俭视为自己的张良,此
诗或许也有讴歌唐俭勋业之意图。据此,我们也可以推测唐伯虎
对远祖的敬意或许会变成有意无意地摹仿。《旧唐书》卷五十八
"俭落拓不拘规检","俭在官每盛修肴馔,与亲宾纵酒为乐,未尝以
职务留意"。② 从中可知唐俭也是个个性豪爽、不拘小节,爱美食喜
宴饮的人。或许唐俭"落拓不拘规检"的行为,喜与宾朋宴乐的生
活习惯,也对唐伯虎类似的行为有所影响。

　　唐伯虎还有一位宋代的远祖唐介(1010—1069),字子方,江陵
(今属湖北)人。唐介为人大义凛然,刚正不阿,特别是他的直言敢
谏使得他以"直声动天下,士大夫称真御史,必曰唐子方而不敢
名"。③ 史载唐介曾弹劾宰相文彦博靠贿赂嫔妃获取相位,请仁宗
罢免文彦博而以富弼为相。奏章写得太直白了,惹得仁宗大怒,不
愿看其奏章,还说要把他贬到边远的地方。唐介毫不畏惧,《宋史》
载:"介徐读毕,曰:'臣忠愤所激,鼎镬不避,何辞于谪?'帝急召执
政示之曰:'介论事是其职。至谓彦博由妃嫔致宰相,此何言也?
进用冢司,岂应得预?'时彦博在前,介责之曰:'彦博宜自省,即有
之,不可隐。'彦博拜谢不已,帝怒益甚"。④ 在皇帝的盛怒与威胁
下,唐介还缓缓读完奏章,并据理力争,其铮铮傲骨可见一斑。而
其对文彦博的面质,也可见他实话实说毫不顾及对方颜面的特点。
这不能不让我们联想到唐伯虎的口无遮拦,在《又与文徵仲书》中

① 《唐伯虎全集》,第 113 页。
② (后晋)刘昫等撰:《旧唐书》卷五十八,第 2307 页。
③ (元)脱脱等撰:《宋史》卷三一六,中华书局,1985 年,第 10327 页。
④ (元)脱脱等撰:《宋史》卷三一六,第 10327 页。

唐伯虎说自己"每以口过忤贵介"。① 可见唐伯虎也有说话直白不顾及对方颜面的特点。黄省曾《吴中故实记》记有唐伯虎"每陪邑令燕叙,则朗诵长歌以讽之云:'朝里有官做不了,世上有钱要不了。'其贪黩者内赧焉"。② 地方官请唐伯虎燕叙闲话,或出于附庸风雅,在这种场合,唐伯虎竟朗诵长歌讽刺对方,把别人搞得面红耳赤,其口无遮拦之特点与乃祖确有神似之处。

唐伯虎还有一位和他生活时代最接近的祖上唐泰,唐泰是名武将,约生活于明英宗时期,曾任职兵部车驾主事。他应该是一位骁勇善战的将领,明英宗正统十四年(1449),北方的瓦剌首领也先率军入侵,英宗好大喜功,下诏亲征,于八月在大同附近的土木堡被围,全军覆没,英宗被俘,唐伯虎的这位祖上兵部车驾主事唐泰也在这一役中战死,可谓为国捐躯了。虽然我们在唐伯虎诗文作品里未发现唐泰对唐伯虎的间接影响,但从上可知唐伯虎显然是熟悉唐氏家族这份荣耀的家谱的,唐伯虎曾经有过的执坚批锐、征战沙场、为国捐躯的武功理想与唐瑶关系密切,与唐泰可能也会有关联。

以上可知,有侠义色彩的将领唐瑶,有谋士风范又好酒喜客不拘小节的唐俭,耿介孤直刚正不阿的御史唐介,为国捐躯战死沙场的唐泰或许都曾经是年轻唐伯虎的追慕的对象。那些威名显赫的远祖曾经让他热血沸腾,渴望建功立业、成就丰功伟绩的思想从很小的时候就在唐伯虎的心里扎了根。

唐伯虎追慕侠客,还可能是当地的文化积淀有关。吴中有悠久的文化积淀,曾出过不少豪杰之人。春秋吴越争霸时,这里就是一块产生神奇人物的土地。充满传奇色彩的伍子胥、深谋远虑的阖闾、忍辱负重的夫差,等等,这些历史人物的故事影响着世代居

①《唐伯虎全集》,第 224 页。
②《唐伯虎全集》,第 543 页。

住在这里的人。特别是伍子胥，是一位富有远见卓识的军事指挥家。他虽本是楚国人，但因其父伍奢被楚平王杀害，为避免株连来到吴国。正是伍子胥向公子光推荐了著名的刺客专诸杀死了王僚，公子光才成为吴王阖闾。专诸是春秋时期充满侠义色彩的刺客，《史记》卷八十六《刺客列传》载："王僚使兵陈自宫至光之家，门户阶陛左右，皆王僚之亲戚也。……公子光佯为足疾，入窟室中，使专诸置匕首于炙鱼之中而进之。既至王前，专诸擘鱼，因以匕首刺王僚，王僚立死。左右亦杀专诸"。① 专诸为了报答阖闾（公子光）的知遇之恩，不惜取义成仁，用藏在鱼腹中的鱼肠剑刺杀了吴王僚，自己也献出了宝贵的生命。后人为了纪念专诸，就以他的名字命名了一条小巷，即专诸巷。专诸巷就在吴趋里的附近，唐伯虎的家就在吴趋里。生长于斯又有侠客梦想的唐伯虎，不可能对专诸的事迹一无所知，显然专诸的侠义之风或多或少都会对唐伯虎有所熏陶。

　　唐伯虎崇拜侠客还有着良好的氛围，具体表现在他还有一些喜欢侠客的朋友，他们经常在一起互相称许。这些朋友就是钱孔周、徐祯卿、张灵、祝允明等，由于共同的爱好，使得他们在气质行为上颇有相通之处。钱孔周是唐伯虎的好友，文徵明在《钱孔周墓志铭》中说："吾友钱君孔周，以高明踔绝之才，负凌轶奋迅之气，感慨激昂，以豪俊自命。雅性阔达，不任简押。所与游皆一时高朗亢爽之士，而唐君伯虎，徐君昌国，其最善者。视余拘检龌龊，若所不屑，而意独亲。时余三人，与君皆在庠序，故会晤为数。时日不见，辄奔走相觅；见辄文酒燕笑，评骘古今，或书所为文，相讨质以为乐"。② 可见一帮意气相投的侠义朋友在一起纵酒谈笑的亲热情形。虽然文徵明没有这种爱好，但不妨碍他欣赏朋友们的这种行

---

① （汉）司马迁：《史记》，第 2518 页。
② 《文徵明集》，周道振辑校，上海古籍出版社，1987 年，第 756 页。

为。唐伯虎欣赏徐祯卿,可能也跟二人这种意气相投的爱好有关,所以我们看徐祯卿写给唐伯虎的诗《唐生将卜筑桃花之坞谋家无资贶书见让寄此解嘲》中说:"唐伯虎,真侠客,十年与尔青云交,倾心置腹无所惜。击我剑,拂君缨,请歌鹦鹉篇,为奏朱丝绳"。① 唐伯虎的另一好友张灵也是"好交游为侠"(《吴郡二科志》)。② 祝允明也有这种追求,不然不会赠了宝剑给唐伯虎,过后又想要回来了,前文已述。

四

唐伯虎追慕侠客、英雄、将领,还体现在他的诗词创作中。现存流传下来的唐伯虎诗歌中,就有专门歌咏侠客的作品。如《侠客》:

> 侠客重功名,西北请专征;惯战弓刀捷,酬知性命轻。
>
> 孟公好惊坐,郭解始横行;相将李都尉,一夜出平城。③

八句诗里,写到了两位侠客孟公(陈遵)、郭解,一位有侠气的将军李广,可见唐伯虎对侠客的喜爱。他还有一些描写将士征战沙场的诗歌,如《出塞》其一:

> 烽火照元菟,嫖姚召仆夫;朱家荐逃房,刀间出黥奴。
>
> 六郡良家子,三辅弛刑徒;笳度乌啼曲,旗参虎落图。
>
> 宝刀装鞞琫,名驹被镂渠;搅金出孤竹,飞旗掩二榆。
>
> 妖云厌亡塞,珥月照穷胡;勤兵收日逐,潜军执骨都。
>
> 姑衍山重禅,燕然石再刿;功成肆郊庙,雄郡却分符。④

诗歌记述了一次战争,从烽烟四起到招募军士备战;从士兵的来源

---

① 《唐伯虎全集》,第 629 页。
② 《四库全书存目丛书》史 90,第 137 页。
③ 《唐伯虎全集》,第 13 页。
④ 《唐伯虎全集》,第 11 页。

到队伍的武器装备;从行军路线的变化到两军对阵的结果;从胜利方凯旋到封禅肆庙的庆功,诗人进行了奇妙的想象,整首诗歌更像一幅画卷,在我们面前徐徐展开,读来宛如整个战争场面就在眉睫之前,十分形象逼真。《出塞》其二:

> 烽火通麟殿,嫖姚拜虎符;马声分内厩,旗影发前驱。
>
> 六郡良家子,三辅弛刑徒;夜帐传刁斗,秋风感蟋蛄。
>
> 功成筑京观,万里血糊涂。①

唐伯虎在这首诗歌中变换了审视的视角,从人文关怀的角度去反思功业的代价,感叹乱世生命的无常,诗作更侧重于展现战争带给人们的创伤与巨痛。《陇头》《陇头水》《紫骝马》也是类似的作品。《陇头》:

> 陇头寒多风,卒伍夜相惊;转战阴山道,暗度受降城。
>
> 百万安刀靶,千金络马缨;日晚尘沙合,虏骑乱纵横。②

《陇头水》:

> 陇水分四注,陇树杂云烟;磨刀共敛甲,饮马并投钱。
>
> 朔地风初合,交河冰复坚;寒禁不能语,乌孙掠酒泉。③

《紫骝马》:

> 紫骝垂素缰,光辉照洛阳;连钱裁璧玉,障泥图凤凰。
>
> 夜赴期门会,朝逐羽林郎;阴山烽火急,展策愿超骧。④

甘肃古称陇。陇头,即陇山,在陕西陇县西北,绵亘于陕西、甘肃边境。唐伯虎的远祖唐瑶被封的晋昌郡,就在甘肃境内。《陇头水》中有"寒禁不能语,乌孙掠酒泉"之诗句,乌孙,是我国一个以游牧

---

① 《唐伯虎全集》,第12页。

② 《唐伯虎全集》,第13页。

③ 《唐伯虎全集》,第13—14页。

④ 《唐伯虎全集》,第12页。

为主的古老的部族，初游牧于敦煌、祁连间，与匈奴、月氏为邻。唐瑶辅助李暠建立的西凉，就是先以敦煌为据点，后迁徙到酒泉。西凉的灭亡，正是由于蒙逊（胡人）建立的北凉攻陷了西凉的据点酒泉。唐瑶起义时是"移檄六郡"，这六郡基本在甘肃附近。《出塞》二首中都有"六郡良家子"之诗句。因而，这几首看似简单的边塞诗，很可能是唐伯虎对远祖唐瑶事迹的一种怀想。

虽然唐伯虎受现实条件的制约，没有征战沙场的机会，也不能像侠客那样仗剑走天涯，但在唐伯虎的心中，这确实他追求的理想。不但朋友们称他为英雄，他自己也经常自诩为英雄。如《题自画红拂妓卷》：

> 杨家红拂识英雄，着帽宵奔李卫公；
> 莫道英雄今没有，谁人看在眼睛中？[1]

诗中首二句对红拂慧眼识李靖给予了热烈赞赏，第三句一转"莫道英雄今没有"，不要说今天没有英雄，潜台词就是我唐伯虎就是个英雄，可惜的是"谁人看在眼睛中"，没有红拂那样的知音和伯乐啊。诗歌虽表达了诗人的落寞情怀，却也透露了诗人的英雄豪气。此诗虽无确切年代可考，但画作至少是作于科场案后的，可证中年时期的唐伯虎依然有着英雄的梦想。又如《又漫兴》其十：

> 造物何曾苦忌名，太平端合老无能；
> 亲知散去绨袍冷，风雪欺贫瓦罐冰；
> 二顷未谋田负郭，一餐随分欲依僧；
> 醉时还倩家人道，消尽英雄气未曾。[2]

诗人在陷入亲知散去、风雪欺贫的困境中，依然豪情万丈，醉中不忘问家人，自己的英雄气是不是还没有消尽。又如《贫士吟》其九：

---

[1]《唐伯虎全集》，第125页。
[2]《唐伯虎全集》，第86页。

> 贫士瓶无一斗醪,愁来拟和屈平骚;
>
> 琼林醉倒英雄队,一展生平学钓鳌。①

《题画》:

> 茶灶鱼竿养野心,水田漠漠树阴阴;
>
> 太平时节英雄懒,湖海无边草泽深。②

诗作中可明显看到唐伯虎对英雄的向往与追求,虽然诗中略有追求不到的失意与无奈。

第二节　唐伯虎豫章之行考辨

明朝正德九年甲戌(1514)秋,唐伯虎曾应宁王朱宸濠之请,去了豫章宁王府,约半年以后,他以佯狂脱身,于正德十年乙亥(1515)三月中旬回到吴中。朱宸濠,明宁献王朱权玄孙,弘治十年(1497)袭封宁王。明武宗朱厚照即位后,宠信刘瑾等宦官,耽乐嬉游,不理国政。朱宸濠趁机贿赂刘瑾,恢复其在祖父时被削夺的护卫,肆意抢劫聚敛。后刘瑾被诛,其护卫被夺。朱宸濠又结交了皇上的新宠钱宁、臧贤等嬖人,于正德九年(1514)又恢复王府护卫。此后朱宸濠更加骄恣,不循礼制,聚敛财富,阴谋反叛。正德十四年(1519),武宗遣使收其护卫,朱宸濠自称奉太后密旨,自豫章起兵反叛,以李士实、刘养正为左、右丞相,号兵十万,连下南康、九江,兵指安庆重镇。不料,安庆久攻不下,时南赣巡抚王守仁率兵攻破豫章,朱宸濠回救,兵败被俘,叛乱仅持续了43天。朱宸濠于次年十二月在通州(今北京通县)被废为庶人,处死。唐伯虎此次应聘到宁王府的经历,是他人生中遭遇的第二件重大政治事件。

---

① 《唐伯虎全集》,第113页。
② 《唐伯虎全集》,第139页。

朱宸濠举兵叛乱时,唐伯虎正好 50 岁。曾经的藩王变成了乱党,唐伯虎的豫章之行,不但成了时人诟病的对象,还似乎给他带来了牢狱之难。唐伯虎如何去的宁王府、在那里都做了什么,又是如何离开宁王府的;唐伯虎去宁王府之前、其间及归来后的心态如何,学界对此尚未作深入地研究。本节将对此事,作详细考辨,力图展现此事的原委,并探讨唐伯虎的心态及此行对唐伯虎所产生的影响。

一

明确记载唐伯虎豫章之行的文献有很多,但都非常的简略。细读文献,大致可以推出唐伯虎豫章之行的概况。

关于唐伯虎因何而去豫章,有如下几种主要材料:徐咸(1511年进士)的《西园杂记》卷上记有:"姑苏唐寅,南圻解元也。善诗画,知名于时。宸濠礼致之。"[1]袁袠(1502—1547)的《唐伯虎集序》有:"宸濠之谋逆,欲招致四方材名之士。"[2]何良俊(1506—1573)的《四友斋丛说》卷十五有:"宸濠甚慕唐六如。"[3]王世贞(1526—1590)的《艺苑卮言附录》有:"宁庶人慕其书画名。"[4](以上四则材料注释页码本节下同,不再标注)从上大体可知唐伯虎之所以去豫章,是因为宁王朱宸濠为了储备人才,看上了曾经中过解元当时以诗书画闻名的他,宁王是慕名而请。时间约在正德九年甲戌(1514)秋(杨静庵《唐寅年谱》),这个时间恰好在宁王朱宸濠再次恢复护卫得逞之后,显然宁王在为自己的事业招兵买马。

既然是慕名而请,宁王如何表达自己的诚意呢?徐咸说宁王"礼致之",未作具体说明。袁袠说宁王:"乃遣人以厚币招。"何良

---

[1] (明)徐咸:《西园杂记》,商务印书馆,1937 年,第 47 页。
[2] (明)袁袠:《衡藩重刻胥台先生集》卷十四,载《四库全书存目丛书》集 86,齐鲁书社,1997 年,第 585 页。
[3] (明)何良俊:《四友斋丛说》,中华书局,1959 年,第 133 页。
[4] (明)王世贞《弇州四部稿》卷一五五,载《文津阁四库全书》集 428,第 382 页。

俊说宁王:"尝遣人持百金至苏聘之。"王世贞说宁王:"以金币卑礼聘之。"以上大体可知宁王应该是派人送给唐伯虎一笔丰厚的聘金来表达自己的诚意。

面对宁王之请,唐伯虎是如何反应的呢?关于此点,徐咸、何良俊、王世贞的记载未涉及。袁袠说:"伯虎坚辞,不可。"可知唐伯虎对此请是推辞的,但没有成功。

宁王以谦恭之礼丰厚之金把唐伯虎请到了豫章,唐伯虎在豫章都做了什么呢?何良俊说:"既至,处以别馆,待之甚厚。"看来宁王待唐伯虎不薄,给唐伯虎安排了专门的住处,待遇也很优厚。虽然我们不知道待遇优厚到何种程度,但从同时被请去的章文身上,或许也可以推测一二。章文(1491—1572),字简甫,长洲人。其先祖为闽人,后徙吴。章家赵宋时已负善书名,兼工镌刻。章文的祖父和父亲都是有名的镌刻艺术家,章文的镌刻艺术成就更高。宁王也把章文请到了豫章,王世贞《章笥谷墓志铭》中记有:"宁庶人国豫章,慕叟能,而罗致邸中。与故知名士唐伯虎、谢思忠偕。"[1]可知唐伯虎与章文、谢思忠等人在宁王处有交往。宁王谋反时曾挟章文、谢思忠同行,二人想脱身"不得,至中道,乃尽出所赐金帛予守者,弛之夜分,借跳宵行乱军中,几死者数矣。裸祖二千里而归"。[2] 章文在宁王叛乱时被挟持同行,中道以宁王所赐金帛打通守者得以脱身,可知金帛数量应当相当可观,不然守者岂能冒险将两人放走。由此可推测,宁王经常赏赐给章文他们不菲的财物。后来章文在宁王死后十年重游豫章宁王府,还"徙倚叹息,歌《黍离》之章,作羊昙恸"。[3] "《黍离》之章",典出《诗经·王风》,此篇历来被视为是悲悼故国的代表作;"羊昙恸",典出《晋书·谢安传》,历来也是被视为感念旧恩的典故。章文在经历了乱离中裸祖两千

---

① (明)王世贞:《弇州续稿》卷九十一,载《文津阁四库全书本》集428,第856页。
② (明)王世贞:《弇州续稿》卷九十一,载《文津阁四库全书本》集428,第856页。
③ (明)王世贞:《弇州续稿》卷九十一,载《文津阁四库全书本》集428,第856页。

里归家的惨痛遭遇后,还能做出如此之举,可见宁王当时对待他是非常之优厚的。章文仅仅善镌刻,就得以如此优待。宁王对唐伯虎的优待,应该是比章文还要高的。宁王都让唐伯虎做什么呢?徐咸说:"日与赓诗论画。"从《明史》卷一一七记宁王"善以文行自饰"①来看,宁王也是个风雅之人,每天和唐伯虎和诗论画也是有可能的。但和诗论画显然不是正务,无奈诸多笔记史料都对唐伯虎在豫章的政治行为未作记载。黄周星《补张灵崔莹合传》中说宁王请唐伯虎去,是因为宁王选了十位美女要送给好色的正德皇帝,请唐伯虎是为了让他画"十美图",唐伯虎的仕女画在明代确实堪称一流,或许小说家所言也并非完全子虚乌有,可能也是有依据的。但唐伯虎在豫章确实也很受欢迎,他游览风景名胜滕王阁和许旌阳的道观,曾作有《许旌阳铁柱记》。他还对主动修筑荷莲桥为民造福的内相喻公大为赞叹,作有《荷莲桥记》。他还去拜会过同年参加进士考试的王秩。可见除了宁王的公干以外,唐伯虎在豫章也有一些交游活动。

　　唐伯虎如何知道宁王有反意的呢?徐咸说宁王于"酒间语涉悖逆"。谈着谈着就说到他未竟的事业上去了,看来唐伯虎曾经历过宁王的语言暗示。袁袠说"至则阴知将有淮南之谋"。"阴知"指暗地里知道,但对于如何暗地里知道的却未作交代。结合乾隆本《昆山新阳合志》卷二十人物所记来看:"王秩字循伯,弘治己未进士。官江西副使备兵南赣时,宁庶人有异志,秩谓家人曰:'王志满气扬,必且为乱,不出十年矣。'时唐寅客王所,秩微示意,寅始佯狂以归"。②看来是王秩暗示给了唐伯虎,王秩是己未年进士,唐伯虎则是己未年科场案的牺牲品,二人或许在参加进士考试时相识。袁袠所说的"阴知",或许指的是王秩的暗示。何良俊说:"六如居

---

① (清)张廷玉:《明史》卷一一七,中华书局,1974年,第3593页。
② (清)张予介等修,(清)顾登等纂:《昆山新阳合志》,清乾隆十六年(1751)刻本。

半年余，见其所为多不法，知其后必反。"据此说唐伯虎是亲眼目睹了宁王的诸多不法行为之后，自己作出的判断。结合当时的史实来看，这种情况也是很可能发生的。正德九年(1514)六月，宁王密令刘吉等招募大盗杨清、李甫、王儒等百余人入府，称为"把势"。收买鄱阳湖大盗杨子乔等人，纵容他们劫掠商民。八月，他还无理要求巡抚以下的地方官穿戴朝服参见，遭到巡抚俞谏的拒绝。这些事情虽然发生在唐伯虎去豫章之前，但可见宁王已经在护卫再度恢复后开始有不法行为了。我们相信，这种行为在唐伯虎秋天到来之后很可能有愈演愈烈之态势。这使得唐伯虎有条件做出自己的判断。

当唐伯虎知道宁王的不法用心之后，如何远祸全身应该是他首先要考虑的问题。怎样才能远祸全身呢？徐咸说宁王一跟他谈谋反之事"寅即佯狂不答，或作丧心状，遇人若泄其谋者"。看来唐伯虎采取的是装疯卖傻的方式，变被动为主动，以疯傻的状态"遇人若泄其谋者"，逼得宁王不得不赶紧把他清理出去。袁袠说唐伯虎"遂佯狂以酒自污。宸濠曰：'唐生妄庸人耳！'"此说比较模糊，装疯把酒洒了一身，朱宸濠就认为唐伯虎是个"妄庸人"，把他遣送回家了。何良俊说唐伯虎值"宸濠遣人馈物，则倮形箕踞，以手弄人道，讥诃使者，使者反命，宸濠曰：'孰谓唐生贤？直一狂生耳。'"此说可谓惊人，唐伯虎当众露阴，宸濠不堪此举，就把他遣送走了。王世贞的说法"宁使至，或纵酒箕踞谩骂，至露其秽。庶人曰：'果风耶？'"显然是综合了袁袠和何良俊的说法又稍微简洁修饰了一下。总之，唐伯虎是通过装疯卖傻的方式离开了宁王府。比较各家记载，徐咸之说应该更为合理，唐伯虎以疯傻之举变被动为主动，使得宁王不得不把他遣送走。唐伯虎集中有一首《上宁王》：

> 信口吟成四韵诗，自家计较说和谁；
>
> 白头也好簪花朵，明月难将照酒卮。
>
> 得一日闲无量福，做千年调笑人痴；

是非满目纷纷事，问我如何总不知？①

诗作说自己老了只想做个逍遥于花月酒间的闲人，对于宁王所谓
的是是非非，他回答"问我如何总不知"。此诗很可能作于宁王于
诗酒之间"语涉悖逆"之时，宁王可能是向唐伯虎表达了对正德皇
帝不理朝政的不满。而正德皇帝确实有许多可指责的地方，他喜
好武功游乐，宠信以刘瑾为首的宦官，朝政大权由刘瑾把持。朝廷
的各种奏章，都先具揭帖投于刘瑾，然后才上通政司。刘瑾可谓权
倾朝野，是事实上的掌国者。武宗更是乐得清闲，正德二年（1507）
八月，武宗搬出皇宫，在西华门太液池附近兴建宫殿，名曰"豹房"，
招纳教坊乐工入内应承，每日沉湎于酒色歌舞之中。刘瑾倒台后，
武宗并没有吸取什么教训，其对国政依然不感兴趣，依然沉湎享
乐，还时常翻新花样。武宗又开始佞佛，经常在宫内顶礼事佛，又
修建寺庙，还封了许多西僧为国师，为此靡费无度。武宗的好练兵
与好出外游幸也并没有因为佞佛有所收敛，朝臣们为此经常见不
到武宗。作为一国之君，武宗的这些行为确实堪称是是非非。唐
伯虎可能是一听宁王的话就有点明白了，所以开始装疯。《风流逸
响》记唐伯虎在宁王府曾有题壁一诗云："碧桃花树下，大脚黑婆
娘；未说铜钱起，先铺芦席床。三杯浑白酒，几句话衷肠；何时归故
里？和它笑一场"。② 从诗作的不羁与调侃来看，或作于装疯之时。
何氏说法过于惊人，略有不合情理之处。在唐伯虎之前早有狂士
裸形之举，但裸形且当众"以手弄人道"，在中国的文化中还鲜有记
载。唐伯虎虽狂，或许尚不至于此。何况何良俊的写作态度，也不
够严谨。《钦定四库全书总目》认为《四友斋丛说》："往往摭拾传
闻，不能核实……又文徵明官翰林院待诏日，为姚涞、杨维聪所侮
一事，朱彝尊《静志居诗话》亦力辨之，引涞所作《送征明序》以证其

---

① 《唐伯虎全集》，第63页。
② 《唐伯虎全集》，第560页。

诬。则其可以征信者良亦寡矣"。① 如果连友人文徵明的事情也能写错,那么他所记载的唐伯虎佯狂的细节的真实性就值得怀疑了。周道振在《唐寅年表》中把唐伯虎佯狂放在正德十年(1515)的第一件事,虽未说明就是本年初,但大致也应该在这个时候。唐伯虎于正德九年(1514)秋到宁王府,不可能到了那里就立即装疯,必然是待了一段时间之后,受了宁王的语言暗示,或者受了王秩的语言暗示,再加上亲眼目睹了一些事实,才决定装疯脱身的。何况这一段时间他还作了两篇思路明晰的文章,显然不可能是疯癫之人所为。结合史实来看,正德十年(1515)二月,宁王朱宸濠招刘养正入府密谋,两人一拍即合。刘养正从此成为朱宸濠的主要谋士。朱宸濠闻刘养正习兵法、有才气,能讲宋太祖赵匡胤陈桥兵变事。刘养正称赞朱宸濠有拨乱之才,密约举事。很可能唐伯虎在正德十年(1515)年初开始佯狂,宁王不堪其行,刘养正与宁王的一拍即合,使得唐伯虎最终得以脱身。

二

唐伯虎的豫章之行是他一生中经历的重大政治事件,分析唐伯虎此行之前、期间及事后的心态对于唐伯虎的全面研究或有裨益。

唐伯虎多数作品不系年,但豫章之行的前后唐伯虎所创作的一些作品,却有着明确的系年。这或许不是偶然的巧合,很可能是唐伯虎有意所为,在不能明说的情况下,留下一些暗示来表明自己的心迹。

豫章之行前唐伯虎之心态,或可通过唐伯虎曾为丁文祥作的《也罢说》管窥一二。《也罢说》文末落款"时正德甲戌重阳书于桃

---

① 《钦定四库全书总目》整理本,中华书局,1997 年,第 1702 页。

花精舍之梦墨亭"。① 唐伯虎在这里把写文的时间地点都交代的很清楚。正德甲戌重阳这一时间恰在去豫章的前夕,且唐伯虎在文中明确说此文是寄托了他自己所崇尚的志趣,因而此文可为我们揭示唐伯虎彼时的心态。丁文祥,字瑞之,其先江阴人,后徙吴,以货殖为业。尝自称"也罢"。祝允明在正德癸酉(1513)年为其撰有《也罢丁君小传》:"丁氏在江阴为巨族,故南园翁自新赘长洲温氏,始为苏城人。祖胥宇即富业起声,君其孙也。名文祥,字瑞之,天性孝顺……去营殖生产,每泛重货贸迁北都,赀积日阜。然率不肯损人以益已,剥众而丰家。平居雅意,不忘清逸。收拾古器物抚玩,若交契遇暇日,遭胜地邀游觞吟,熙然自适"。② 作为商人能不损人利己,且不忘清逸,可知丁君是个厚道的风雅商人。他经常说的一句口头禅就是"也罢",对此祝氏有记:"言期于信,彼或信或否,则曰:'也罢'。行期于必善,彼或知或否,则曰:'也罢'。志其上,获其次,曰:'也罢'。失于彼,得之此,曰:'也罢'。以是二言存之心安诸行,素履达时,夷然以处于世,而鲜有不自得者"。③ 可见丁文祥确实有博大的胸怀,达观的态度,深得老氏之道。笔者对祝氏之文的介绍,主要是为了更好地说明唐伯虎为丁文祥所作《也罢说》的含义与寄托。对比祝允明的小传,我们会发现唐伯虎此文很有趣,他不像祝氏那样先简介一下丁君的情况,再对其人其行作一评价。在文中唐伯虎先是从文字音韵的角度对"也罢"的读音及意义作了一番详细地解释,然后就开始发议论,"则所谓'也罢'者,就住也,即休也,就自止也。夫人之趋名利者,莫不以高远为期。故临海望洋,而叹其莫济;骑危观天,而伤其难登。瞻乌不知止于何屋,远之不可到也;行蜗竟黏枯于谁壁,高之不可极也。知高远之不可极到,而假足以趋,胁翼以升,盖以万万计。瑞之乃反其所向,

---

① 《唐伯虎全集》,第 496 页。
② (清)张丑:《真迹日录》卷三,载《文渊阁四库全书》集 271,第 454 页。
③ (清)张丑:《真迹日录》卷三,载《文渊阁四库全书》集 271,第 454 页。

不急名,不尚利,即其所在而自止,其贤明出于万万者之上矣。予嘉其合老氏之旨义,而获我心之同然,故为说其字之音辩,而系以志趣之所尚焉"。① 文章对世间那些趋名趋利之徒进行了讽刺与否定,对于丁君不同于流俗的做法给予了肯定,称赞丁君的贤明在万万人之上。而且唐伯虎特意明确地说丁君的行事是"而获我心之同然,故为说其字之音辨,而系以志趣之所尚焉",很显然唐伯虎在这里是在借写丁君来书写自己不慕名利的心迹与怀抱。或许我们可以把此文看作唐伯虎在去宁王府之前的心灵告白,他要告诉我们之所以去宁王府,并不是为了世人普遍追求的所谓名利。那唐伯虎是为了什么去的宁王府呢?结合前文所述唐伯虎之侠客理想,我们就可以明白唐伯虎此行或许是要完成自己的建功立业的心愿,他只是希望能展示自己的抱负施展自己的才能,其目的在于事业,而不在于事业所带来的名利。

唐伯虎在豫章时的心态问题,上文也略有涉及。宁王向唐伯虎暗示时,唐伯虎就写诗表明了自己的态度,所谓"问我如何总不知",就是不想掺和这件事。毕竟,谋反是大逆不道之事,失败了是有杀身之祸的。以唐伯虎的聪慧当能看出宁王成功的可能性不大,所以他必须想办法远离灾祸。除此之外,我们再细读他在豫章时所作的《许旌阳铁柱记》,会发现其中大有深意,唐伯虎在文中隐晦地表达了自己对宁王之谋反的看法和态度。

许旌阳,又称许真君。民间信仰神之一。相传姓许名逊,字敬之。又有史书以为实有其人,晋太康初年举孝廉,任旌阳县令,德政显著,吏民悦服。因晋皇室纷乱,弃官而归,于晋宁康二年(374),于豫章(南昌)西山举家拔宅飞升,当地人立祠祀之。传说许旌阳曾随著名道士吴猛修道术,其神迹颇多,最著名的便是助吴猛诛杀蛟精。晋时江东多蛇祸,吴猛将除之,选徒百余人,令具炭

① 《唐伯虎全集》,第495—496页。

百斤置于坊上。一夕，炭俱化为美女，试诸弟子，唯许逊不染。吴
猛与许逊至辽江，遇巨蛇，吴年衰，许仗剑登蛇首斩之。其后，许旌
阳斩蛇之事愈传愈神。自唐代信奉始盛，历代奉祀，江西一带对其
奉祀尤为虔敬。唐伯虎的《许旌阳铁柱记》，赞颂了许旌阳诛杀蛟
精的故事："旌阳君生于其时，修精一之道，以达天地之神灵。遂诛
龙蛇以安江流，馘魅魍以定民生，铸铁柱以锁地脉。元功告成，神
道昭契，乘风上征，合瑞紫宫；以续黄帝、神禹之传，而延民物之命。
功绩懋著，惠泽迄今"。① 他还把许旌阳比作黄帝、神禹，认为许旌
阳诛蛟精，就像黄帝诛蚩尤、神禹锁无支祈。唐伯虎还从阴阳相生
相克的角度作比喻，说阳为神，阴为怪，黄帝、神禹与许旌阳是阳是
神，蚩尤、无支祈、蛟精是阴是怪。并认定阴不胜阳、邪不压正的道
理。他说："故有至怪之变生，有至神之圣出以御之。设使特生蚩
尤、无支祈与蛟精，而无黄帝、神禹、许真君，则天地之间，阴阳偏
滞，而人类几乎息矣！"②这段话肯定了黄帝、神禹、许旌阳的业绩，
未尝不是对当时豫章形势的暗喻，暗示宁王就是蛟精，终会被制
服。且唐伯虎在文末反复强调说："窃叹真君道合黄轩，功配神禹。
世无正论，爰就荒唐。欲明斯理，辄撰为证序，刊之负础，以示将来
云"。③ 这段话说得更是大有深意。如果我们对许旌阳的事迹了解
得再多一些，可以发现唐伯虎对许旌阳的赞叹或许真的暗含了他
本人对宁王想造反之事的看法。《太平广记》卷一四引"许真
君"条：

> 寻以晋室棼乱，弃官东归，因与吴君同游江左。会王敦作
> 乱，真君乃假为符竹，求谒于敦，盖将欲止敦之暴，以存晋室
> 也。一日，真君与郭璞同候于敦，敦蓄怒以见之，谓真君曰：

---

① 《唐伯虎全集》，第 237—238 页。
② 《唐伯虎全集》，第 238 页。
③ 《唐伯虎全集》，第 238 页。

"孤昨得一梦,拟请先生圆之,可乎?"真君曰:"请大将军具述。"敦曰:"孤梦将一木,上破其天,孤禅帝位,果十全乎?"许君曰:"此梦固非得吉。"敦曰:"请问其说?"真君曰:"木上破天,是未字也。明公未可妄动,晋祚固未衰耳。"王敦怒,因令敦璞筮之。卦成,景纯曰:"无成。"又问其寿,璞曰:"明公若起事,祸将不久。若住武昌,寿不可测。"敦大怒,又问曰:"卿寿几何?"璞曰:"余寿尽今日。"敦怒,令武士执璞出,将赴刑焉。是时,二真君方与敦饮酒,许君掷杯梁上,飞绕梁间。敦等举目看杯,许君坐中隐身。①

许旌阳在晋室梦乱时,与吴君同游江左。刚好赶上王敦想以暴力作乱,危害晋室。许旌阳就去拜会王敦,想制止王敦危害晋室的行为。席间,王敦说他做了个禅帝位的梦,许旌阳明确告诉王敦这不是个好梦。此事与唐伯虎与朱宸濠之间的情形何其相似,或许许旌阳对王敦之事的态度就是彼时唐伯虎对朱宸濠之谋反的态度。唐伯虎在这里高度讴歌许旌阳,并不单纯是因为许旌阳的斩蛟事迹,他还一再强调世人并没有真正认识到许旌阳的价值,说自己"欲明斯理,辄撰为证序,刊之负础,以示将来云"。唐伯虎想明示天下的理,应该是许旌阳反对王敦危害晋室的作法,这也是他为什么要高度赞美许旌阳的真正原因。但是在当时,他不能把许旌阳的这一事迹明写出来,把自己的心迹明白地表露出来,因为即使他感受到了宁王的反意,它也仅仅只是反意,在宁王没有把反意变成事实之前当然是不能乱说的。所以唐伯虎只能借斩蛟之事大发议论,且在文末给以反复暗示。

唐伯虎豫章归去之心态。唐伯虎怀着建功立业的心情来到豫章,却不料宁王想干的事业却是谋反,这当然不是唐伯虎想做的事。为了远祸全身,他不惜装疯卖傻,其内心一定是极为痛苦的。

① (宋)李昉等编:《太平广记》,中华书局,1961年,第98页。

但最终得以脱身，他必然又是庆幸的。所以唐伯虎应该是怀着复杂的心态归吴的，一方面终于得以从宁王那里脱身，重获久违的自由，他可谓归心似箭；另一方面，他又有点近乡情怯。豫章归吴途中，他曾作有《乙亥岁二月中旬游锦峰上人山房戏写梅枝并绝句为赠》最能表露他彼时的心态，诗曰：

> 东风吹动看梅期，箫鼓联船发恐迟。
>
> 斜日僧房怕归去，还携红袖绕南枝。①

诗作前两句写现在正是看梅的好时期，大家都争先恐后，唯恐去迟了欣赏不到最美的梅景，实际上也是表达自己归心的迫切。后两句却明显一转，说自己是"斜日僧房怕归去"，为什么怕归去，一方面可能是他想建功立业的理想没能实现，一方面可能是他在豫章的佯狂行为多少有些有辱人格，实在是有些不好意思和吴中的亲友相见。他在给友人姜梦宾的一封信《致姜龙》中也提到了豫章之行是"所谓兴败而返也"。② 可见豫章归去之后，其落寞的情怀。

三

唐伯虎于正德十年（1515）春，从豫章归吴，约三月中旬回到吴中。从唐伯虎此后的几年的行迹来看，此事在当时对他并未造成很大影响。此事的影响要到正德十四年（1519）宁王朱宸濠发动叛乱之后，才逐渐显露出来。

正德十四年（1519），宁王朱宸濠叛乱事败。与朱宸濠过从甚密的尚书陆完被逮，嬖人钱宁、臧贤等，被籍没其家。李梦阳也因曾为其作《阳春书院记》，为御史周宜纠劾，以"党逆罪"被第四次关进了监狱。后经大学士杨廷和、刑部尚书林俊营救，才最终得以免祸。上述人员都是有官职在身的当权派，追究他们的责任是必然

---

①《唐伯虎全集》，第 407 页。
②《唐伯虎全集》，第 498 页。

的。作为在野的唐伯虎有没有被牵连呢？正史及友人的记载中都未涉及，仅《风流逸响》中有记："宸濠事败，六如几不免。当事者甚怜之，然不能挽也。及见题壁一诗云：'碧桃花树下，大脚黑婆娘；未说铜钱起，先铺芦席床。三杯浑白酒，几句话衷肠；何时归故里？和它笑一场。'遂保护其壁，深白伯虎郁郁思归，略不与党状；复奏得释"。① 看来，早已经离开宁王的唐伯虎也被牵连了，似乎还被抓了起来。但其获释理由却略觉牵强，因为一首表达归去的诗歌就把唐伯虎放了回去。在没有更多材料的情况下，暂把此说放在此处。

唐伯虎有没有被牵连的问题，虽不太好确定，但宁王事败后，唐伯虎的豫章之行确实让他自此经常陷入名节之痛，此痛直接导致了唐伯虎彻底放弃立言之想。豫章之行还给他带来了声誉上的不良影响。

唐伯虎本人对豫章之行有着明确的认识——确属失节。此点明确见于袁袠的《唐伯虎集序》。该序言在记述了唐伯虎科场案后，写有：

> 乃益至放废，纵酒落魄。所著述多不经思语，语殊俚浅。人或规之，伯虎曰："夫太上立德，其次立功，其次立言。寅遭青蝇之口，而蒙白璧之玷，为世所弃。虽有颜冉之行，终无以取信于人；而夔龙之业亦何以自致？徒欲垂空言，传不朽，吾恐子云剧秦，蔡邕附卓，李白永王之累，子厚叔文之讥，徒增诟辱而已。且人生贵适志，何用刓心镂骨，以空言自苦？"宸濠之谋逆，欲招致四方材名之士，乃遣人以厚币招，伯虎坚辞，不可。至则阴知将有淮南之谋，遂佯狂以酒自污。宸濠曰："唐生妄庸人耳！"乃放归，得免于难。②

① 《唐伯虎全集》，第560页。
② （明）袁袠：《衡藩重刻胥台先生集》卷十四，载《四库全书存目丛书》集86，第585页。

细读这段话,我们会发现袁袠似乎在事件的排列与逻辑顺序上有颠倒的情况。这段话包含了两部分,前一部分是唐伯虎对自己"益至放废,纵酒落魄"的解释;后一部分是唐伯虎的豫章之行。事实上如果我们把这两部分顺序颠倒一下,会发现它更合逻辑。因为唐伯虎解释的那段话放在科场案后,给人的感觉就是科场案的打击使得唐伯虎放弃了立言的打算,转而纵酒落魄。事实上科场案后的唐伯虎虽然遭受了重大挫折,但还是明确表示过"以成一家之言。传之好事,记之高山"。① 可见他当时并未对立言彻底丧失信心。如果我们把豫章之行调到前一部分,唐伯虎的自我解释就合情合理了。唐伯虎在这里解释自己为什么要放弃不朽的立言而追求自适的生活方式时说"寅遭青蝇之口,而蒙白璧之玷","青蝇之口"指的就是科场案,"白璧之玷"指的就是豫章之行。以前的研究,大概因为这段话在科场案后,习惯把它一带而过,都归之于科场案。这显然是不合适的,因为"白璧之玷"如果指的是科场案,就无法解释唐伯虎下面的话"吾恐子云剧秦,蔡邕附卓,李白永王之累,子厚叔文之讥,徒增诟辱而已"。这句话唐伯虎提到了四个有共同点的历史人物,扬雄为篡汉的王莽作过《剧秦美新》,歌颂王莽新朝;蔡邕也曾是汉贼董卓款待的嘉宾;李白是想割据江东的永王李璘的座上客;柳宗元也曾是失败的王叔文集团的骨干分子;很显然唐伯虎在这里说的四个人都跟他自己有相似的经历,这种经历就是都参与过有谋逆行为的政客的集团。而这种经历对于古代士人来说,是非常不光彩的,也是非常容易引起人们诟病的话题。所以唐伯虎说,自己已经有了失节行为,即使像上述四人一样在立言上有很大的成就,还是难免被人诟辱;不如追求适意人生,何必以空言自苦。这就是袁袠所说:"乃益至放废,纵酒落魄。所著述多不经思语,语殊俚浅。"

---

① 《唐伯虎全集》,第 222 页。

虽然唐伯虎在此看起来似乎能无畏地正视自己的失节行为，好像对待此事非常达观了。但事实上，很多时候他还是不能释怀，这种名节之痛时时折磨着他，他还是很在意时人对此事的看法。俞弁《逸老堂诗话》卷下有："余友唐解元子畏每酒酣，喜讴刘后村诗云：'黄童白叟往来忙，负鼓盲翁正作场。死后是非谁管得？满村听说蔡中郎。'子畏匪好此诗，但自寓感慨云"。① 俞弁是唐伯虎的友人，他告诉我们唐伯虎经常在酒酣时，喜欢吟诵刘后村的一首诗，唐伯虎并不是喜爱这首诗，而是这首诗引发了唐伯虎自己的感慨。那么俞弁与唐伯虎的友情如何，俞弁的说法可靠吗？他所说的唐伯虎"自寓感慨"指的又是什么呢？

俞弁（1488—1547），字子容，号守约居士。江苏吴县人。其父俞宽甫，吴之乡校师，祝允明为俞宽甫作有《约斋闲录序》："予自布素交君，亦且四纪，今或二毛相顾，襟礼不异。曩昔其嗣弁，字子容。凤毛兰种，世其儒业，尤益亲予"。② 可知俞宽甫与祝允明为布素之交，二人交往时间长达四十八年，虽然都已是两鬓斑白的老人了，但二人的友情还是醇厚的。俞弁像父亲一样喜爱儒业，也很亲近祝允明，俞弁父子与祝氏堪称好友。唐伯虎与俞弁应该是很不错的朋友。因为在俞弁的《逸老堂诗话》二卷与《山樵暇语》十卷中保留有不少二人交往的资料，如《逸老堂诗话》卷上记有："余访唐子畏於城西之桃花庵别业。"③从中我们可知俞弁去桃花坞拜访过唐伯虎。在《山樵暇语》中俞弁还曾多次赞美唐伯虎的诗作，并对其诗作类乐天，喜用俗语之特点有所评价。俞弁本人也是白乐天的推崇者，在这一点上，他和唐伯虎也可谓知音。据此，俞弁的说法应该是有依据的。那么，刘后村的这首诗到底是什么地方吸引了唐伯虎，使得他偏偏在酒酣时才喜欢吟诵呢？俞弁所说唐伯虎

---

① 丁福保辑：《历代诗话续编》下，中华书局，1983 年，1323 页。
② （明）祝允明：《怀星堂集》卷二十五，载《文津阁四库全书》集 421，第 409 页。
③ 丁福保辑：《历代诗话续编》下，第 1306 页。

"自寓感慨"到底指的是什么呢?

刘后村此诗记述了当时村庄艺人演说蔡中郎故事的情形,故事大概是讲蔡中郎高中状元后,弃亲背妇,最后为暴雷震死;但历史上的蔡邕"性笃孝,母常滞病三年,邕自非寒暑节变,未尝解襟带,不寝者七旬"。[①] 可见历史上的蔡邕并没有做过弃亲背妇的事。所以诗人感叹"死后是非谁管得",后代的人照样把子虚乌有的事情听得津津有味。那么,这首诗说的是蔡邕被无端歪曲的私生活。唐伯虎喜欢醉后讴歌这首诗,俞弁说是唐伯虎"自寓感慨"的这首诗,显然是在告诉我们唐伯虎也在担心别人如何评价自己的"身后是非"。那么,唐伯虎所关心的"身后是非"难道是他可能被歪曲的私生活;难道,明代的唐伯虎和俞弁还能预见到后人给唐伯虎安排了诸如"三笑姻缘""九美图"之类的风流故事? 显然,唐伯虎和俞弁的关注点都不在此,唐伯虎对此诗的关注乃在于蔡邕的依附董卓与自己做客宸濠有相通之处,这在上文已有论述。

东汉名士蔡邕,在董卓专权时,被其征请,极为礼遇,曾"三日之间,周历三台"。[②] 后王允杀死董卓,邕感其礼遇而泣,被王允以"怀卓"之名将其下狱,后邕死于狱中。蔡邕附董卓,历来是文人诟病的话题。杨诚斋解《易经》时经常拿他举例,如"蔡邕所以失节于卓之官也"。[③] 又如"故为'遯尾',故危厉而灾。扬雄仕于莽,蔡邕仕于卓是己"。[④] 可见,在正统文人眼里,有无失节才是值得关注的大事。而唐伯虎所担心的"身后是非",也正是后人如何评说他的豫章之行。所以唐伯虎醉后讴歌的这首诗,乃是醉翁之意不在酒,在于抒发名节有失的内心隐痛。

豫章之行对唐伯虎来说确实有损声誉。我们可以想像他的豫

---

① (宋)范晔:《后汉书》卷六十下,中华书局,1965 年,1980 页。
② (宋)范晔:《后汉书》卷六十下,2005 页。
③ (宋)杨万里:《诚斋易传》,九州出版社,2008 年,15 页。
④ (宋)杨万里:《诚斋易传》,118 页。

章之行在宁王没有反叛之前,由于佯狂的举动在当时很可能是士人闲谈的话资;在宁王叛乱被镇压之后,此事就变成了唐伯虎人生中的政治污点,更应该是人们诟病的对象。从唐伯虎同时代的人对待此事的方式,我们也可以得出此事在当时文人学士的眼中的确是一件不太光彩的事情,他们有的采用为唐伯虎避讳的方式来对待此事。避而不谈,正可说明此事经常为他人谈起。如祝允明在《唐子畏墓志并铭》中明确谈到了唐伯虎科场案的不幸遭遇,但未明确提到唐伯虎做客宁王府的经历,仅以"子畏临事果决,多全大节,即少不合,不问"。① 来模糊叙事,江兆申认为"所谓'全大节',应当是指唐寅一旦发现宸濠有造反的可能时,他就百计装疯,逃了回来的事"。② 江先生的猜测应该就是事实,作为唐伯虎的密友,祝允明为朋友讳显然是可以理解的。祝允明在同文中又说唐伯虎:"有过人之杰,人不歆而更毁"。指的就应该是唐伯虎佯狂从宁王那里脱身之举,此举难被普通人所理解,还经常被一些人诋毁。顾璘对唐伯虎此行也是采取避讳的态度,他曾委婉地批评过袁袠把此事写入序言。袁袠《衡藩重刻胥台先生集》卷十九有《复大中丞顾公书》"所云《唐伯虎集序》欲为贤者讳,仰见吾丈忠厚之至。但叙事之体,必须核实。尼父以来未之敢违也。假令吾丈欲为伯虎讳,千载而下谁其信之"。③ 从中可见顾璘认为袁袠在序言中应该为唐伯虎避讳,那么顾璘认为哪件事需要避讳呢?是科场案,还是做客宁王府事。对照顾璘在《国宝新编》中为唐伯虎所写传记中有"举应天乡试第一,坐事废"。④ 可知科场案并不是顾璘认为需要避讳的对象,那么顾璘认为应避的讳就是唐伯虎的豫章之

---

① (明)祝允明:《怀星堂集》卷十七,载《文津阁四库全书》集 421,第 375 页。
② 江兆申:《关于唐寅的研究》,第 5 页。
③ (明)袁袠:《衡藩重刻胥台先生集》卷十九,载《四库全书存目丛书》集 86,第650 页。
④ 《唐伯虎全集》,第 542 页。

行。这说明，唐伯虎的豫章之行，在当时的文人学士眼中确实是一件失节的事情，确实遭遇过不少非议。袁衮也表明了自己的态度"叙事之体，必须核实"，并且他认为"伯虎诚过，亦未有喋血推刃，得罪伦教者也"。① 所以实话实说也并没有什么。毕竟唐伯虎并未在宁王府待太久，虽行止有亏，但也不是太严重。总体上来看，诸多文人对此事的评价基本上都认为唐伯虎能全大节，如徐咸说："寅外若放诞，而中有所主如此。"文震孟(1574—1636)在《姑苏名贤小记》卷下评说："逆藩之变，佯狂自免，大节确如斯，其人不足千古乎？"②唐伯虎于地下有知，当可安眠。

　　总的来说，唐伯虎的豫章之行，实在是他人生路途上的又一次厄运。他乘兴而去，却回得斯文扫地。这件事对他造成了严重的伤害，可谓身心俱被摧残。而此事也使得他最终放弃了立言之想，转而彻底投入诗酒书画的怀抱，在文艺中抒发自己苦闷的情怀。

---

① (明)袁衮：《衡藩重刻胥台先生集》卷十九，载《四库全书存目丛书》集86，第650页。
②《唐伯虎全集》，第544页。

第二章
唐伯虎交游考述

第一节　唐伯虎交游特点

依据杨静庵《唐寅年谱》、周道振《唐伯虎全集》及所附《唐寅年表》、郑骞《唐伯虎诗辑逸笺注》等书提供的交游线索，可知唐伯虎交游过的对象约有110多人。全面考察唐伯虎交游对象实属不可能之事，也无必要。本文仅以与唐伯虎有交往的可考对象为主，从地域特色、身份特点来分析探讨唐伯虎交游圈的特点。

一

由于涉及交游人员众多，关系复杂，本部分暂以可考籍贯的友人为主要研究对象，结合可靠的交游史实，来分析唐伯虎的主要交游对象。唐伯虎是吴县人，属苏州府。明代苏州府下辖吴县、长洲、嘉定、吴江、太仓、常熟、昆山七县。笔者暂以苏州府籍与苏州府籍以外的友人来对唐伯虎友人分类。

唐伯虎苏州府籍的友人主要有：

沈周（1427—1509），字启南，号石田，晚号白石翁，长洲（今江苏苏州）相城人。王稚登《国朝吴郡丹青志》中记有："（沈周）先生绘事为当代第一……山水人物花竹禽鱼悉入神品。……一时名士如唐寅文璧之流,咸出龙门。"①可知唐伯虎师从过沈周。

吴宽(1435—1504),字原博,号匏庵。长洲人。成化八年(1472)状元及第。唐伯虎曾写有《上吴天官书》。

吴奕,字嗣业,号荼香,工书能诗。长洲人。吴奕是吴宽季弟吴元晖之子。《吴越所见书画录》记唐解元正觉禅院牡丹图立轴有:"三月十日偕嗣业徵明尧民仁渠同饮正觉禅院仆与古石说法而诸公谑浪庭前牡丹盛开因为图之。"②

朱存理(1444—1513),字性甫,号野航,长洲人。朱存理是沈周的好友。唐伯虎曾资助朱存理买驴,《穰梨馆过眼录》载:"鲁国男子唐寅赠旧刻《岁时集》一部,计十册,抵银一两五钱。"③

王鏊(1450—1524),字济之,又字守溪;学者称震泽先生。吴县人。成化十年(1474)乡试,次年(1475)会试,俱为第一,廷试第三。唐伯虎曾师从王鏊,唐伯虎有《柱国少傅守溪先生七十寿序》:"寅备门下诸生之列。"④

文林(1455—1499),字宗儒,长洲人。成化八年(1472)进士。文林是文徵明的父亲,对唐伯虎有知遇之恩。唐伯虎有《送文温州序》。

朱凯(?—1514),字尧民。长洲人。隐士。与朱存理、文徵明等人交好。唐伯虎曾与他同游正觉禅院。《吴越所见书画录》记唐解元正觉禅院牡丹图立轴有:"三月十日偕嗣业徵明尧民仁渠同饮正觉禅院仆与古石说法而诸公谑浪庭前牡丹盛开因为图之。"⑤

周臣,字舜卿,号东村,吴县人,生卒年不详。职业画家。王应

---

① 《四库全书存目丛书》子71,齐鲁书社,1995年,第882页。

② (清)陆时化:《吴越所见书画录》卷一,载《续修四库全书》子1068,上海古籍出版社,2002年,第57页。

③ (清)陆心源:《穰梨馆过眼录》卷十九,载《续修四库全书》子1087,上海古籍出版社,2002年,第196页。

④ (清)唐仲冕编:《六如居士全集》补遗一卷,清嘉庆六年(1801),果克山房。

⑤ (清)陆时化:《吴越所见书画录》卷一,载《续修四库全书》子1068,第57页。

奎说:"昔人谓唐子畏画师周臣。"①可知唐伯虎师从周臣学过画。

杨循吉(1458—1546),字君谦,自号南峰山人。吴县人。成化二十年(1484)进士。杨循吉与沈周是忘年之交,与祝允明亦关密切,又是唐伯虎自童年就结识的好友刘嘉绪的表哥。杨循吉有《虎丘闲泛与伯虎同赋》。

杨遵吉,吴县人。杨循吉之弟。曾得奇疾,三年未愈。病愈后唐伯虎曾为其作《复生图》以示庆贺,并有诗:"杨君抱奇疹,三载违动履。贤郎为精祷,倏愈如脱屣。至诚可通神,勿药而有喜。从今斑衣堂,百岁延嘉祉。酒盏对花树,日日春风里。晋昌唐寅既为君佑先生作复生图,仍为赋此。后有南京解元、六如居士二印。"②

祝允明(1460—1526),字希哲,右手有枝指,因自号枝山,又号枝指山,长洲人。明弘治五年(1492)举人。祝允明有《唐子畏墓志并铭》。

都穆(1459—1525),字玄敬,号南濠先生。吴县人。弘治十二年(1499)进士。文徵明《大川遗稿序》有记曰:"弘治初,余为诸生,与都君元敬、祝君希哲、唐君子畏倡为古文辞。"③唐伯虎与都穆一起倡导过古文辞。

文徵明(1470—1559),初名壁,字徵明,以字行,更字征仲,号衡山,别署衡山居士。长洲人。唐伯虎有《与文徵明书》。

文嘉(1501—1583),字休承,号文水、文水道人。长洲人。文徵明仲子。文嘉有《和唐子畏韵》:"我昔曾过桃花庵,庵中常遇桃花仙。吟诗写画茅茨下,留客时时费酒钱",④可知文嘉也是唐伯虎桃花庵里的常客。

王观(1448—1521),字惟颢,长洲人。初时自号杏圃,后吴令

① (清)王应奎:《柳南随笔》卷五,中华书局,1983年,第87页。
② (清)张照等:《石渠宝笈》卷三十三,载《文津阁四库全书》子273,第392页。
③ 《文徵明集》,第1259页。
④ (明)文洪编:《文氏五家集》卷九,载《文津阁四库全书》集462,第181页。

文天爵尝馈之鹤,更号款鹤。祝允明与王观是儿女亲家,王观的长子王穀祯娶了祝允明的女儿。陆粲《祝先生墓志铭》记有:"女一,嫁湖州经历王穀祯。"①唐伯虎为王观画有《款鹤图》。《石渠宝笈》:"明唐寅款鹤图一卷,宋笺本墨画。款识云:'弘治壬子仲春既望,摹李河阳笔似欸鹤先生,初学未成不能工也。唐寅'"。②

刘嘉绪(1473—1496),字协中。吴县人。刘协中书法小有造诣,诗文亦小有成就,少年之时即与杨循吉颉颃一时。杨循吉《故明刘文学墓志铭》说他"诗亦思致清远,隽味有余,尝著《吊范墓文》,意甚高古而用字坚奇,读者戊棘啄不能通。及和予游山诗,平安丰润,又深及玄畅之致"。③刘协中与杨循吉是表亲,二人十分要好。刘协中与唐伯虎尤为友善,卒后,唐伯虎作有《刘秀才墓志铭》,并编其文集,惜文集现已失传。

徐祯卿(1479—1511),字昌穀,一字昌国,常熟梅李镇人,后迁居吴县。弘治十八年(1505)进士。阎秀卿说徐祯卿:"与吴趋唐寅相友善,寅独器许,荐于石田沈周、南濠杨循吉,由是知名。"④

张灵,字梦晋。长洲人。阎秀卿说张灵"所与游者,吴趋唐寅最善"。⑤

吴爟,字次明。吴县人。唐伯虎曾画有《江深草阁图》赠给吴爟。《珊瑚网》卷四十"伯虎江深草阁图赠次明吴君"。⑥

钱同爱(1475—1549),字孔周,号野亭。长洲人。文徵明《钱孔周墓志铭》中说:"吾友钱君孔周……所与游皆一时高朗亢爽之

① (明)陆粲:《陆子余集》卷三,载《文津阁四库全书》集426,第193页。
② (清)张照等:《石渠宝笈》卷六,载《文津阁四库全书》子273,第156页。
③ (明)杨循吉:《松筹堂集》卷六,载《四库全书存目丛书》集43,齐鲁书社,1997年,第263页。
④ (明)阎秀卿:《吴郡二科志》,载《四库全书存目丛书》史90,第135页。
⑤ (明)阎秀卿:《吴郡二科志》,载《四库全书存目丛书》史90,第137页。
⑥ (明)汪砢玉撰:《珊瑚网》,载《文津阁四库全书》子271,第722页。

士,而唐君伯虎,徐君昌国,其最善者。"①可知唐伯虎与钱同爱是很好的朋友。

邢参,字丽文。吴人。邢参曾题唐伯虎为杨季静作《南游图》"杨子将远游,倏焉来别我……愿子求知音,勿诮吾言琐。孟夏四月五日邢参复书于碧藻轩中"。②可知碧藻轩是邢参的小轩。唐伯虎有《题碧藻轩》。

钱贵(1472—1530),字元抑。长洲人,弘治十一年(1498)举人。钱贵与唐寅同为弘治十一年戊午科举人,③钱贵与文徵明等吴中文人交往颇多。唐伯虎于正德三年戊辰(1508)题钱贵小像。同题者徐祯卿、陈沂、祝允明、都穆、文徵明、张灵、邢参等十余人。

陈淳(1483—1544)字道复,后以字行,更字复甫,号白阳山人,又号五湖田舍。诸生。长洲人。陈淳曾师从文徵明。《江南通志》载:"(淳)少师文徵明,天才秀发。善画,尤好写生,一花半叶,淡墨欹斜,非画工可及。诗取适意。"④陈淳有《和唐子畏东城夜游》。

王守(1492—1550)字履约,号涵峰、涵峰山人、九华山人,长洲人,王宠兄。嘉靖进士。唐伯虎有《送王履约会试》。

王宠(1494—1533),字履吉、履仁,号玄微子、雅宜山人,长洲人,王守之弟。唐伯虎与王宠是儿女庆家。祝允明《唐子畏墓志并铭》说唐伯虎:"生一女,许王氏国士,履吉之子"。⑤

俞弁,字子容,号守约居士。江苏吴县人。俞弁《山樵暇语》卷

①《文徵明集》,第756页。

②(清)吴升:《大观录》,载《续修四库全书》子1066,上海:上海古籍出版社,2002年,第829页。

③(清)赵宏恩等修:《江南通志》卷一百二十七,载《文津阁四库全书》集173,第165页。

④(清)赵宏恩等修:《江南通志》卷一百六十五,载《文津阁四库全书》集173,第460页。

⑤(明)祝允明:《怀星堂集》卷十七,载《文津阁四库全书》集421,第375页。

二记有:"故友唐子畏亦喜用俗语",①可知二人是老朋友。

袁衮(1502—1547),字永之,号胥台,长洲人,嘉靖丙戌(1526)进士。袁衮辑有《唐伯虎集》二卷。

沈津,字润卿,长洲人。喜藏书,蓄法书名绘颇多,文徵明、徐祯卿等时往赏鉴。沈津于正德六年(1511)汇辑《集古录》一卷,《汉晋印章图谱》一卷等,《茶具图赞》一卷,《砚谱》一卷,《古局象棋图》一卷,《谱双》五卷,《打马图》一卷等,而成《欣赏编》。计收书十种,十四卷,以天干十字为序,分十集。唐伯虎为其作有《谱双序》。

章文(1491—1572),字简甫,长洲人。其先闽人,后徙吴。善镌刻,吴中名士文徵明、祝允明、王宠、陈道复等有所书,必属其刻石为快。王世贞《章笉谷墓志铭》有"(章笉谷)与故知名士唐伯虎、谢思忠偕"。②

谢时臣(1488—1567尚在),字思忠,号樗仙,樗仙子,樗散,虎丘山人。吴人。与唐伯虎关系见章文处引文。可知,二人在宁王朱宸濠处有过交往,而且交情还不错。唐伯虎有《游张公洞》诗,小字注有:"张又玄云:'此诗集中失载。有石刻,公手书寄谢樗仙,且跋云,"胜地须急览,归当议作一图"云云'。"③

刘布,字时服,长洲人。弘治壬戌科(1502)进士。刘布与祝允明、文徵明等人交好。刘布曾题唐伯虎为杨季静作《南游图》。吴升《大观录》记有:"雅素携来久,先生得正传……此行端不负,知己尽时贤。刘布送琴师杨季静游金陵诗序。"④

黄云,字应龙,昆山人。黄云《丹岩集》中有《送唐子畏游庐山》"我昔游庐山,春归万花送。归来已十年,庐山长入梦。唐子天马

---

① (明)俞弁:《山樵暇语》,载《四库全书存目丛书》子152,齐鲁书社,1995年,第15页。

② (明)王世贞:《弇州续稿》卷九十一,载《文津阁四库全书本》集428,第856页。

③《唐伯虎全集》,第364页。

④ (清)吴升:《大观录》,载《续修四库全书》子1066,第829页。

不可羁，凤歌夙兴李白期。忽来别我泛彭蠡，直指庐山发兴奇"。① 可见二人交情不错。

张寰（1486—1561）字允清，号石川。昆山人。正德十六年（1521）进士。姜绍书《韵石斋笔谈》在谈到其外祖父孙育时曾有记载："外大父七峰孙君，吾阳高士也；与唐六如、祝希哲、杨邃庵、陈石亭、张石川诸名彦称莫逆交。……正德庚辰岁，七峰与诸君修禊于石壁之下，题名岩表，镌之以纪胜游"。② 可知唐伯虎与张寰曾有过交往。

钱仁夫，字士弘，常熟人。学者称东湖先生。弘治二年己酉科（1489）举人，弘治十二年己未科（1499）进士。钱仁夫雅爱风流，与唐伯虎之师沈周友情甚笃。其题《沈石田有竹居卷》有"住无一舍远，交近廿年余"。③ 可见二人住得很近，交情深厚。唐伯虎与钱仁夫于弘治十二年，同时参加了己未科的会试，惜唐伯虎因科场案之累，没有取得功名。钱仁夫本年中了进士，选官踏入仕途。钱仁夫有诗《次唐子畏韵自道鄙怀》《和唐解元咏破衣》。

王鼎，字符勋，常熟人。景泰七年丙子科（1456）举人，成化五年己丑科（1469）进士。王鼎与唐伯虎的老师沈周有交往，曾题《沈石田有竹居卷》有"野竹娟娟净，清阴十亩余。沈郎能独爱，蒋诩合同居。宾主皆忘俗，儿童亦解书。不知风月夜，高兴复何如"。④ 王鼎有《福济观别唐子畏口占一联是夜枕上足成八句书寄子畏》、《和唐子畏见赠休字韵》。

杨仪（1488—1564），字梦羽，号五川，常熟人。嘉靖五年（1526）进士及第。李诩《戒庵老人漫笔》记："正德丙寅年，六如为一狎客作水墨桃杏二枝在一扇头，将伺暇作新词题之，其人持去，

① （明）黄云：《黄丹岩先生集》，载《四库全书存目丛书》集60，第129页。
② （明）姜绍书：《韵石斋笔谈》卷上，载《文津阁四库全书》子289，第37页。
③ （明）郁逢庆：《书画题跋记》卷十，载《文津阁四库全书》子271，第194页。
④ （明）郁逢庆：《续书画题跋记》卷十二，载《文津阁四库全书》子271，第266页。

为狂生大书诗句于前，六如见之，怒甚……时杨五川仪年方十九，在侧，就案以水笔洗滌新墨，狂生之迹几减，计不能尽去，乃因字删改良久，扇亦曝干，遂填成长相思一调……六如甚加赞赏。”①可知唐伯虎曾很欣赏杨仪的文采。

姚丞，字存道，号畸艇，长洲人。弘治中贡生。工诗，隐居不仕。唐伯虎画《坐临溪阁图》赠姚丞。《石渠宝笈》：“明唐寅坐临溪阁图一卷，素绢本着色画。款题云：空山春尽落花深，雨过林阴绿玉新。自汲山泉烹凤饼，坐临溪阁待幽人。辄作小绝并画以为赠存道老兄，具俦昔之欢并居处之胜焉。时弘治甲子四月上旬吴趋唐寅”。②

唐伯虎苏州府籍以外的友人主要有：

孙育，字七峰，号思和，丹阳人。唐伯虎与孙育堪称莫逆之交，引文见前张寰处。《丹阳县志》卷二十《文苑》记“（孙育）游王守溪、杨石淙、靳介庵之门。皆爱其才，以贾洛阳称之。”③可知孙育曾在王鏊、杨一清等人门下游过学。唐伯虎也是王鏊的学生，唐伯虎与孙育同为王鏊的学生，关系很近。唐伯虎曾给孙思和画有一幅《丹阳景图》，并在画作后题了八首绝句，题名为《阴雨浃旬厨烟不继涤砚吮笔萧条若僧因题绝句八首奉寄孙思和》，落款为：“正德戊寅四月中旬吴郡唐寅作于七峰精舍。”④

杨一清（1454—1530），字应宁，号邃庵，别号石淙，他祖籍云南，长于湖南，晚年致仕定居于江南镇江丹徒，故又号“三南居士”。杨一清致仕后选择定居于镇江丹徒，是因为他的父母亲埋葬在那里，姐姐居住在那里。他在《为衰病乞恩休致事》疏中说：“臣原籍云南安宁州人。臣父景，任广东化州同知致仕，贫不能归，寄籍湖

① （明）李诩：《戒庵老人漫笔》卷六，中华书局，1982年，第259页。
② （清）张照等：《石渠宝笈》卷三十四，载《文津阁四库全书》子273，第401页。
③《徐祯卿全集编年校注》，第120页。
④ （明）汪砢玉：《珊瑚网》卷四十，载《文津阁四库全书》子271，第722页。

广巴陵县。臣年一十二岁,以明经童子举于朝,臣父母偕来京师。臣举进士未一年,臣父病故,贫不能归葬,又依臣姊氏,卜葬于直隶镇江府丹徒县地方……臣无子,以云南堂兄之子绍芳为嗣,寄籍丹徒看守臣父母丘茔"。① 孙育曾在杨一清门下游过学。正德庚辰(1520)杨一清去丹徒孙育的七峰精舍,与唐伯虎、祝允明、张寰、陈沂等修禊于南山石壁之下。杨一清曾作有《用赠谢伯一举人韵赠唐子畏解元》。

顾璘(1476—1545),字华玉,号东桥居士。祖籍吴县,因上祖籍属工匠,明初徙居上元。弘治九年(1496)进士。顾璘《国宝新编》中有《解元唐寅》。

陈沂(1469—1538),字宗鲁,后改鲁南,号石亭,鄞县人。行医藉居金陵。先与顾璘、王韦合称"金陵三杰"。后朱升之后起,遂与陈沂等三人齐名。陈沂与唐伯虎交游史实见张寰处。

徐经(1473—1507),字直夫,别号"西坞"。江阴人。徐经是弘治乙卯科(1495)举人。徐经与唐伯虎于弘治十二年同去参加会试。

朱承爵(1480—1527),②字子儋,号左庵、舜城漫士,江阴人。唐伯虎去江阴,曾两次住在朱承爵的存余堂里,可见二人交情当不错。《石渠宝笈》记:"明唐寅写春风第一枝一轴:素笺本墨画,款题云:残冬风雪宿君家,烛影横杯隔绛纱。三载重来论契阔,窗前几夜梦梅花。正德己巳季冬朔后五日,再宿子儋存余堂中,时风雪寒甚,写此寄兴,且索浮休和之。唐寅书。上钤吴趋一印,右方下有唐伯虎、六如居士二印。上方薛章宪题云:枳篱竹落野人家,蝉翼疏疏晃帐纱。记取月明清不寐,风炉瀹茗对疏花。薛宪章应教补

① (明)杨一清:《杨一清集》,中华书局,2001年,第323页。
② 朱承爵,其生卒年见张耀宗《明代藏书家朱承爵》,《江苏地方志》,1999年02期,第35页。

空。"①唐伯虎跋语："正德己巳季冬朔后五日,再宿子儋存余堂中"。诗有"三载重来论契阔",可知正德元年(1506)间唐伯虎曾到过江阴,住在存余堂中。正德己巳(1509)唐伯虎去江阴,又宿朱承爵存余堂中。《存余堂诗话》中记有"唐子畏解元《咏帽》云:'堪笑满中皆白发,不欺在上有青天'。人多传诵"。②

薛章宪,字尧卿,自号浮休居士,江阴人。约弘治中前后在世。诸生,性喜佳山水,隐于邓旸溪上。章宪博闻洽物,称古作者。《列朝诗集小传》说他"通经博学,弃经生业,遍游吴越山水,与沈启南、都玄敬为文字交"。③ 唐伯虎与薛也是不错的朋友。正德四年己巳(1509)十二月六日,唐伯虎去江阴,曾再宿朱承爵存余堂中。唐伯虎画梅并题诗,且索章宪和作。引文见朱承爵处。

华云,字从龙。号补庵,无锡人。嘉靖进士。少时师事邵宝和王守仁。嘉靖进士。性豪爽,工文辞,善诗。筑有真休园,收藏法书名画甚多。与文徵明交往颇密,文氏集中有多首与华云往来诗歌。《墨缘汇观录》卷三载:"山静日长图册……六如生平杰作……后绢华补庵跋云:'中秋凉霁,偶邀唐子畏先生过剑光阁玩月,诗酒盘桓浃旬,案上适有玉露山静日长一则,因请子畏约略其景,为十二幅'。"④可知华云曾邀唐伯虎过剑光阁玩月,诗酒盘桓浃旬,唐伯虎为其作山静日长一则为十二幅。

华世祯,字善卿,号西楼,人称之湖桥生,无锡人。《华氏传芳集·西楼府君宗谱传》载:"府君讳世祯,字善卿,号西楼。世饶与赀,率俭约善保;府君独好客为豪举。少从王文恪公学《经》。补博士弟子,以才藻见推。所交皆一时名胜,若文待诏徵明、沈山人周、

---

① (清)张照等:《石渠宝笈》卷二十六,载《文津阁四库全书》子273,第313页。
② (清)何文焕辑:《历代诗话》下,中华书局,1981年,第791页。
③ (清)钱谦益:《列朝诗集小传》,第295页。
④ (清)安岐《墨缘汇观录》,载《续修四库全书》子1067,上海古籍出版社,2002年,第325页。

祝京兆允明、唐解元寅、许太仆初、丰吏部道生辈,日醉吟山水。其风流雅韵,多播于吴闾。"《澄观楼法帖》:"八世祖西楼公,生当有明中叶,与吴中文人学士游。如祝京兆、唐六如、文衡山诸先辈,皆一时名俊。……裔孙瑞卿跋。"①《唐伯虎全集》有《赠华善卿》三首,其一有诗写道:"谢庭摇曳满春风,相见贤孙想阿公;今日赠言吾自愧,立身已了孝之终。"②可见唐伯虎与华世祯的祖父也有过交往,唐伯虎与华家应有多年的交情。

杭濂,字道卿,宜兴人。文徵明在《大川遗稿序》有记曰:"弘治初,余为诸生,与都君元敬、祝君希哲、唐君子畏倡为古文辞。争悬金购书。探奇摘异,穷日力不休。倜然皆自以为有得,而众咸笑之。杭君道卿来自宜兴,顾独喜余所为。"③可知杭道卿参与过唐伯虎与文徵明倡导的"古文辞"运动。

程敏政(1445—1499),字克勤,休宁人。明成化二年丙戌(1466)登进士第二名。弘治十二年(1499)会试主考官,唐伯虎参加了本年会试,会试前去拜会过程敏政。

陈宪章(1428—1500),一作献章,字公甫,号石斋,亦称"白沙先生"。广东新会人。唐伯虎有《送陈宪章》。

梁储(1451—1527),字叔厚,号厚斋,晚号郁洲,广东顺德人。成化十四年(1478)会试第一。弘治十一年(1498)乡试主考官,唐伯虎本年参加乡试告中解元。唐伯虎与梁储是座主与门生关系。

王献臣,字敬止,其先吴人。隶籍锦衣卫。弘治六年(1493)进士。唐伯虎有《西畴图为王侍御作》。

杜堇,本姓陆,字惧男,一作惧南,号柽居、古狂,又号青霞亭长。丹徒人,占籍京师,生卒年不详。善绘事,《画史绘要》载其与江夏吴伟、姑苏沈周、泰和郭诩齐名。杜堇寓京时与吴宽、顾璘多

---

① 周道振、张月尊:《文徵明年谱》,百家出版社,1998年,第192页。
②《唐伯虎全集》,第417页。
③《文徵明集》,第1259页。

有往来,弘治二年(1489)曾为吴宽作有《冬日赏菊图》(《庚子销夏记》卷三)。杜堇还为王献臣画过《双寿图》(《东江家藏集》卷十七)。杜堇与文林是多年知交,其《题画送文太仆宗儒还吴》:

> 南国分司品位清,欧阳人望是先生。封章激烈公卿畏,纳谏如流圣主明。

> 随柳傍花吟兴远,敝车赢马去途轻。春寒病起还相送,二十年前过爱情。①

可见二人交情深厚。唐伯虎有诗作《赠杜柽居》。

吴廷举(1459—1525),字献臣,其祖本湖北嘉鱼人,后戍梧州,遂安家为籍。成化二十三年(1487)进士。吴廷举有《赠唐寅次其韵》。

张诗(1487—1536),字子言,号昆仑山人。宛平人。唐伯虎《墨竹扇》题有:"绝句十二首……子言乃谓其能道意中语,故录似之"。②

查八十,原名查鼏,字廷和。生卒年不详。休宁人。明代琵琶演奏家。汪道昆《查八十传》"鼏之吴,习祝希哲、杨用修、王履吉、唐伯虎、文徵仲,引为布衣交"。③ 可知唐伯虎与查八十有交往。

戴昭,字明甫,休宁人。唐伯虎为戴昭作《垂虹别意图》送行,戴冠为之序有:"休宁宗弟戴生昭,年富质美。予教绍兴府学,时与其父思端有同谱之好,往来情义甚笃。然思端业贾,什九在外,不能内顾昭,恐昭废学负所禀。因挈来游于吴,访可为师者师之,初从唐子畏治诗……正德戊辰中秋吉旦浙江绍兴府儒学训导长洲戴冠拜手序"。④ 可知戴昭师从唐伯虎。

---

① (明)钱穀:《吴都文粹续集》卷五十二,载《文津阁四库全书》集463,第515页。
② 上海博物馆藏,见紫都、霍艳文编著:《唐寅生平与作品鉴赏》上,远方出版社,2005年,第88页。
③ (明)贺复征编:《文章辨体汇选》卷五三八,载《文津阁四库全书》集470,第435页。
④ (明)汪砢玉撰:《珊瑚网》卷十四,载《文津阁四库全书》子271,第545—546页。

以上可见唐伯虎的交游具有鲜明的地域性特征,其主要交往对象为苏州府人,苏州府以外的友人较少。这与唐伯虎未入仕途,常居家乡有必然的关系。吴县是唐伯虎的乡里,是他的主要活动区域。故其友朋之分布以苏州府为多,亦在情理之中。

二

唐伯虎的这些友人,多数都爱好书、画,且多数为吴门画派或书派的主要成员。苏州自古以来就有这种深厚的文化积淀,有着良好的书画传统。苏州出了不少杰出的书画家。如唐代的张旭、宋代的范仲淹都是名震书坛的大书法家。明代有"苏州家家习书,人人作画"之说。唐伯虎的这些朋友,不仅仅是爱好书画,且多有很高的造诣,许多都是在书画史上能留下姓名的人物,堪称大家。据《御定书画谱》第四十二卷,记载的明代书法家有吴宽、吴奕、程敏政、钱仁夫、沈周、朱存理、黄云、杜堇、吴爟、王鏊、梁储、杨一清、祝允明、唐寅、都穆、文徵明、文嘉、蔡羽、王守、王宠、陈淳、徐祯卿、顾璘、陈沂。[①]《御定书画谱》第五十六卷,记载的明代画家有陈献章、沈周、杜堇、钱仁夫、唐寅、周臣、仇英、张灵、祝允明、朱凯、文徵明、文嘉、王宠、陈淳、陈沂。[②] 这些人中除了程敏政、梁储、杜堇、杨一清、陈宪章这些人以外,基本都是吴门书画派的主要成员。

唐伯虎的这些友人,多数喜藏书,许多还是书画收藏和鉴赏家。苏州府人多喜藏书。江苏四个藏书基地常熟、金陵、维扬、吴县中有两处属苏州。有了得天独厚的优势,再加上经济的繁荣,文艺的昌盛,生活于其中的文人自然对优良的藏书传统不断发扬光大。钱谦益《列朝诗集小传》曰:"景(泰)天(顺)以后,俊民秀才,汲古多藏。继杜东原、邢蠢斋之后者,则性甫、尧民两朱先生,其尤

---

① 《御定书画谱》第四十二卷,载《文津阁四库全书》集 272,第 309—315 页。
② 《御定书画谱》第五十六卷,载《文津阁四库全书》集 272,第 456—463 页。

也。其他则又有邢量丽文、钱同爱孔周、阎起山秀卿、戴冠章甫、赵同鲁与哲之流,皆专勤绩学,与沈启南、文徵仲诸公相颉颃,吴中文献,于斯为盛"。① 可见,收藏几乎成为明代吴中文人共同的兴趣和爱好。王鏊与其子王延喆都喜收藏,但以藏书为主,书画次之。据《珊瑚网》记载,有明一代之收藏家几乎全部集中于太湖流域,且其中大都为沈周的师友弟子。又据黄朋《明代中期苏州地区书画鉴藏家群体研究》一文,堪称书画鉴藏家的有沈周、吴宽、朱存理、华珵、薛章宪、文徵明、徐祯卿、祝允明、都穆、黄云、沈津、朱凯、蔡羽、张灵、华云、文彭等人。此外,虽称不上鉴藏家,但也有书画收藏的有王鏊、王延喆、陈淳、王献臣、杨循吉、朱承爵、唐寅、王观、杨仪、钱仁夫、张寰等人。② 藏书作为一种基本爱好更是唐伯虎许多友人的特点,不再一一列举。仅举出堪称藏书家的几位友人,如张寰,藏书楼名"崇古"。叶昌炽有诗"石川张氏崇古楼,颍川陈氏至乐楼。藏书充栋与汗牛,足敌怀烟顾孝柔"。③ 崇古楼就是张寰的藏书楼。如杨仪,其藏书之室有七桧山房,别构万卷楼,多聚宋、元旧本及法书名画、鼎彝古器。

唐伯虎的友人中有专业的医家,如王观就是一位医术高明的医家。祝允明《歇鹤王君墓志铭》对他高明的医术多有记载:"王尚书文肃公过访君,携其孙在侧,体魁梧无病。君视其脉曰:'有大疾,终不可愈'。尚书进金,请为除治之。固辞曰:'金可受,则疾可瘳矣'。无已,少与药塞其请。不逾年,死。郡守曹公病痔漏,漏七孔,群医劫之火,傅以药,弗效。君曰:'不实其虚,当奈何。'能已令服大补剂,且甚多,孔肉次第盈,竟愈"。④ 王尚书的孙子看起来很

---

① (清)钱谦益:《列朝诗集小传》,第 303 页。
② 黄朋:《明代中期苏州地区书画鉴藏家群体研究》,博士学位论文,南京艺术学院,2002 年。
③ (清)叶昌炽:《藏书纪事诗》,上海古籍出版社,1989 年,第 145 页。
④ (明)钱穀:《吴都文粹续集》卷四十,载《文津阁四库全书》集 463,第 413 页。

魁梧,王观却说他得了绝症,果然不到一年此人就病逝了。曹公得了痔漏,王观的疗法却反群医之道而行之,最终治好了曹公的病。此种事例还很多。有的爱好医学,如俞弁癖于论医,闻师友讲谈,或披阅诸史百家之文,辄手抄以备忘,积久成《续医说》十卷,分原医、医书、古今名医等二十七类,补充引录历代文献中医学掌故。另著《脉证方要》十二卷,惜已佚。王鏊也热爱医学,于弘治九年(1496)辑有《本草单方》八卷,嘉靖中由其子王延喆刊刻成书。

唐伯虎友人中还有文艺界的名人。杨季静是当时著名的琴师,唐伯虎为其离开苏州去往金陵画《南游图》送别。吴奕、徐元寿、王涣、刘布、文徵明、祝允明、黄云等皆有题。查八十,以擅长琵琶而闻名。汪道昆《查八十传》说查鼐出生时"会大父华年八十,大父喜命曰八十云。……时寿州钟山琵琶最善,……男奉鼐千金为山寿,师事山。无何,尽得山法。……居顷之,过山远矣。山叹曰:'郎君,吾师也,山何敢为郎君师?'于是,乃过故倡,倡不知也。一弹而四座辟易,以为神。倡蒲伏下堂,……当时是,滑人李贵善技击,襄阳吴奇善骑射,豫章孙景善蹴踘,金陵马清善萧,吴人张大木善琴,皆独步。……所至人人亲"。[①] 可见,查八十是当时琵琶界的顶级艺人。唐伯虎、文徵明都给查八十写过传记,惜于二人集中未见到。此事于黄宗羲《金石要例》有记:"作文不可倒却架子。为二氏之文,须如堂上之人,分别堂下臧否。……徵明、伯虎、太函传查八十,许以节侠,抑又下矣"。[②]

细辨唐伯虎的交游圈,我们可以发现他们中的很多人既是文学家、书法家、画家,又是收藏家、鉴赏家,充分体现了吴门的文人的多才多艺。清代陈去病(1874—1933)在《五石脂》中说:"蔡羽、

---

① (明)贺复征编:《文章辨体汇选》卷五三八,载《文津阁四库全书》集470,第435页。
② (清)黄宗羲:《金石要例》,载《文津阁四库全书》集496,第522页。

文璧、沈周、唐寅、祝允明、陆治及璧子文彭、文嘉,皆吾吴先贤之彬彬者也。其人咸多技能,好古竺学。知考藏金石,搜弄古今图书无倦意。又娴于吟咏,工文章、擅书画,故当时莫不有郑虔三绝之誉。"①这个评价放在唐伯虎交游圈之多数友人身上都是适用的。

第二节　唐伯虎交游方式及交游活动对唐伯虎之影响

探讨唐伯虎与友朋的交游方式,有助于我们更全面地了解唐伯虎的人生活动。交游活动对唐伯虎的影响也是方方面面的,从唐伯虎的日常行为、人生抉择、个人爱好、文学创作等诸多方面,都可以见到这种影响的痕迹。

一

唐伯虎与友朋的交游方式,主要有诗文唱和,文人雅集,游览名胜,书画鉴赏题诗等。文徵明曾说他和唐伯虎、徐祯卿、钱孔周同在"庠序,故会晤为数。时日不见,辄奔走相觅;见辄文酒谑笑,评骘古今,或书所为文,相讨质以为乐"。②

诗文唱和主要表现为互赠诗文和就某一主题共同题咏。互赠诗文是文人之间常见的交往方式,在唐伯虎作品中有不少与友人往来的诗文。如唐伯虎写给友人的有《送王履约会试》《寿王少傅》《与文徵明书》等;还有友人写给唐伯虎的,如文林《和唐寅白发》、祝允明《别唐寅》、文徵明《简子畏》等。有的时候唐伯虎和他的友人就某一主题展开题咏,这种活动通常不是聚会的产物,而是由某人首先就某一主题题咏,这题咏在友人中不断流传,不断有人追和。典型的例子是唐伯虎与他的诸多友人追和元代著名画家倪瓒

---

① 《唐伯虎全集》,第 595 页。
② 《钱孔周墓志铭》,见《文徵明集》,第 756 页。

的《江南春》，就是由沈周率先对此词题咏，祝允明、杨循吉、徐祯卿、文徵明、蔡羽、王守、王宠、陈沂、顾璘、袁褧等人先后追和，最终在嘉靖年间才刊刻成集。又如沈周曾写《落花诗》十首，文徵明率先唱和，吕秉之也加入了进来，后来唐伯虎也曾写有《和沈石田落花诗》三十首，传为一时佳话。

文人雅集主要表现为唐伯虎同友人们同聚一堂，或诗酒唱和，或游览湖山胜地，或同到佛家禅院参禅说法，或为友人送别小集。如唐伯虎桃花坞筑成时，曾宴请好友沈周、黄云、祝允明同赏美好风光。唐伯虎曾作有《桃花庵与祝允明黄云沈石田同赋》五首，其一"列伍分高下，杯盘集俊贤；五陵通侠逸，四姓号神仙。春月褉期好，秋风卜射联。遥知文集处，伐木有诗篇"。① 诗作展现了唐伯虎与友人诗酒联欢，共赏美景的场面。特别是"四姓号神仙"一句，活化了他们逍遥雅集的情景。

唐伯虎还经常与友人游览名胜，如与杨循吉泛虎丘。弘治甲子(1504)，唐伯虎还曾陪王鏊游林屋洞。时王鏊丁忧居家，在唐伯虎等人的陪同下游览观光。旖旎的自然风景似乎疏散了失去亲人的悲痛，弟子好友的陪伴也使得王鏊心情转朗，他逸兴俊发，还在石壁上题名留言。这次同游也给唐伯虎留下了深刻的印象，以致五年后的正德己巳(1509)，唐伯虎游览此地再见到当年王鏊的题名时，不禁思绪万千，有《林屋洞前》诗曰："旸谷东头丙洞前，叶迷行迳水迷天；相公旧日题名在，重到摩挲思惘然"。② 弘治乙丑(1505)十一月十日，王鏊与友人李旻、朱立游剑池，唐伯虎又得以相伴相游，还于剑池壁上题名。正德壬申(1512)正月，唐伯虎与王鏊及其子王延陵等再次来到虎丘，此次前来乃是因为当时剑池忽然干涸，现出了传说中的吴王阖闾的墓门。王鏊还写有《阖闾赋》：

---

① 《唐伯虎全集》，第45页。
② 《唐伯虎全集》，第402页。

"昔阖庐之霸吴兮,卒托体乎兹丘。慨往迹之日湮兮,曾不可乎复求……岁正德之协洽兮,剑池忽焉其枯涸。何昔日之渊沦兮,今山径之峣峥。……石嵚崟而双敞兮,类墓门之颓圮"。① 记载了剑池干涸,现出吴王墓门的事件。

唐伯虎有时与友人会同到佛家禅院参禅说法。如正德三年戊辰(1508)三月十日,唐伯虎与文徵明、朱凯、吴奕等同集竹堂寺赏牡丹。唐伯虎与文徵明各有图并诗,唐伯虎作《三月十日偕嗣业徵明尧民仁渠同饮正觉禅院仆与古石说法而诸公谑浪庭前牡丹盛开因为图之》:"接箭投梭了却春,牡丹且喜未成尘;共怜色相凭相证,转世年康第几人?"②

有的时候这种集会是为了给友人送行,如正德元年丙寅(1506)四月,唐伯虎作《出山图》送王鏊,时鏊以吏部左侍郎召入京。朱存理、祝允明、徐祯卿、张灵、吴奕、卢襄等皆有题诗。如祝允明题有:"东南赤乌上明光,百辟回班待子长。事业九经开我后,文章二典纪先皇。春风夜雪门墙梦,秘洞灵丘杖履将。敢道托根偏树拔,例随荒草逐年芳。门生祝允明。"张灵题有:"赞化调元属重臣,相君归国节旄新。大廷入觐新天子,四海应沾鼎外春。门下生张灵。"吴奕题有:"圣主登新极,文星复旧垣。紫书征纂述,黄阁待调元。画舫行江驿,华旌映郭门。承明朝见罢,天语降殊恩。后学生吴奕。"③这些诗作对王鏊的出山极力歌咏,表达了后学的敬仰与祝贺。又如正德三年戊辰(1508)八月唐伯虎曾作有《垂虹别意图》送自己的学生戴昭离开吴中归休宁,沈周、杨循吉、祝允明等人均有题诗。戴冠《垂虹别意图序》记有:"昭为人言动谦密,亲贤好士。故沈石田、杨君谦、祝希哲辈皆吴中名士,昭悉得与交,交辄忘

① (明)王鏊:《震泽集》卷一,载《文津阁四库全书》集419,第649页。
② 《唐伯虎全集》,第400页。
③ (明)张丑:《清河书画舫》卷十二下,载《文津阁四库全书》集271,第426页。

年忘情"。①

由于唐伯虎的友人众多都是书画家,他们还经常集聚在一起欣赏名帖名画,互相在对方书画作品上题诗题跋题序,此类例子繁多,不一一列举。

二

考察唐伯虎的交游活动,我们可以发现从唐伯虎的日常行为、人生抉择、个人爱好、文学创作、书画创作等诸多方面,都可见到友朋交往对他的影响。本书主要研究文学家身份的唐伯虎,不涉及友朋对其书画创作的影响。

唐伯虎喜奖掖后进。唐伯虎曾为好友徐祯卿作过引荐,《明史·文苑传》载:"徐祯卿……与里人唐寅善,寅言之沈周、杨循吉,由是知名"。② 奖掖后进固然是苏州士林良好的士风和传统,何良俊在《四友斋丛说》卷十六中对此大加赞叹:"吾松江与苏州连壤。其人才亦不大相远。但苏州士风,大率前辈喜汲引后进,而后辈亦皆推重先达。有一善,则褒崇赞述无不备至。故其文献足征,吾松则绝无此风"。③ 表达了他对苏州优良士风的羡慕和赞赏。在唐伯虎身边就有不少这样的长辈,如沈周就"喜奖掖后进,寸才片善,苟有以当其意,必为延誉于人,不藏也"。④ 文林更是对唐伯虎关爱有加。文林是唐伯虎密友文徵明的父亲,他"爱寅之俊雅,谓必有成,每每良宴必呼共之"。⑤ 文林经常为唐伯虎延誉,唐伯虎在《送文温州序》中所说文林对他:"先后于邦闾耆老、于有司无不及至,若引跋鳖,策驽骀然。是先生于后进也,尽心焉耳矣"。⑥ 文嘉在《先君

① (明)汪砢玉撰,《珊瑚网》卷十四,载《文津阁四库全书》子271,第545页。
② (清)张廷玉:《明史》卷二八六,第7350页。
③ (明)何良俊:《四友斋丛说》卷十六,中华书局,1959年,第134页。
④ 文徵明:《沈先生行状》,载《文徵明集》,第596页。
⑤ 唐寅:《又与文徵仲书》,载《唐伯虎全集》,第224页。
⑥ 《唐伯虎全集》,第227页。

行略》中也说:"南濠都公穆博雅好古,六如唐君寅天才俊逸,公与二人者共耽古学,游从甚密,且言于温州使荐之当路,都竟起家为己未进士,唐亦中南京戊午解元"。[1] 受沈周、文林言传身教的唐伯虎,自然也会仿效他们的行为,来发扬苏州士林的这一优良传统。

唐伯虎在科场案后,选择放弃为吏,归隐吴中,固然有前述诸多因素,也有友朋之影响。而且,归隐也是吴人的传统,黄省曾《吴风录》云:"自角里披裘公、季札、范蠡辈前后洁身,历世不绝,时时有高隐者"。[2] 可见隐逸之风在吴中可谓源远流长。且明初朱元璋对三吴文人的严酷打击和杀戮,使得吴中文人更多地转向了归隐。"市隐"成了许多士人的追求。而明代中期商品经济的发达,书画进入商品流通领域,也为书画家们提供了新的出路,有利于他们选择隐居生活。徐祯卿对吴中归隐之风的看法是比较符合当时隐士之现状的。他在《漕湖聚珠集序》说:"夫所谓隐者,非必居深山之中,业耒锄而亲木石也。夫隐士者岂不读书而好道乎? 修身而乐善乎? 但心无慕禄仕,不能役役事人耳。心无富贵之慕,则虽处市朝,无点乎其隐也。何必谢人群、侣木石、弃孺业、亲耒锄邪?"[3]这代表了明代中期吴中隐士的特点,他们不慕富贵利禄、不愿驱使于人,崇古守道,身居闹市却心隐于乡。在唐伯虎身边就有不少这样的朋友。如主动归隐的沈周、吴奕、朱存理、朱凯等人。沈周的隐居还受其父辈影响,《明史·隐逸传》卷二九八说他的"伯父贞吉,父恒吉,并抗隐"。本传又载:"郡守欲荐周贤良,周筮《易》,得《遁》之九五,遂决意隐遁……晚年,匿迹惟恐不深,先后巡抚王恕、彭礼咸礼敬之,欲留幕下,并以母老辞。"[4]吴奕是吴宽季弟吴元晖之子,

① 《文徵明集》,第 1619—1620 页。
② (明)黄省曾《吴风录》,载《续修四库全书》史 733,上海古籍出版社,2002 年,第 789 页。
③ 《徐祯卿全集编年校注》,第 692 页。
④ (清)张廷玉:《明史》卷二八七,第 7630 页。

性情奇特，乐为布衣以终，萧然东庄之上，于仕途毫不留心。朱存理和朱凯，博学能文，澹泊自守，优游林下，终身不仕，同称葑门隐士。朱存理在《葑溪编序引》中说："溪值葑门东，故曰葑溪。予家溪之上，凡累世矣。先公因以东溪自号，溪之流，带鄽市，环城郭，可以耕渔其间，而乐为隐也"。① 俞弁，世代业儒，不乐仕进，他的《逸老堂诗话》自序云："性疏懒，平居自粝食粗衣外，无他嗜好，寓情图史，翻阅披校，竟日忘倦……余亦自谓有真乐三，而此不与焉。读经史百家，忽然有悟，朗诵一过，如对宾客谈论，而无迎送之劳，一乐也。展玩法书名帖，追想古人笔法，如与客弈棋临局，而无机心之劳，二乐也。焚香看画，一目千里，云树蔼然，卧游山水，而无跋涉双足之劳，三乐也。以此三乐，日复一日，盖不知老之将至，何必饫膏粱，乘轻肥，华居鼎食，然后为快哉？"②可谓说尽了这种隐逸生活的美妙之处。有了这些师友的影响，唐伯虎选择归隐吴中也是很自然的事。

徐祯卿在《新倩籍》中说："（唐伯虎）喜玩古书，多所博通"。③可见唐伯虎有藏书之好。唐伯虎所藏之书周道振辑有：

高杏东先生得杜氏通典一部，唐子畏所校也。（《梅花草堂笔谈》卷四）

成玄英疏庄子二十卷，南京解元唐寅藏书，北宋椠本之极佳者。

三辰通载，南宋椠本，有南京解元、唐寅印记并题字。（《读书敏求记》）

新雕注解珞琭子三命消息赋三卷，校正李燕阴阳三命二卷，胜朝登学圃堂。（《士礼居藏书题跋记》）

① （明）朱存理：《楼居杂著》，载《文津阁四库全书》集418，第248页。
② 丁福保辑：《历代诗话续编》，第1298页。
③ 《唐伯虎全集》，第540页。

宋版童溪王先生易传，宋版公是先生七经小传，唐寅藏书，皆有唐伯虎印。（《天禄琳琅》）

余在滂喜斋，见宋刻袁枢通鉴纪事本末，唐子畏藏书，有"南京解元"印。每卷后皆有子畏题字，一云"苏台唐寅子畏甫学圃堂珍藏书籍"，一云"晋昌唐寅醉中读"，一云"唐子畏梦墨亭藏书"，一云"吴郡唐寅桃花庵中梦墨亭"，其余大致略同。（《藏书纪事诗》卷二）

"陈云涛舍人招同汪竹香、张秋涛观宋钞司马温公集注扬子太元凡六卷。后四卷则襄阳许翰解拟康伯注系词之例，今为十卷。明时为唐子畏所藏，后归钱同爱。"（《竹汀先生日记钞》）

太玄集注六卷、太玄解四卷、附太玄历一卷，宋钞本。"弘治乙卯腊月，菁溪邢参观于皋桥唐伯虎家。""此本旧藏唐子畏家，后以赠钱君同爱。更无副本，唯赖此传诵耳，钱君幸珍藏之。丁巳冬徐祯卿识。"（《铁琴铜剑楼藏书题跋集录》）①

据杨继辉《唐寅年谱新编》，又辑出唐伯虎藏书有《何水部集》三卷、宋绍兴十三年刊本《群经音辨》、宋版《南丰曾子固先生集》、宋版《后村居士集》、抄本《知非堂稿》六卷、宋监本《周易正义跋》等书。②

唐伯虎爱藏书，多半源于其交往之朋友很多人都喜爱藏书。《何水部集》三卷文嘉跋云："惟孙鸣歧有此本，而子畏有别本，故诸公校者录跋者，不遗余力，其好尚可知。又闻一时名士，如杨、祝、都、唐辈，每得一异书，则争相夸示以为乐，故其所成皆卓然名世"。③ 可见他们经常在一起搜求异书，奇文共欣赏。如朱存理"闻人有奇书，辄从以求，以必得为志。或手自缮录，动盈筐箧。群经

---

① 《唐伯虎全集》，第584—585页。
② 杨继辉：《唐寅年谱新编》，硕士学位论文，苏州大学，2005年，第12—13页。
③ （清）陆心源《皕宋楼藏书志》卷六十七，载《续修四库全书》史929部，上海古籍出版社，2002年，第79页。

诸史,下逮稗官小说,山经地志,无所不有,亦无所不窥"。① 如钱孔周:"性喜畜书,每并金悬购。故所积甚富"。② 此例甚多,不一一列举。

唐伯虎虽然嗜酒,却也喜欢品茗。酒和茗与文人雅士自古就有着不解之缘,酒是壮怀激烈的,茗是淡雅内敛的,骚人墨客借酒浇愁,借品茗抒发归隐的静谧情怀。自唐、宋以来品茶之风都很流行,到了明代,此风更大为盛行。一方面日常生活中离不开饮茶,一方面品茶有助于体现高雅情趣,提升精神生活。唐伯虎以茶为题创作的绘画作品流传下来的有《卢仝煎茶图》《事茗图》等。以《事茗图》最为著名,该画现藏故宫博物院。画上有自题诗款曰:"日长何所事,茗碗自赍持。料得南窗下,清风满鬓丝上。"③诗作流露出唐伯虎向往闲适隐归的生活,遁迹山林的志趣。唐伯虎还作有《卢仝煎茶图》,并有题诗曰:"千载经纶一秃翁,王公谁不仰高风。缘何坐听添丁惨,不住山中住洛中。"④嗜茶之人千千万万,唐伯虎选择卢仝,乃是因为卢仝堪称茶痴。卢仝(约795—835),号玉川子,济源(今属河南)人。卢仝一生爱茶成癖,他对茶的痴好及歌咏,自唐代以来,就久经传唱,可以说有嗜茶之好的人几乎没有不知道卢仝的。卢仝在《走笔谢梦谏议寄新茶》中写道:"日高丈五睡正浓,军将打门惊周公。口云谏议送书信,白绢斜封三道印。开缄宛见谏议面,手阅月团三百片。闻道新年入山里,蛰虫惊动春风起。天子须尝阳羡茶,百草不敢先开花。仁风暗结珠蓓蕾,先春抽出黄金芽。摘鲜焙芳旋封裹,至精至好且不奢。至尊之余合王公,何事便到山人家?柴门反关无俗客,纱帽笼头自煎吃。碧云引风吹不断,白花浮光凝碗面。一碗喉吻润,二碗破孤闷。三碗搜枯

① 《文徵明集》,第 679 页。
② 《文徵明集》,第 757 页。
③ 《唐伯虎全集》,第 390 页。
④ 《唐伯虎全集》,第 128 页。

肠,惟有文字五千卷。四碗发轻汗,平生不平事,尽向毛孔散。五碗肌骨清,六碗通仙灵。七碗吃不得也,唯觉两腋习习清风生。蓬莱山,在何处?玉川子乘此清风欲归去。山上群仙司下土,地位清高隔风雨。安得知百万亿苍生命,堕在巅崖受辛苦。便围谏议问苍生,到头还得苏息否?"①他以生动的笔墨,描写了饮阳羡茶的感受。每一碗茶,带来的体验和感觉都是不同的,随着不断的品茗,到第七碗时竟达到羽化成仙的美妙境界。卢仝饮茶还要"柴门反关无俗客,纱帽笼头自煎吃",无怪乎唐伯虎说他:"千载经纶一秃翁,王公谁不仰高风。"

虽然嗜茶是历代众多文人的嗜好,但如果亲近之师友也有这种爱好,这种爱好可能就会相互影响。唐伯虎的嗜茶的这一喜好就与他的诸多好友有共同之处。唐伯虎的两位师长辈友人吴宽与沈周都爱茶成癖,"吴匏庵与沈石田游虎丘,采茶手煎对啜,自言有茶癖"。②后吴宽虽官至北京礼部尚书,公务之暇茶癖不减,常在官邸后园召友品饮赋诗。吴宽作有《爱茶歌》:"汤翁爱茶如爱酒,不数三升并五斗。先春堂开无长物,只将茶灶连茶臼。堂中无事长煮茶,终日茶杯不离口。当筵侍立惟茶童,入门来谒惟茶友。谢茶有诗学卢仝,煎茶有赋拟黄九。茶经续编不借人,茶谱补遗将脱手。平生种茶不办租,山下茶园知几亩。世人可向茶乡游,此中亦有无何有"。③ 诗作虽是歌咏汤翁的爱茶成癖,未尝不是他本人嗜好的反映。吴宽之侄吴嗣业日以赋诗啜茶为事,时人称为"茶香先生"。沈周对茗饮也情有独钟,曾有《书艻茶别论后》,其中记有:"自古名山留以待羁人迁客,而茶以资高士,盖造物有深意。"④沈周

---

① (唐)卢仝:《玉川子诗集》卷三,载《续修四库全书》集1311,上海古籍出版社,2002年,第104页。
② (清)陆廷灿:《续茶经》卷下之三,清雍正间刻本。
③ (明)吴宽:《家藏集》卷四,载《文津阁四库全书》集419,第353页。
④ (清)陆廷灿:《续茶经》卷下之三,清雍正间刻本。

还为王浚之写过《会茶篇》。王浚之是当时的一位嗜茶名人,其名饮茶处为"醉茗庐",可见其爱茶之深。沈周也嗜茗,王浚之擅长煎茶,朱存理的《书会茶篇》记载了沈周为王浚之写《会茶篇》的缘由,"浚之性嗜茶,煎法特妙,尝载佳茗过竹巢,煎以饮翁(沈周),其好事如此。翁连啜七椀,形容其妙,见于此篇"。① 沈周对于王浚之妙法煎出的香茗,连喝了七椀,并乘兴写下《会茶篇》,可见风雅之极。沈周饮王浚之之煎茶连喝七椀与卢全饮阳羡茶连喝七碗真是有异曲同工之妙。沈周还创作有茶诗,如《月夕汲虎丘第三泉煮茶坐松下清啜》:"夜扣僧房觅碉腴,山童道我吝村沽。未传卢氏煎茶法,先执苏公调水符。石鼎沸风怜碧绉,磁瓯盛月看金铺,细吟满啜长松下,若使无诗味亦枯"。② 文徵明作有《惠山茶会图》等与品茗相关作品,《惠山茶会图》绘制了正德十三年(1518)二月十九日清明时节,文徵明与好友蔡羽、王守、王宠专程到无锡惠山,以茶会友的一段雅事。惠山泉泉水清淳甘冽,极宜烹茶,被唐代陆羽评为"天下第二泉"。历代嗜茗之人,都以到惠山品茗为美事。为了品茗,唐伯虎的友人文徵明、王宠他们专程从吴县到惠山去,可见对茶的热爱。

<h2 style="text-align:center">三</h2>

唐伯虎的交游活动还对其文学创作产生了鲜明的影响。考察唐伯虎的交游活动,可以发现唐伯虎结过社,参加过"古文辞"运动,这些文学活动对他的诗文创作有明显的影响。

明代文人结社之风盛行,在唐伯虎的友人中就有不少属于有组织的社团人员。如朱彝尊在《静志居诗话》卷十一中谈到"邢参"时说:"丽文亦有'东庄十友',吴爟次明、文徵明徵仲、吴奕嗣业、蔡

---

① (明)朱存理:《楼居杂著》,载《文津阁四库全书》集418,第249页。
② (明)沈石田:《石田诗选》卷二,载《文津阁四库全书》集417,第415页。

羽九逵、钱同爱孔周、陈淳道复、汤珍子重、王守履约、王宠履仁、张灵孟晋。故其诗云：'昔贵重北郭，吾辈重东庄。胥会诚难得，同盟讵敢忘。'"①这些人之中，除了汤珍是否与唐伯虎有交往未见直接证据，其余的人都与唐伯虎有直接交往关系。唐伯虎也有结社行为。现存唐伯虎作品中有一首《社中诸友携酒园中送春》："三月尽头刚立夏，一杯新酒送残春；共嗟时序随流水，况是筋骸欲老人。眼底风波惊不定，江南樱笋又尝新；芳园正在桃花坞，欲伴渔郎去问津"。②从诗作内容来看，应该作于桃花坞筑成以后，唐伯虎与"社中"友人为送春小聚。据杨静庵考证，唐伯虎筑桃花坞时约36岁，也即是说桃花坞筑于科场案后。此时，唐伯虎绝意仕途，此社很可能是友人相聚品评诗文书画的社团。唐伯虎又有《春日写怀》云："新春踪迹转飘蓬，多在莺花野寺中；昨日醉连今日醉，试灯风接落灯风。苦拈险韵邀僧和，暖簇蒸笼与妓烘；寄问社中诸契友，心情可与我相同。"③诗中有"苦拈险韵邀僧和"，可见他们在一起主要是吟诗作画。唐伯虎还有《雨中小集即事》写道："烟蓑风笠走舆台，邀取群公赴社来；蕉叶共听窗下雨，蟹螯分弄手中杯。能容缓颊邴夫子，戏谑长眉老辩才；酒散不妨无月色，夹堤灯火棹船回"。④从"群公"一词来看，唐伯虎的社友还不少。以上诗作看来唐伯虎结过社，但目前暂未见到其他相关材料，还不能考证出唐伯虎结的是什么社。

唐伯虎还参加过吴中的"古文辞"运动，而且是一位倡导者。对此文徵明在《大川遗稿序》有记曰："弘治初，余为诸生，与都君元敬、祝君希哲、唐君子畏倡为古文辞。争悬金购书。探奇摘异，穷日力不休。倘然皆自以为有得，而众咸笑之。杭君道卿来自宜兴，

---

① （清）朱彝尊《静志居诗话》，人民文学出版社，1990 年，第 308 页。
② 《唐伯虎全集》，第 53 页。
③ 《唐伯虎全集》，第 90—91 页。
④ 《唐伯虎全集》，第 52 页。

顾独喜余所为"。① 在《上守溪先生书》中文徵明也记有："（徵明）年十九还吴，得同志者数人，相与赋诗缀文"。② 对于此事，文嘉在《先君行略》中也有追述说："（文徵明）读书作文，即见端绪，尤好古文词。时南峰杨公循吉、枝山祝公允明，俱以古文鸣"。③ 关于这场"古文辞"运动的时间，文徵明提到了两次，一次是"弘治初"，一次是说他"年十九"，文徵明生于成化庚寅（1470），弘治初年是 1488 年，此年徵明恰好 19 岁，唐伯虎与文徵明是同年出生的，也是 19 岁。由上述文献可知，唐伯虎与杨循吉、祝允明、文徵明等人在弘治初年（1488）掀起了一场颇具规模的"古文辞"运动。其实，在更早一些时候，唐伯虎的友人祝允明与都穆等都是古文辞的爱好和推崇者。文徵明在《题希哲手稿》中说祝允明"年甫二十有四。同时有都玄敬者，与君并以古文名吴中"。④ 可见祝允明 24 岁时，即在成化十九年（1483）的时候，就已经和都穆就以"古文名吴中"了。唐伯虎的诸多好友都是古文辞的爱好者，如戴冠"刻意为古文辞，负气矜抗，无所推与"。⑤ 黄云也爱好古文辞，归有光《吴纯甫行状》有"里中有黄应龙先生，名能古文，先生师事之"。⑥ 如刘协中，好古文辞，杨循吉在《故明刘文学墓志铭》说他："年数岁，据小几习书，俨然成文。又选古诗，模其格律，皆有妙悟"。⑦

唐伯虎与友人发起的这场"古文辞"运动，并不是空穴来风，而是对吴中优良文学传统的继承和发扬。吴中有着良好的文学传统，很多吴中前辈都有着研习古文辞的经历。明初诗坛的吴中四杰高启、杨基、张羽、徐贲，均以诗文著称于世。他们高才横溢，善

---

① 《文徵明集》，第 1259 页。

② 《文徵明集》，第 581 页。

③ 《文徵明集》，第 1619 页。

④ 《文徵明集》，第 563 页。

⑤ （明）刘凤：《续吴先贤赞》卷十一，载《四库全书存目丛书》史 95，第 204 页。

⑥ （明）归有光：《震川集》卷二十五，载《文津阁四库全书》集 430，第 707 页。

⑦ （明）杨循吉《松筹堂集》卷六，载《四库全书存目丛》集 43，第 263 页。

于向古人学习。吴中优良的诗文传统从高启等人那里一直薪火相传,到了唐伯虎和他的师长这一代再度发扬光大。陆师道在《袁永之集序》中说:"至于英、孝之际,徐武功、吴文定、王文恪三公者出,任当均治,主握文柄,天下操觚之士,向风景服,靡然从之。时则有若李太仆贞伯、沈处士启南、祝通判希哲、杨仪制君谦、都少卿玄敬、文待诏徵仲、唐解元伯虎、徐博士昌国、蔡孔目九逵先后继起,声景比附,名实彰流,金玉相宣,黼黻并丽。吴下文献,于斯为盛,彬彬不可尚己。"[1]钱谦益说:"吴人屈指先哲名贤,缙绅首称匏翁(吴宽),布衣首推白石翁(沈周),其它或少次矣。"[2]他们虽一在朝,一在野,但书信往来不断,吴宽有机会归乡时,经常与沈周会晤。《明史·文苑传》也说:"吴中自吴宽、王鏊以文章领袖馆阁,一时名士沈周、祝允明辈,与并驰骋,文风极盛。徵明及蔡羽、黄省曾、袁裦、皇甫冲兄弟稍后出。"[3]可见吴宽、王鏊和沈周的倡导,对唐伯虎他们的古文辞运动起着重要的指导作用。

吴宽对古文辞情有独钟,他在《旧文稿序》中自记:"宽年十一入乡校,习科举业,稍长,有知识,窃疑场屋之文,排比牵合,格律篇同之使人笔势拘紧,不得驰骛,以肆其所欲言,私心不喜。时幸先君好购书,始得《文选》读之,知古人乃自有文,及读《史记》《汉书》与唐宋诸家集,益知古文乃自有人,意颇属之。适与诸生一再试郡中,偶皆前列,辄自满曰:'吾足以取科第矣'。益属意古作。然既业为举子,势不得脱然弃去。坐是牵制,学皆不成。故累举于乡,即与有司意件,虽平生知友,未免咎予之迁。予则自信益固,方取向之《文选》及史汉、唐宋之文益读之,研究其立言之意,修词之法,

---

① (明)袁裦:《衡藩重刻胥台先生集》卷首,载《四库全书存目丛书》集 86,第 421 页。
② (清)钱谦益:《列朝诗集小传》,第 275 页。
③ (清)张廷玉:《明史》卷二八七,第 7363 页。

不复与年少者争进取于场屋间"。① 可知吴宽为诸生时就对举业文字产生了质疑,对古文辞产生了兴趣,从阅读《文选》开始,遍读班、马、唐、宋诸大家之文,欲尽弃制举业,从事古学。王鏊在其《吴公神道碑》中也说他:"公生有异质,未冠入郡庠,辈流方务举业,公独博览群籍,为古文辞,下笔已有老成风格"。② 在诗歌方面,吴宽崇尚中晚唐与苏诗,讲求诗中"趣味"。在《后同声集序》中他就提到"予尝观古诗人莫盛于唐。其间如元白、韩孟、皮陆,生同其时,各相为偶,固其人才之敌,亦惟其心之合耳"。③ 由此可知,吴宽崇尚中晚唐的元、白、韩、孟、皮、陆诸家,吴宽还推崇承诸家神韵的苏轼诗风。王鏊也青睐古文辞,钱谦益说他:"文章以修洁为工,规摹韩、王,颇有矩法。诗不专法唐,于北宋似梅圣俞,于南宋似范致能,峭直疏放,于先正格律之外,自成一家"。④ 蔡羽好古文辞,自负甚高。文法先秦、两汉,或谓其诗似李贺,蔡羽曰:"吾诗求出魏、晋上,今乃为李贺耶!"⑤沈周的诗风前后期有比较明显的变化,文徵明在《沈先生行状》曾说其诗"初学唐人,雅意白傅,既而师眉山为长句,已又为放翁近律,所拟莫不合作。然其缘情随事,因物赋形,开阖变化,纵横百出,初不拘拘乎一体之长"。⑥

　　综合来看,吴宽、王鏊、沈周、蔡羽等人的好古倾向是一致的,但他们个人所取法欣赏的对象确实有差别的。虽然,唐伯虎的师友们在好古上取向驳杂,我们还是能在唐伯虎的欣赏趣味与创作倾向上找到受其影响的痕迹。如吴宽推崇《文选》,可能会影响到唐伯虎他们的取好。弘治十年丁巳(1497),唐伯虎就曾与杨循吉、祝允明、徐祯卿等披读钱同爱所藏《文选》,各题名书后,可见《文

① (明)吴宽:《家藏集》卷四十一,载《文津阁四库全书》集419,第463页。
② (明)王鏊:《震泽集》卷二十二,载《文津阁四库全书》集419,第726页。
③ (明)吴宽:《家藏集》卷四十一,载《文津阁四库全书》集419,第464页。
④ (清)钱谦益:《列朝诗集小传》,第276页。
⑤ (清)张廷玉:《明史》卷二八七,第7363页。
⑥ 《文徵明集》,第594页。

选》是他们经常阅读的书目。《文选》为南韩梁昭明太子主持编选的大型诗文总集，也是我国现存最早收录《古诗十九首》的诗文总集，收录了从先秦汉魏迄齐梁之间的众多优秀作品。唐伯虎和他的朋友们推崇《文选》，必然会去仿效。在现存文献中我们虽然没有见到唐伯虎提倡学习六朝魏晋的文字，但唐伯虎的创作却在踏实地实践着这一主导倾向。袁衮在《唐伯虎集序》中说他"尤工四六，藻思丽逸"①是和《文选》中的诸多作品有暗合之处的。特别是唐伯虎的乐府诗，明显是仿作汉乐府而来。又如杨循吉格外推赞中唐诗人卢仝。卢仝是韩愈的门生，曾经参与过韩愈领导的古文运动。卢仝诗有豪放之气，却又多险怪、俚俗之语，诗法也很怪异。王世贞论诗以盛唐为宗，对卢仝之诗不屑一顾，他讥笑说："玉川《月蚀》是病热人呓语。前则任华，后者卢仝、马异，皆乞儿唱长短急口歌博酒食者"。② 唐伯虎对卢仝也很推赞，不但画有《卢仝煎茶图》，还有题诗。这可能是受杨循吉的影响。而唐伯虎之部分诗作也曾被王世贞讥为"如乞儿唱莲花乐"。③ 或许唐伯虎也学习了卢仝作诗用俗语的特点。吴宽推崇苏轼，唐伯虎曾作《题东坡小像》称赞苏轼。苏轼作诗喜用俗语，唐伯虎作诗也有这一爱好。唐伯虎友人俞弁在《山樵暇语》卷二中有记："东坡云：'街谈世语皆可入诗，但要人溶化耳'。至有'已倾潘子错着水，更觅君家为甚酥'。又云：'有甚意头求富贵，没些巴鼻便奸邪'。二联皆用俗语属对也。故友唐子畏亦喜用俗语，如'忙身脱计投闲地，冷眼看人做热官'，赠人云：'世间惟有好男子，口里能言公是非'。《西城散步》云：'得一日闲无量福，做千年调笑人痴。'《咏方床》云：'无灯不做瞒心梦，有酒何愁缩脚眠。'《咏怀》云：'残梦无多有滋味，中年到底

---

① （明）袁衮：《衡藩重刻胥台先生集》卷十四，载《四库全书存目丛书》集86，第585页。
② （明）王世贞：《艺苑卮言》卷四，载丁福保辑：《历代诗话续编》，第1011页。
③ （明）王世贞：《艺苑卮言》卷五，载丁福保辑：《历代诗话续编》，第1034页。

没心情.'《上巳日宴》云:'白日不消双鬓雪,黄金难铸百年身.'皆用俗彦点化而成,亦自有味".① 俞弁在评论了苏轼好用俗语之后,举了唐伯虎诸多诗例,恰可证明唐伯虎学过苏轼的诗作.

俞弁在《山樵暇语》卷一中说:"唐子畏寅诗,早年甚精严,晚岁平易疏畅,盖学元、白而具体而微者."②姜绍书《无声诗史》也赞赏唐伯虎写道:"幼有俊才,博雅多识,工古文辞诗歌,效白香山体,其合者尤能令人解颐."③唐伯虎诗作的这一前后转变,与友朋的影响有密切的关系.唐伯虎早期诗作的严整,基本上是受青年时代参加"古文辞"运动的影响,属于创作初期的摹仿.晚年学元、白,又是受沈周、王鏊、吴宽等人推崇白居易的影响.吴宽、王鏊都推崇白居易,俞弁在《山樵暇语》中记有:"乐天诗善用俚语,近乎人情物理.元微之虽学之,差不及也.……吴文定公校白集诗云:'苏州刺史十编成,句近人情得俗名.垂老读来尤有味,文人从此莫相轻'.王文恪公亦有云'觅句年来无一长,日携白集嗅余香.一篇自可读几过,诸格今仍得未尝.当日秦吟能伏李,后来昆体漫称杨.平生却怪韩员外,只识张家奉礼郎'".④ 王鏊曾评价白居易诗歌:"格调虽不甚高,而工于模写人情物态,悲欢穷泰,吐出胸臆,如在目前,吾于乐天有取焉".⑤ 吴宽与王鏊都对白居易的诗集非常熟悉,吴宽有《病中读白集拟作二首》:

> 炉中添炭火长红,屋底翛然一老翁.褥厚枕高眠未稳,饭香羹美食难空.岂因避俗居深巷,即欲趋朝怯冷风.才得安闲便生病,官高休更说三公.
>
> 纸窗糊密一灯明,古木号寒欲二更.栖鸟并枝知雪候,蛰

---

① (明)俞弁:《山樵暇语》,载《四库全书存目丛书》子152,第15页.
② (明)俞弁:《山樵暇语》,载《四库全书存目丛书》子152,第6页.
③ 《唐伯虎全集》,第546页.
④ (明)俞弁:《山樵暇语》卷一,载《四库全书存目丛书》子152,第6—7页.
⑤ (明)王鏊:《震泽长语》卷下,载《文津阁四库全书》子287,第249页.

虫坯户避风声。蠹编乱向书厨积,蛛网难从药里生。何事衰年成肺病,旁人莫讶酒为名。①

又有《园中行读白集》:

> 北斋坐后又西轩,挟册休将比兔园。每托心情常托物,已忘官职未忘言。

> 吴中故郡荒烟积,洛下幽居宿草蕃。老至一编空在手,燕山留滞愧高骞。②

王鏊有《匏庵和乐天五十八归来因同赋》:

> 五十八归来,于我似差速。其如迁懒性,世事昧五六。

> 多病况早衰,须鬓失旧绿。辞家今几年,但看庭前木。

> 寸根手自移,今已如立竹。从公归去来,家住湖山足。③

又有《奉和匏庵读白集》:

> 此老生年七十六,何曾一日没诗章。风流转觉堪师我,政事传闻尚在杭。

> 生世莫嫌殊已晚,题诗不害稍相方。所嗟得见年差晚,旋读前头已旋忘。

> 《读白集》

> 朝事不预闻,人事不复理。家事不复关,身事不复治。翛然卧榻上,乃至无一事。长日谁与言,太原白居易。④

沈周也是"雅意白傅"。沈周"诗亦挥洒淋漓,自写天趣,盖不以字句取工"。⑤ 陈田说唐伯虎:"诗才烂漫,好为俚句。"⑥二人在诗作

---

① (明)吴宽:《家藏集》卷二十五,载《文津阁四库全书》集419,第406页。

② (明)吴宽:《家藏集》卷二十七,载《文津阁四库全书》集419,第409页。

③ (明)王鏊:《震泽集》卷二,载《文津阁四库全书》集419,第659页。

④ (明)王鏊:《震泽集》卷三,载《文津阁四库全书》集419,第661—662页。

⑤ 《钦定四库全书总目》整理本,中华书局,1997年,第2299页。

⑥ (清)陈田《明诗纪事》,载《续修四库全书》集1711,第79页。

在总体风格上的相像，多少跟他们共同推崇学习白居易有关。

吴宽卒于弘治甲子(1504)，唐伯虎时年 35 岁。沈周卒于正德己巳(1509)，唐伯虎时年四十岁。这表明唐伯虎在中年以后，就开始受到师友推崇白居易的影响。在吴宽与沈周过世之后，唐伯虎与王鏊有着频繁的来往。王鏊自正德己巳(1509)致仕归吴，从此家居约 16 年，直至卒于嘉靖乙酉(1524)。唐伯虎卒于嘉靖甲申(1523)，从王鏊致仕到唐伯虎去世的这段时期，唐伯虎与王鏊交往密切，师生情意深厚。正德己巳(1509)八月十七日，是王鏊 60 岁的生日，唐伯虎绘《文会图》给老师祝寿，还写有《寿王少傅》："绿蓑烟雨江南客，白发文章阁下臣。同在太平天子世，一双空手掌丝纶。"①九月望后，唐伯虎和王鏊又一起去相城为沈石田奔丧。正德辛未(1511)年的春天，唐伯虎和王鏊同到竹堂寺欣赏梅花，二人诗酒唱和，同领美景之妙。兴致颇高的唐伯虎还画了《墨梅图》，并有《竹堂看梅和王少傅韵》："黄金布地梵王家，白玉成林腊后花。对酒不妨还弄墨，一枝清影写横斜。"②对酒吟诗作画，此乐何极。正德壬申(1512)正月，唐伯虎和王鏊一起去参观了吴王墓门。这年十月，王鏊又到唐伯虎城西的别业来探访他，恰好院中有梅花一树将放，二人赏梅闲话。王鏊还有诗《过子畏别业》："十月心斋戒未开，偷闲先访戴逵来。清溪诘曲频回棹，矮屋虚明浅送杯。生计城东三亩菜，吟怀墙角一株梅。栋梁榱桷俱收尽，此地何缘有佚材。"③戴逵，字安道，东晋名士，不务荣名，以琴书自娱，曾隐居会稽剡县，为避征聘，一度遁居吴县，常用以喻指操守高洁之士。王子猷雪夜泛舟访戴，更是士林佳话。王鏊把唐伯虎比作戴逵，把自己比作王子猷，可证二人之间情谊非同寻常。诗作对伯虎有才被佚，深感惋惜，非为知音，焉能作此感叹。正德己卯(1519)，时值王鏊

---

① 《唐伯虎全集》，第 401 页。
② 《唐伯虎全集》，第 404 页。
③ （明）王鏊：《震泽集》卷五，载《文津阁四库全书》集 419，第 673 页。

70 岁寿辰。唐伯虎为王鏊精心绘制了《长松泉石图》给老师献寿,
请太仓张雪槎补绘王鏊小像于泉石之间。唐伯虎还写了一首七律
诗,中有"莲社酒杯陶靖节,獭囊诗句谢元晖。无疆献上诸生祝,万
丈冈陵不算巍。"(《寿王少傅》)①把王鏊比作陶渊明、谢朓,并送上
自己深深的祝福。唐伯虎又作有《柱国少傅守溪先生七十寿序》。
师生二人还曾在一个春日,相偕登上了以雄奇著称的阳山,有阳山
大石联句。王鏊还曾将自己收藏的一幅唐代著名画家阎立本的
《秋岭归云图》拿给唐伯虎临摹,并作诗赞叹唐伯虎的高超画技。
嘉靖癸未(1523)年,唐伯虎往访王鏊山中,见其壁间有苏轼书满庭
芳词,下有"中吕"二字。唐伯虎不禁想起了第二次到福建九仙山
祈梦所得,正是这两个字。那次远行,王鏊还特意写有《送唐子畏
之九仙山祈梦》为他送行。归来之后,他还专门向老师问起"中吕"
为何意,王鏊当时也不知此梦何指。唐伯虎诵其词,有"百年强半,
来日苦无多"句,遂默然归家。这一年的十二月初二,唐伯虎病逝
于家中,终年 54 岁。似乎照应了词中话语,王鏊还把这件事记入
了《震泽长语》中。② 唐伯虎与王鏊有多年深厚的师生情谊,王鏊在
诗文创作上的喜好多少会对唐伯虎产生影响。也即是说,从唐伯
虎中年以后,直至去世,其周围的亲密师友很多都推崇白居易,因
而唐伯虎晚年学白居易也就很自然了。

第三节　唐伯虎交游与科举考试

　　考察唐伯虎的交游活动,我们可以发现他一生中两次重要的科
举考试,都和其交游活动有密切的关系。一次是弘治十一年(1498)
的乡试,一次是次年的会试。我们先来简介一下这两次考试。

---

① 《唐伯虎全集》,第 63 页。
② (明)王鏊:《震泽长语》卷下,载《文津阁四库全书》子 287,第 255 页。

明孝宗弘治十一年(1498)，梁储主持应天府乡试，唐伯虎举乡试第一。阎秀卿《吴郡二科志》记有："洗马梁储校寅卷，叹曰：'士固有若是奇者耶？解元在是矣。'储事毕归，尝从程詹事敏政饮。敏政方奉诏典会试，储执卮请曰：'仆在南都，得可与来者，唐寅为最。且其人高才，此不足以毕其长。惟君卿奖异之。'敏政曰：'吾固闻之，寅江南奇士也。'储更诣请寅三事，曰：'必得其文观。'储令寅具草上，三事皆敏捷，会储奉使南行，寅感激，持帛一端诣敏政乞文饯。后被逮，竟因此论之"。① 可知梁储很赏识唐伯虎，回京便将唐伯虎的文章拿给了侍讲学士的程敏政。程敏政看后，赞赏之余，更为唐伯虎大加延誉，唐伯虎声名大显。

弘治十二年(1499)初，唐伯虎赴京城参加会试。同在本年参加会试的友人还有徐经与都穆，正史中未提及三人是否同行，但参加会试之前三人是相识的。程敏政与李东阳共同主持本年会考，考前唐伯虎和徐经去拜会程敏政，时值梁储要出使安南，唐伯虎就持束帛拜请程敏政写一篇文章给梁储送行。试卷还没有阅完，给事中华昶劾程敏政泄题于考生唐伯虎、徐经。据《明孝宗实录》卷一四七记载："户科给事中华昶奏：'国家求贤，以科目为重，公道所在，赖此一途。今年会试，臣闻士大夫公议于朝，私议于巷，翰林学士程敏政假手文场，甘心市井，士子初场未入而《论语》题已传诵于外，二场未入而表题又传诵于外，三场未入而策之第三、四问又传诵于外。江阴县举人徐经、苏州府举人唐寅等狂童孺子，天夺其魄，或先以此题骄于众，或先以此题问于人。此岂科目所宜？有盛世所宜？容臣待罪言职有此风闻，愿陛下特敕礼部场中朱卷，凡经程敏政看者，许主考大学士李东阳与五经同考官重加翻阅，公焉去取，俾天下士就试于京师者，咸知有司之公。'"②华昶的奏章立刻引

---

① 《四库全书存目丛书》史90，第132—133页。
② 《明孝宗实录》，台北"中央研究院"历史语言研究所，1962年，第2592页。

起了孝宗的重视,《明孝宗实录》卷一四八记载:"丙寅,下户科给事中华昶及举人徐经、唐伯虎于狱。会试事毕,大学士李东阳等奏:'日者给事中华昶核学士程敏政私漏题目于徐经、唐寅。礼部移文臣等重加翻阅,去取其时,考校已定,按弥封号籍,二卷俱不在取中,正榜之数有同考官批语可验。臣复会同五经诸同考连日再阅,定取正榜三百卷,会外帘比号拆名。今事已竣,谨具以问章下礼部看详。尚书徐琼等以前后阅卷去取之间,及查二人朱卷,未审有弊与否。俱内帘之事,本部无从定夺,请仍移原考试官径自具奏,别白是非,以息横议。'得旨,华昶、徐经、唐寅锦衣卫执送镇抚司对问,明白以问,不许徇情"。① 按照李东阳的检阅结果,程敏政取中的进士中并没有徐经与唐伯虎二人,而且查看二人试卷,也看不出来是否事前就得知了试题。华昶的劾奏显然存在问题,但本年四月程敏政、华昶都被下狱,此后的事情或与朝廷内部斗争有关。最终此案的结果是"敏政致仕,华昶调南京太仆寺主簿,经、寅赎罪。毕送礼部奏处,皆黜充吏役"。(《明孝宗实录》卷一五一)②唐伯虎、徐经被革去功名,唐伯虎被发为浙藩为吏,从此无缘科举考试。程敏政出狱后,不久即因背疽发而卒。

由以上事实可知,梁储主考乡试时,取中唐伯虎为解元,非常赞赏他的才华。回京后特地向程敏政推荐,程敏政说:"吾固闻之,寅,江南奇士也。"(《吴郡二科志》)③可见在梁储推荐之前,程敏政已经听说过唐伯虎的名声。梁储为什么那么欣赏唐伯虎,除了唐伯虎的才华之外,还有没有别的原因。程敏政又是何时就对唐伯虎有耳闻的呢? 唐伯虎为什么要去拜访程敏政? 唐伯虎与徐经同行的原因是什么? 而科场案后的唐伯虎在《与文徵明书》中曾说:"犹幸藉朋友之资,乡曲之誉,公卿吹嘘,援枯就生,起骨加肉,猬以

---

① 《明孝宗实录》,第2599—2600页。

② 《明孝宗实录》,第2660页。

③ 《四库全书存目丛书》史90,第132页。

微名,冒东南文士之上。方斯时也,荐绅交游,举手相庆,将谓仆滥
文笔之纵横,执谈论之户辙。岐舌而赞,并口而称"。① 这段话说的
是他中解元之后,到考进士之前的一段情况。从中我们可以看出,
唐伯虎中解元之后,确实风光了一阵,其原因在于除了唐伯虎自身
的才华外,还在于他潜在的光明的政治前途。乡人吴宽中举之后,
又连中会元、状元;王鏊高中解元后,又连中会元、探花。看起来唐
伯虎或许也会和他们一样在仕途上大展宏图了。所以,各种赞誉
纷至沓来。但唐伯虎在这里说得很模糊,"朋友之资,乡曲之誉,公
卿吹嘘"到底指的是哪些人,说的是哪些事? 因而,下文将借助唐
伯虎与友人交往的关系来阐释这段往事。

一

梁储为唐伯虎延誉于程敏政仅仅是出于欣赏唐伯虎的才华
吗? 梁储(1451—1527),字叔厚,号厚斋,晚号郁洲,顺德(今属广
东)人。梁储受业于著名学者陈献章。成化十四年(1478)会试第
一,选庶吉士,授编修。弘治四年(1491)进侍讲,正德初,进吏部尚
书,专典撰写诰敕。梁储还是书法家。虽然在现有文献中未见梁
储与沈周的直接交往,梁储应该对沈周的名声早有了解,弘治十一
年时,沈周由于好友吴宽在京中的多年延誉,早已经是声名远播的
名流画家了。而且梁储的老师陈宪章与沈周有过交往。提到陈宪
章(1428—1500),我们更容易想到的是他的哲学思想"白沙心学",
陈宪章不仅是位哲学家,还是一位很有名的画家,他擅画墨梅,潇
洒脱俗,常以束茅代笔作书,自成一家。时呼为"茅笔字",时人争
购之。沈周曾为陈宪章绘《松泉小像》,该图为陈五十六岁之像,年
代应为成化十九癸卯(1483)。沈周还为陈宪章画过玉台山图,并
写有诗作《画玉台山图答白沙先生陈公甫》:

---

① 《唐伯虎全集》,第 220 页。

玉台万仞先生住,出语直教天上惊。

还有遗音满天下,儿童个个解称名。①

陈宪章去世后,沈周还写有两首悼念诗《闻陈白沙先生讣》:

生知只藉两诗酬,死惜曾无半面由。坦坦德从周道往,冥冥心与葛天游。

讲论语托门人录,封禅书违使者求。万里白沙何处是,独临残月水西楼。

尧夫情性林宗行,薄世之师天客之。此老不亡名自在,斯文欲铸我何为。

天长岭海无从涕,地老台山有道碑。拟把瓣香身莫达,绋前空寄助劳辞。②

从诗句"生知只藉两诗酬,死惜曾无半面由"来看,沈周与陈宪章似乎没有见过面,但沈周确实给陈宪章画过小像,也写过诗,这种以诗画赠答的交往在现代也还有。而唐伯虎与陈宪章却也着直接交往的关系,唐伯虎集中有《送陈宪章》"僧房酌酒送君行,把臂西风无限情;此际若为销别恨,两行红粉啭春莺"。③ 这是一首送行诗,送行的地点在寺庙,二人此时的情感应该还不错,唐伯虎在寺庙为陈宪章酌酒送行,"把臂西风无限情"显然有些依依不舍。诗歌的具体创作时间暂不可考,但查《陈宪章年谱》,陈宪章于弘治八年乙卯(1495)曾得了中风,以后一直疾病缠身,北上吴中的可能性很小,据此可以推测诗歌至少作于 1495 年之前,很可能唐伯虎在未结识梁储之前,早已经与梁储的老师陈宪章有过交往。唐伯虎在中解元后,曾写诗给梁储《领解后谢主司》。沈周是唐伯虎的老师,陈宪章是梁储的老师,沈周与陈宪章有交往,唐伯虎给陈宪章

---

① (明)沈周:《石田诗选》卷八,载《文津阁四库全书》集 417,第 451 页。

② (明)沈周:《石田诗选》卷七,载《文津阁四库全书》集 417,第 446 页。

③ 《唐伯虎全集》,第 104 页。

写过送行诗,这多重的人际关系,使得梁储的赞誉多少沾染了一些熟人的亲热色彩。虽然,目前从材料里还看不到梁储在会试前是否听说过唐伯虎,但唐伯虎考中解元后,这些纷繁的人际关系一定会浮出水面,成为座主与门生之间情谊加深的纽带。而且梁储是书法家,从爱好艺术的角度出发,对唐伯虎很欣赏也是可以理解的。

二

程敏政又是何时就对唐伯虎有耳闻的呢?有哪些人可能在梁储之前就向程敏政提起过唐伯虎呢?程敏政(1445—1499),字克勤,安徽休宁人。明成化二年丙戌(1466)登进士第二名,授翰林院编修,参与英宗、宪宗两朝实录编写,裁正《宋元纲目书法》。程敏政除了在政治前途上颇有建树,还是个风雅文人。其诗作甚多,古体朗爽劲健,律诗精警有味,但亦有平庸之作。文章古雅与李东阳齐名。所编《明文衡》是对明初散文研究的重要贡献。所纂《休宁志》三十八卷,是安徽最早一部由达官名贵、文章手笔纂修的志书。有明一代,安徽地区的名儒显宦都很重视家刻祖先、家庭、自撰,以及名人的传世之作。程敏政所刻图书就是徽州府著名的家刻。据《明代版刻综录》载程氏刊有《宋纪受终考》三卷、元汪克宽撰《经礼补逸》九卷、宋汪应辰撰《汪文定公集》十四卷等。程敏政还是位书法家,他曾经数次到过苏州,和沈周、杨循吉、文林等人多有交往,在他们现存的诗文集中都能找到互赠礼物、答辞的记录。程敏政与沈周关系尤为密切,沈周曾请程敏政给他家传的王蒙小景题诗,《篁墩文集》卷七十二有《黄鹤山樵为沈兰坡作小景,兰坡孙启南求题》。他们是多年的老友,弘治元年(1488),程敏政因天变久雨成实,被劾致仕,沈周闻讯,赋诗送之。诗作是托杨循吉送给程敏政的,敏政很感谢,有《与姑苏沈启南书》:"累年阔别,甚欲一见,以写所怀。不意舟次吴门,匆匆竟不得一面。人生离合,不偶如此。闻是日到舟,值蒋令君在坐而去,不胜怅然。继闻君谦仪曹诵左右见赠佳作"。① 文中表达了对沈周的思念与未能会晤的遗憾,可知二人交情深厚。程敏政还作有《与沈石田书》(《篁墩文集》卷五十五)、《司马司训延至阊门里刘氏园亭夜酌席上有作赠石田先生》(《篁墩文集》卷九十三)。沈周也为程敏政写过诗,《石田诗选》卷七有《谢程篁墩赠龙尾砚》《挽程宫詹》。沈周一向对后学关爱有加,以唐伯虎之出众才华,很难想象沈周从来没有向程敏政提起过。杨循吉也是唐伯虎好友,以杨循吉与程敏政之关系,很可能杨循吉也为唐伯虎延誉过。而且,还有一个事实,可以证明程敏政对唐伯虎应该是先有耳闻的。程敏政在弘治十一年(1498)的春天确实到过吴中,程敏政此次过吴,还见了一个人,这个人就是对唐伯虎有知遇之恩的文林。《文温州集》卷一中有《戊午春,将赴温州,杨君谦礼部邀饯于虎丘,同集者沈启南韩克赞二老,幅巾杖藜,韩从子寿椿与朱性甫青袍方巾,唐子畏徐昌国并举子巾服,而余与君谦独纱帽相对,会凡八人,人各为侣,适四类不杂》,可知文林戊午春时,将赴温州上任,里中好友多有送行之举。程敏政也恰好在此时路过吴中,《篁墩文集》卷九十三有《送太守文君赴温州》:

> 几年南国事攻驹,一日容乘五马车。管辖文移先到海,登临诗刻尚留滁。
>
> 同官烨烨多新契,行李萧萧只旧书。万里壮图应有在,清霜才入鬓毛初。
>
> 出守温州美此行,永嘉贤宰旧知名。山川不待披图阅,老穉从教夹路迎。
>
> 车畔雨催农事足,笔端风扫簿书清。春来定续西堂梦,为遣诗邮入郓城。

① (明)程敏政:《篁墩文集》卷五十四,载《文津阁四库全书》集418,第630页。

诗后有长跋叙述了作诗的缘由:"长洲文君宗儒初举进士,宰永嘉,以政绩卓异,召丞太仆于南京。既而值家艰,不出者久之,永嘉之人思君不置,而公论亦恒在,君遂有温州之命,君犹迟迟,如不屑浼于世故者,其视汲汲宦途惟恐后人者,相去远矣。会予被命北上,道出吴门,乃赋二诗勉其行。君弟宗严亦举进士,予考秋闱所得士也。今宰郓城,故诗及之。"① 由跋文可知,程敏政是文林的弟弟文宗严考中举人时的主考官,与文氏兄弟关系不错。恰好程敏政北上的途中,路过吴门,时值文林将要去温州赴任,就写了两首诗给文林送行。诗作对文林的人品、能力、德行给以了很高的评价。文林是唐伯虎密友文徵明的父亲,他"爱寅之俊雅,谓必有成,每每良宴必呼共之"(《又与文徵仲书》)。② 文林此次与程敏政会晤,是否像往常一样叫上了唐伯虎,我们不得而知,但文林为唐伯虎延誉应是符合常情的,因为唐伯虎此时正在备考会试,作为爱护唐伯虎的先贤,为唐伯虎延誉应是自然之事。而唐伯虎在《送文温州序》中所说文林对他:"先后于邦闾耆老、于有司无不及至,若引跋鳖,策驾骙然。是先生于后进也,尽心焉耳矣"。③ 这篇写于同时的文章,也可证文林经常为唐伯虎延誉。文嘉在《先君行略》中也说:"南濠都公穆博雅好古,六如唐君寅天才俊逸,公与二人者共耽古学,游从甚密,且言于温州使荐之当路,都竟起家为己未进士,唐亦中南京戊午解元"。④ 那据此我们也可以推测,文林会晤程敏政时,向程氏夸赞过唐伯虎的才华也是极有可能发生的。可见,在梁储向程敏政为唐伯虎延誉以前,沈周、杨循吉、文林都有可能向程敏政提起过唐伯虎骄人的才华,所以程敏政才能说出"吾固闻之,寅,江南奇士也"这样的话。有了这层层的人际关系,唐伯虎此去京城参加

① (明)程敏政:《篁墩文集》卷九十三,载《文津阁四库全书》集419,第60页。
② 《唐伯虎全集》,第224页。
③ 《唐伯虎全集》,第227页。
④ 《文徵明集》,第1619—1620页。

会试,不拜访程敏政显然是不可能的,从人情交往的角度来看,唐伯虎也是非去不可的。

三

唐伯虎与徐经同行的原因是什么? 乾隆本《江阴县志》载:"经与吴门唐寅等人以才名相为引重,寅发戊子解元,公车北上,与经偕行"。① 可知唐伯虎与徐经是互相赏慕的,那么二人互相赏慕的原因在哪里呢? 由于徐经的富甲江南,唐伯虎与徐经的同行在笔记小说里,逐渐演变成徐经仰慕唐伯虎,出资与唐伯虎同行。结合唐伯虎所说"幸藉朋友之资"来看,这个朋友应该就是徐经,从这个角度来看,这种说法也无可厚非。但如果仅停留在此,确实有些世俗化了唐伯虎与徐经之间的关系。考察史料,我们会发现,唐伯虎与徐经同行更多地还是二人是志趣相投的朋友,而且徐经很可能还是以晚辈的身份一同与唐伯虎进京考试的。

徐经(1473—1507),字直夫,别号"西坞"。江苏省江阴县人。"美而好学"。(吴宽《乡贡进士徐君墓志铭》)②其父徐元献(1454—1482),字尚贤,别号梓庭。徐家是江阴有名的富族,富到什么程度呢? "岁出田赋,以供国用,多至数千石"(吴宽《乡贡进士徐君墓志铭》)③。徐家每年所交的田赋,多至数千石,能供国用。徐经友人文徵明在《贲感集》序里说:"衡父家江阴,世以高赀为江南鼎甲,膏腴连延,货泉流溢。"④徐经家肥田连绵,货币流溢。如果说这些形容的词汇还是不能很清楚地体现徐经家的富有,我们可以看更具体的数字。徐经没后,其夫人杨氏,复善持家。后杨氏因患疾怕不愈,遂给三个儿子徐治、徐洽、徐沾分家产,除每人分得一百二十五

---

① 《唐伯虎全集》,第557页。
② (明)吴宽:《家藏集》卷六十三,载《文津阁四库全书》集419,第540页。
③ (明)吴宽:《家藏集》卷六十三,载《文津阁四库全书》集419,第540页。
④ 吕锡生主编:《徐霞客家传》,吉林文史出版社,1988年,第109页。

顷九十七亩田地外，还有祖遗自制座船、田船、耕牛等物产均三等分。① 徐经是家里的独子，也即是说徐经未亡时，是一位有近四百顷土地的大地主，还不包括其他的杂项财产，江阴富族之称可谓名副其实。

徐家不但富有，而且追慕风雅。徐经的父亲徐元献"成化十六年（1480）以县学生员举于乡，今罗洗马明仲李学士宾之为试官，得其卷奇之，擢魁其经。"（吴宽《乡贡进士徐君墓志铭》）②李学士宾之就是李东阳，徐元献与李东阳有门生与座主之谊。后来徐元献还请李东阳为其父徐颐（1422—1483，字惟正，号一庵）60 岁寿写过《寿中书舍人徐君六十序》，李东阳在序中也提到了他和徐元寿的师生关系。徐颐也酷爱风雅，尊师重教，"尝于家塾延明师，不问亲疏远近，凡后进之颖秀可教者，辄资其费……教子必以义方，不侈服，不重味，不令与闹市相接，日躬课核知夜分乃罢"。（《内翰一庵公传》）③徐颐还曾延请过文洪坐馆于家，与文林相交甚厚。文徵明在《一庵公传》中说："然先大父寺丞，曾馆于公；先君温州守，辱交尤厚。"④徐元献与吴宽、王鏊、倪岳都有交往。徐元献爱好古文词，吴宽《乡贡进士徐君墓志铭》说他："然君所习，不但如今世举子而已，凡它经诸子，及汉唐以来古文词悉务记览，故其下笔沛然，若不可御。"⑤吴宽本人就是倡导古文辞的吴中领袖，徐元献生前经常与吴宽在一起讨论文学上的问题。所以吴宽说："予昔家居，君以文事来辨质者数矣。"徐元献卒于 1482 年，也即是说在此之前，徐氏家族与吴中文人之间的交往就已经非常密切了。徐元献去世后，徐经曾托人请吴宽为其父请写墓志铭。徐元献的老师张泰与倪岳

---

① 参看《杨氏夫人手书分拨》，载吕锡生主编：《徐霞客家传》，第 113 页。
② （明）吴宽：《家藏集》卷六十三，载《文津阁四库全书》集 419，第 540 页。
③ 吕锡生主编：《徐霞客家传》，第 76—77 页。
④ 吕锡生主编：《徐霞客家传》，第 79 页。
⑤ （明）吴宽：《家藏集》卷六十三，载《文津阁四库全书》集 419，第 540 页。

关系很好,经常向倪岳夸赞自己的这个学生。倪岳还为徐元献写过《赠徐君尚贤荣荐序》。以上可知徐经的父亲对古文辞多有偏好,曾数次向吴中"古文辞"运动的领袖吴宽请教,还广泛结交了吴中许多风雅文人。徐经生长在这样的环境里,自然耳濡目染。徐经是弘治乙卯年的举人,也是古文辞的爱好者。文徵明作有《贲感集》序:"衡父以清明粹美之资,秉祥雅醇质之性,自其少时已能脱去纨绔之习,服儒信古,隽味道腴……日惟悬金购书,以资博综,雅游参会,以事扬榷。所与游者,皆一时名硕。"①徐经与都穆是同年举人,与薛章宪是中表亲戚。都穆、薛章宪、唐伯虎都是古文辞的爱好者,徐经仰慕唐伯虎,显然更多是这种志趣相投的缘故。而且,徐经的叔叔徐元寿与吴中文人唐伯虎、文徵明、祝允明、都穆相友善。徐元寿与唐伯虎关系密切,二人经常书信往来参禅说法。(徐元寿与唐伯虎之关系见下文,此处暂不展开。)唐伯虎称徐元寿为兄台,徐经是元寿的侄子,唐伯虎应该是徐经长一辈的友人了。因而,徐经与唐伯虎的同行并非偶然的仰慕,而是有着深厚的渊源关系。

由此我们庶可推测唐伯虎所说的:"朋友之资,乡曲之誉,公卿吹嘘"的具体所指。朋友之资,显指徐经的经济资助。乡曲之誉,自然指和唐伯虎有同乡之籍的沈周、文林等人的赞誉。公卿吹嘘,概指梁储、程敏政的延誉。从史料来看,应该还有兼具同乡与公卿双重身份的王鏊和吴宽两人。虽暂未见唐伯虎在京中会见王鏊之材料,但王鏊与沈周、吴宽均为好友,梁储即将出使安南时,王鏊写有《送洗马梁君世交南序》(《震泽集》卷十一),王鏊很可能为唐伯虎延誉过。科场案后唐伯虎被贬为浙藩为小吏,吴宽还为其写有《与履庵为唐寅乞情帖》,据此可推测吴宽一定在试前为唐伯虎延誉过。另外,还有倪岳(1444—1501),字舜咨,号青

---

① 吕锡生主编:《徐霞客家传》,第109页。

溪,上元(今江苏南京)人。天顺甲申(1464)进士,授编修。倪岳与李东阳为同年进士,与程敏政有交往。顾璘在《国宝新编》中"(唐寅)著《广志赋》,暨《连珠》数十首,跌宕融畅,倾动群类。青溪倪公见之,亟称才子"。① 可见倪岳对唐伯虎的文采很欣赏。当然,以唐伯虎的才名,为之延誉的人不可能仅有这几人,但这些人应该是主要人员。

第四节 《致纳斋》考述

唐伯虎曾写过一封书信《致纳斋》,全文如下:

> 跋语甚草草,希恕。子容四月间自义兴往茅山,遂从金焦渡江。仆欲随之往扬州,闻公亦欲饯之,仆有些少行箧可容附载否?缘其行时,与太傅公同船,人吏冗杂,恐有差失故也。寅顿首,纳斋老兄执事。②

信中除唐伯虎外涉及了三个人:纳斋、子容、太傅公,由于这些称呼不是字号就是官职,乍一看很难明白这些人是谁。目前,学界对此信中的纳斋、子容、太傅公是谁,暂时无人论及。从书信内容来看,他们都是唐伯虎的友人,且这些人之间是相互认识的。沿着这条线索,笔者经过查阅文献,考出这三人分别是徐元寿、徐缙和王鏊,并对此信的写作时间作出初步的判断。在唐伯虎作品中还有两封写给"若容"的书信,学界也暂时无人论及"若容"是谁,笔者顺带考出若容就是徐元寿。

纳斋就是徐元寿。徐元寿就是和唐伯虎同年参加进士考试的徐经的叔叔。《徐霞客家传》中有《世系表·徐元寿》:

---

①《唐伯虎全集》,第542页。
②《唐伯虎全集》,第500页。

> （徐）颐次子，一名尚德，字若蓉，号纳斋。国学生。成化
> 庚寅生，嘉靖癸丑卒，寿八十有四，葬敔山之麓。
>
> 《民谱》卷二十①

可知徐元寿是徐颐的次子，号纳斋，生于成化庚寅（1470），卒于嘉靖癸丑（1553）。

当然仅凭一个号来判断徐元寿就是唐伯虎书信中的"纳斋"是不够的，同书中还有《高士衲斋公传》：

> 公讳元寿，一名尚德，字若蓉。……师钱鹤滩，友文、唐、
> 都、祝诸公相与选胜探奇，一时名流，无不结纳恐后。晚年筑
> 玉照庵为修真之所。心慕一乘，知禅宗有无虚默化之道，可以
> 度世，尝制纳衣禅坐，自号衲翁。
>
> 《民谱》卷五十三《旧传辑略》②

该传中明确提到徐元寿和文、唐、都、祝相友善，可知徐元寿与唐伯虎是朋友。《高士衲斋公传》记他："少负豪侠，驰骋弋猎，击球挟弹，有缦胡短后，谈兵说剑之风。由邑庠就太学，究心坟典，博览载籍，大肆力于诗文。楼中积书万卷，多宋梓元编，考部分班，每标元要"。③ 这些爱好和唐、祝等人颇为一致。但同时我们也可以发现，上述文献中徐元寿的字都写作"若蓉"，号略有差异，一为"纳斋"，一为"衲翁"。对照同书中《徐尚德传》：

> 徐尚德，字若容。诸生，少年事豪举，后折节好学。聚书
> 万卷，凡唐宋以前异本，倾赀购致之。冥搜遐览，所作跌宕豪
> 迈。晚年好道，以黄庭名其室。复学禅，服僧衣，自号"衲斋"，
> 筑玉照庵居之。著有《玉几山人集》、《黄庭室稿》、《物外英豪》

---

① 吕锡生主编：《徐霞客家传》，第 102 页。
② 吕锡生主编：《徐霞客家传》，第 102—103 页。
③ 吕锡生主编：《徐霞客家传》，第 102 页。

诸书。

光绪《江阴县志》卷十七《人物·文苑》①

此处徐元寿的字、号都变了，字变成了"若容"，号变成了"衲斋"。笔者认为，这可能是写法上的差异，它们应该都是指徐元寿。《唐伯虎全集》中还有两封《致若容》的信，也可以印证这些字号上的差异，可能只是书写上的问题。在《致若容》中唐伯虎从佛家、仙家、儒家的不同角度出发，与若容探讨自己"心者，万事之根本，历劫之英灵也"的观点。结合徐元寿因学禅而衣僧服的事实，也可知此"若容"就是徐元寿，他和唐伯虎之间经常参禅说法。《致若容》有云："手教委是云云，且谓言下有得，此自是公宿命。譬若昏睡者，偶被他物警觉，洒然而起耳，于仆有何力焉。……今日颇有拙作，欲写上请教，而病中甚懒捉笔。故具来旨奉答，不多悉也"。② 综合来看，《致纳斋》中的纳斋就是徐元寿。徐元寿与唐伯虎同年出生，其少负豪侠，肆力于学，参禅说法的爱好和唐伯虎的爱好显然有诸多共同点，无怪乎他们能成为好友。《徐霞客家传》中还收有一篇唐伯虎为元寿写的《纳斋公赞》，该文不仅是二人友谊的证据，还是一篇唐伯虎各辑本均未收录的佚文，全文如下：

> 幽兰风味，海鹤精神，胸罗万卷，笔绝纤尘。室拟太元，握尘多列高真；阁如清秘，扫迹长辞俗轮。至从山坳水濙间，望之淡然以为仙人；从诗篇画卷中，抱之超然以为先民。吾尝与之接席而展茵，近之觉可畏，而远之觉可亲。即不敢曰曹、刘、班、马之伦，庶几宗、雷、杨、许之邻也耶！

《民谱》卷五十四《像赞》③

唐伯虎在此盛赞了元寿的风格、精神、胸怀、学识，誉之为仙人，"接

---

① 吕锡生主编：《徐霞客家传》，第103—104页。
②《唐伯虎全集》，第502页。
③ 吕锡生主编：《徐霞客家传》，第103页。

席而展茵"更可见二人之亲密。

本书信中还有两个人:子容、太傅公。唐伯虎在信中说子容走时,"与太傅公同船",子容为什么要跟太傅公同船呢? 他们是什么关系呢? 子容,就是徐缙。太傅公,就是王鏊。徐缙与王鏊是婿翁关系,一同出行,很可能要同船。

明皇甫汸《徐文敏公祠碑》云:"徐文敏公祠者,祠明吏部左侍郎兼翰林学士徐公也。公讳缙,字子容,吴洞庭西山人也,故号崦西"。① 可知子容即徐缙(1482—1548),号崦西,吴县人。徐缙是弘治十八年(1505)进士,《明清进士题名碑录》载为此年二甲十六名。选庶吉士,授编修,官至吏部左侍郎兼翰林院侍讲学士,谥文敏。《千顷堂书目》卷二十一记其有《徐文敏公集》六卷。文集成于其身后,有学生皇甫汸为其作有《徐文敏公集序》。② 王鏊在《亡女翰林院侍读徐子容妻墓志铭》中说其长女:"及归徐氏委子容。"③可知徐缙是王鏊的长女婿。王鏊对徐缙非常钟爱,在《赠徐子容序》中说徐缙:"依予学者五年矣。其质秀,而文可与进者也。始予开以读书之法,而惶然。继予授以修词之法,而悚然、而豁然、而沛然,缙非昔日之缙矣"。④ 对徐缙的灵心慧性大为赞赏。王鏊于正德二年丁卯(1507)八月,遣祭先师孔子。敕升少傅兼太子太傅、武英殿大学士,尚书仍旧。⑤ "太傅公"就是唐伯虎对王鏊的职官敬称。在唐伯虎现存与王鏊交往的作品中,一般都是称呼王鏊的官职,或附带郡望,如《寿王少傅》《敬阅少傅王老师所藏阎立本画并赋一律》《正德丙寅奉陪大冢宰太原老先生登歌风台谨和感古佳韵并图其实景呈茂化学士请教》《闻太原阁老疏疾还山喜而成韵辄用寄上》,可见

① (明)皇甫汸:《皇甫司勋集》卷四十七,载《文津阁四库全书》集 426,第 496 页。
② (明)皇甫汸:《皇甫司勋集》卷三十六,载《文津阁四库全书》集 426,第 475 页。
③ (明)王鏊:《震泽集》卷三十一,载《文津阁四库全书》集 420,第 13 页。
④ (明)王鏊:《震泽集》卷十一,载《文津阁四库全书》集 419,第 695 页。
⑤ 张海瀛:《王鏊年谱》,见王春瑜主编:《明史论丛》,中国社会科学出版社,1997年,第 102 页。

唐伯虎对王鏊的敬爱之情。《致纳斋》中称王鏊为"太傅公"也是这种情况。徐缙是王鏊的长女婿，唐伯虎结识徐缙是自然之事。现有文献一般未提及徐缙何时中举人，查《江南通志》卷一二七可知，徐缙是弘治十一年（1498）戊午科的举人，而唐伯虎是本科的解元。徐缙与唐伯虎有同年之谊，而且徐缙与唐伯虎好友徐祯卿还是同年进士。

以上可知唐伯虎与徐元寿是好友，与徐缙、王鏊关系也很密切。从书信的内容来看，徐元寿和徐缙与王鏊在此之前应该也有交往，惜笔者暂未见到其他相关交往材料。但王鏊曾为徐元寿的哥哥徐元献写过《梓庭公赞》："万邦帝臣兮噫，观光列宾兮噫，才足致君兮噫，志切显亲兮噫，胡不永龄兮噫！"①虽然不知此像赞是因谁而托所作，但王鏊与徐氏确有交往却是事实。

关于此信的写作时间，据现有文献可考知大致作于正德癸酉（1513）年初至四月之前。从唐伯虎称王鏊为"太傅公"这一称呼来看，此信应该写于正德二年（1507）之后，因王鏊在正德二年（1507）才获得太子太傅之称号，但当时王鏊还在京城供职，唐伯虎信中的事不太可能发生。因刘瑾专权，王鏊遂于正德四年己巳（1509）上疏乞归，武宗准其致仕。本年五月，王鏊辞朝东归。②从此家居16年，直至逝世。显然，此信当写于王鏊致仕归家之后更为合理。查《震泽集》卷五王鏊曾写有《重到宜兴》："三日兰舟只任风，洮湖过尽隔湖逢。溪山处处还依旧，却是人心自不同"。王鏊的此次到宜兴应与子容同行有关。王鏊诗集有按时间编排的痕迹，如本卷中按时间顺序可查的有《己巳正月十三日夜分献星辰二坛作》《十四日庆成宴上作》《己巳五月东归》三首，《行次相城》等。《行次相城》是王鏊和唐伯虎去相城为沈石田奔丧时所写，诗曰："几年约兹游，

---

① 吕锡生主编：《徐霞客家传》，第100页。此文《震泽集》未收。

② 张海瀛：《王鏊年谱》，见王春瑜主编：《明史论丛》，第103页。

为访石田叟。石田今已亡,不使此言负。相知三四人,挛舟过湖口。行行抵相城"。① 沈石田卒年据文徵明《沈先生行状》载:"正德四年己巳,先生年八十有三,八月二日以疾卒于正寝"。② 又唐伯虎的《野望悯言图》诗前小序有"正德己巳九月望后,寅忝侍柱国少傅太原公出吊石田乡丈于相成,夜宿宗让三舅校书宅,酒半书此,聊申慰答之私耳"。③ 可知王鏊的《行次相城》作于正德四年己巳九月望后。《重到宜兴》在卷五的倒数第二首,在此之前还有一首《过子畏别业》是有时间可查的,虽然在《震泽集》中《过子畏别业》未标示时间,但在《唐伯虎全集》中此诗的全称是《正德壬申冬初过子畏解元城西之别业时独有梅花一树将开故诗中及之》,可知《过子畏别业》作于正德壬申(1512)冬初。在《震泽集》卷六中第二十首诗为《予伏林下覩闾阎之疾苦悯征求之繁多伤循吏之难值也每以为叹癸酉六月客有过予谈海虞胡令之政者为赋诗》,癸酉六月是 1513年的六月,据此,《重到宜兴》排在《过子畏别业》之后,《予伏林下覩闾阎之疾苦悯征求之繁多伤循吏之难值也每以为叹癸酉六月客有过予谈海虞胡令之政者为赋诗》之前,其写作时间应该在正德壬申(1512)冬初后至正德癸酉(1513)六月前。而唐伯虎书信中提到的时间是"子容四月间自义兴往茅山",因而唐伯虎此信很可能作于正德癸酉(1513)年初至四月之前。

---

① (明)王鏊:《震泽集》卷五,载《文津阁四库全书》集 419,第 671 页。
② 《文徵明集》,第 597 页。
③ 《唐伯虎全集》,第 345—346 页。

第三章
唐伯虎文学著述考

第一节　明代刊刻的唐伯虎集

　　由于唐伯虎生前没有刊印自己的作品集,其作品集都是后人不断整理出来的。不同的整理者,有不同的选取标准,所以其诗文集的不同版本之间的差别是比较大的。明代整理刊刻唐伯虎集的较知名的有袁袠、何大成、沈思、曹元亮等。现存明代刊刻的唐伯虎诗文集大致有四个系统:一为袁袠辑《唐伯虎集》二卷;一为万历年间何大成辑本,包括《唐伯虎先生集》上下卷、《唐伯虎先生外编》五卷、《唐伯虎先生外编续刻》十二卷,简称何大成系统;一为万历年间沈思辑、曹元亮校本,包括《唐伯虎集》四卷,附刻外集一卷纪事一卷,简称曹元亮系统;一为《袁中郎先生批评唐伯虎汇集》本,编刻人不详,简称袁批本系统。我们先来简单介绍一下这四个系统的版本。

一

　　袁袠辑《唐伯虎集》二卷。袁袠,字永之,号胥台,长洲(今苏州市)人,嘉靖丙戌(1526)进士。袁袠编选的《唐伯虎集》二卷是唐伯虎作品的第一个结集本。在《唐伯虎集序》中袁袠说:"袠童时尝获

侍高论,接杯酒之欢"。① 可见他少年时代就经常参加吴中文人的
雅集,时常能听到唐伯虎辈的高谈雅论。其子袁尊尼在《先父行
状》中说:"时海内熙洽,文风肆被,在吴尤盛。若京兆祝公、解元唐
公、孔目蔡公、待诏文公、太学士王公咸擅文名,先公各与缔交,诸
公亦乐交先公。时往讨论艺术,过从之暇,即闭门藏修,绝不干世
事。亦不与时流相征逐,傲然有青云之志,人望之而知其奇也"。②
唐伯虎逝世后,袁裘还写有《唐解元伯虎》追忆唐伯虎:"唐公七尺
躯,双瞳晔流电。逸气腾龙媒,华词缛云汉。连珠拟陆衡,广志准
王粲。握椠希古人,释褐冠群彦。贝锦忽搆谗,虎口竟罹患。梁
狱羞上书,浙省薄为椽。灌园聊自娱,好客日高宴。一诺轻千金,
田季世所羡。鸿情厌鸡鹜,鹄思卑斥鷃。逍遥富春游,怀贤发篇
翰。著书何必多,雅什庶可玩。令名垂丹青,炳矣高士传。"③从
本诗来看,袁裘对唐伯虎是充满崇敬与热爱之情的。唐伯虎去世
后,袁裘首刻《唐伯虎集》,并作序,保存其诗文。袁裘编选唐寅集,
应是出于对先哲的敬仰与爱戴,所谓"抚颂遗文,慨仰遐烈"。④南京
图书馆馆藏书目检索有 GJ/胶 1002《唐伯虎集》二卷,唐寅,明嘉
靖,应该是这个本子。惜笔者未亲见这一单行本。但袁裘的这一
刻本在万历壬辰年(1592)被何大成重新刊刻,笔者所见为何大成
的重刻本。但笔者在查阅文献时,发现在《衡藩重刻胥台先生集》
卷十四中收的《唐伯虎集序》与何大成重刊本所收的袁裘的《唐伯
虎集序》在内容上略有出入,显然,何大成的重刻本对这篇序言作
了修改。

---

① (明)袁裘:《衡藩重刻胥台先生集》卷十四,载《四库全书存目丛书》集 86,第
    585 页。
② (明)袁裘:《袁永之集》卷首,上海图书馆藏善本,索书号 828590-95。
③ (明)袁裘:《衡藩重刻胥台先生集》卷十四,载《四库全书存目丛书》集 86,第
    464 页。
④ (明)袁裘:《衡藩重刻胥台先生集》卷十四,载《四库全书存目丛书》集 86,第
    585 页。

在《衡藩重刻胥台先生集》卷十四中收有《唐伯虎集序》，从序言中我们可以了解到此本的一些信息。该序言记有："唐伯虎集二卷，乐府、诗总三十二首，赋二首，杂文一十五首，内金粉福地赋阙不传"。[①] 可知袁袠编选了《唐伯虎集》二卷，收唐伯虎四十九篇作品，其中《金粉福地赋》阙，仅存名，所以实际作品只有四十八篇。

关于袁袠《唐伯虎集》的编选时间，由于《唐伯虎集序》结尾处无落款，所以集子的编选时间从序言上是看不出来的。但此本被何大成在万历壬辰（1592）年重新刊刻，收在何大成重刻本中的袁袠《唐伯虎集序》是有时间落款的。我们先来看看这两篇序言上的差别，每处先列《衡藩重刻胥台先生集》中的序言内容，后列何大成重刻本中的序言内容。差别共有十一处：

1. 袁本：唐伯虎集二卷，乐府、诗总三十二首，赋二首，杂文一十五首，内《金粉福地赋》阙不传。唐伯虎者，名寅初字伯虎……

   何本：唐伯虎集二卷，乐府、诗总三十二首，赋二首，杂文一十五首，内《金粉福地赋》阙不传。伯虎他诗文甚多，体不类此。此多初年所作，颇宗六朝。惟游金焦、匡庐、严陵、观鳌山诸诗及《啸旨后序》，乃中年所作，亦可入选，故附入选。唐伯虎者，名寅初字伯虎……

2. 袁本：然行实放旷，人未之奇也。尝上书吴文定公宽

   何本：然行实放旷，人未之奇也。故太守文公林奇之。尝上书吴文定公宽

3. 袁本：方志恶其不检

   何本：方志恶其跅弛

---

① （明）袁袠：《衡藩重刻胥台先生集》卷十四，载《四库全书存目丛书》集86，第584页。

4. 袁本：比试大学士梁公储

何本：比试故大学士梁公储

5. 袁本：通贿考官程公敏政

何本：通贿考官故尚书程公敏政

6. 袁本：伯虎尝持束帛乞程公文送之

何本：伯虎乞程公文送之

7. 袁本：免归文徵明以书慰之

何本：免归友人文徵明以书切责之

8. 袁本：乃后益自放废

何本：乃益自放废

9. 袁本：徒资辱而已

何本：徒资诟辱而已

10. 袁本：客长满座

何本：客尝满座

11. 袁本：序尾没有落款

何本：序尾有落款：嘉靖甲午腊月既望日胥台山人袁裹谨序

对比二序言的差别，我们可以发现第一、六、七、十一处的不同是比较关键的，其他的差异基本不改变原意，可以忽略不计。我们先来看第一处差异，何本多出了一段话："伯虎他诗文甚多，体不类此。此多初年所作，颇宗六朝。惟游金、焦、匡庐、严陵、观鳌山诸诗及《啸旨后序》，乃中年所作，亦可入选，故附入选。"①这段话经常被学界引用来论证该集中唐伯虎诗作的时期，但在袁本中的序言是没有这段话的。那么，我们可以推测可能是何大成在重刻《唐伯虎集》时，改动了这篇序言。但何大成的改动也不是没有依据的，他很可能是根据俞宪的记载进行的改编。俞宪在《盛明百家诗》中选有唐伯虎十六首诗，诗前有序言："按袁胥台《序唐伯虎集》二卷，多

---

① 《唐伯虎先生集》，载《续修四库全书》集1334，第610页。

初年所作,颇宗六朝。惟游金、焦山诸篇及《啸旨后序》,乃中年作,亦可入选。伯虎名寅,后更字子畏……所著述多不经思,语殊俚浅,今亦不载集中。独胥台选集尚有传者。兹刻十余篇,聊备吴中典故云尔。嘉靖乙丑是堂山人俞宪识"。① 此序言作于嘉靖乙丑(1565)。从中可知俞宪编选唐伯虎诗作时,参看过袁袠的《唐伯虎集》,并且他对唐伯虎那些意思浅显的诗歌也持否定态度,盖源于"其学沿七子余波,未免好收摹仿古调,填缀肤词之作"。② 所以他采取"今亦不载集中"的方式来对待那些诗歌。何大成可能就是根据俞宪的记载,改动了袁袠的序言。第六处改动,有为尊者讳的倾向,何大成把唐伯虎曾送束帛给程敏政这一事实省略了。第七处改动,略不合情理。袁本的更合理,唐伯虎遭遇科场案的打击后,作为好友,文徵明写信安慰他,比写信批评他更合乎人情事理。但由于何本的流行,使得后人的研究经常采用的是"文徵明以书切责之",这虽然不是原则性的大问题,却也有损二人之间的深情厚谊。第十一处差异,是袁本序言没有落款,何大成重刻本有落款:"嘉靖甲午腊月既望日胥台山人袁袠谨序"。据此可知袁袠在嘉靖甲午(1534),唐伯虎卒后十一年,首刻此集。据王春花研究得出"考《家谱》,此年袠大赦在家,又逢袁母葛安人卒。有时间刊刻此书。王格《袁永之集序》云:'访永之于桃花别墅,时永之袁袠以徒中居忧'、'出所选《唐伯虎集》示余',《吴门袁六俊公祠藏册》载廷梼识语亦云,袠居忧后,侍父居桃花园。所记与《六如居士全集》袠《唐伯虎集序》最后所录时间皆吻合"。③ 可知这一时间是可靠的。另外,(明)晁瑮《宝文堂书目》中"文集类"下收有"唐伯虎集",未注明编者与卷数。据《四库大辞典》,晁瑮(约1511—1575),字石君,号

---

① (明)俞宪:《盛明百家诗》,载《四库全书存目丛书》集部305,第690页。
② 《四库全书存目丛书》集部308,第811页。
③ 王春花:《明清时期吴门袁氏家族刻书藏书事业及其与吴门艺文关系初探》,硕士学位论文,苏州大学,2008年,第16页。

春陵,开州(今河南濮阳)人,嘉靖二十年(1541)进士,官至国子监司业,居翰林二十载,工于诗赋,雅好古籍,藏名盛于一时。从时间上来看,晁氏在《宝文堂书目》中收录的这个《唐伯虎集》指得应该就是袁袠的这个刻本,因为在1575年之前,只有袁袠的刻本。

袁袠所刻《唐伯虎集》,主要收集保存了唐伯虎具有复古情调的诗文,而对唐伯虎晚年类似白居易的那些语肤味隽的诗作却没有保留,这和袁袠当时的审美倾向有关。袁袠的好友荆西少泉居士王格在《袁永之集序》中有一段内容提到袁袠编选唐伯虎集的情况:呜呼永之没已几二十载矣,其诗文行于世,谁不慕尚之者,而何藉于余。顾念与永之生同岁,方永之之发解南几也,余亦举于乡。明年同第进士,读中秘书,日与永之出入,承明相周旋也。……后数年,余督饷姑苏,访永之于桃花别墅。时永之始尽平生之欢,其谭及艺文,亦不似曩时之草草矣。永之语余曰:"杜子美,诗人之富者耳,其妙悟盖不及王孟诸公。又出所选《唐伯虎集》示余,而定其评曰:'伯虎才甚骏,惜流落后不自检束,大堕于乐天队中耳'故所存伯虎作,百才一二,语稍涉乐天,即黜之'"。[①] 可知王格与袁袠同年出生,同年中举,还是同年进士,二人交情不错,所谓"日与永之出入,承明相周旋也"。王格对袁袠不选唐伯虎类似于白居易之诗作,表达了委婉的不赞同,认为袁袠选的诗"百才一二"。虽然袁袠的选本有比较大的缺陷,但发轫之功实不可没,此本为后人再刻唐伯虎作品集提供了基础,何大成刊刻的唐伯虎作品集,就是以袁本为底本,不断扩充而成的。它在唐伯虎的文学研究领域能拥有一席之地,有着积极的意义。

二

何大成和《唐伯虎先生集》上下卷、《唐伯虎先生外编》五卷、

---

① (明)袁袠:《衡藩重刻胥台先生集》卷十四,载《四库全书存目丛书》集86,第419页。

《唐伯虎先生外编续刻》十二卷。

关于何大成，学界对其一直了解不多，近来邓晓东据《桂村小志》使我们得以更多地了解其人其事，现引述如下："何大成（1574—1633），原名之柱，字君立，晚号慈公，常熟人，邑庠生，藏书家。赵用贤之婿，赵琦美之妹夫。有关他的事迹流传不广，且其诗文散佚，仅有若干存于选本，而以冯舒《怀旧集》所收 24 首最多。关于何大成的交游及创作情况，陆铣的《前征士慈公何君墓表》给我们提供了重要的线索：'以雄俊如赵文毅（赵用贤）而为之妇翁，以高介如顾朗仲（顾云鸿）而缔之姻盟，以博雅如陈锡玄（陈禹谟）而延之署，远之如董昂宰（按：疑当为"董玄宰"，即董其昌）、缪西溪（缪昌期）、钱牧斋（钱谦益）、袁小修退谷（按：疑当为"袁小修、钟退谷"，即袁中道、钟惺）、陈仲醇（陈继儒）、王季木（王象春，即王士禛叔祖）、赵凡夫（赵宧光）辈，无不海内奇英，千秋自命，皆能就君商榷篇章，摩挲金石，卒不敢以娱野一集，非古人之书而覆瓿之也。'这段记载不仅给我们指出了何大成交友的基本范围，同时也说明了何氏创作不事模拟的特点，而后者也正是当时文坛的风尚"。①邓晓东认为何大成之所以致力于唐伯虎作品的收集与整理，除了对唐伯虎的欣赏之外，更重要的是两人经历相似、性格相仿、审美趣味相近，这点笔者也是同意的。

何大成从万历壬辰（1592）年开始翻刻袁褧刊刻的《唐伯虎集》二卷，更名为《唐伯虎先生集》上下卷，此后一直致力于对唐伯虎散佚作品的收集和刊刻，于 1610 年或稍后刊刻了《唐伯虎先生外编》

---

① 邓晓东：《审美趣味的嬗变与唐寅集的编选》，《南京师范大学学报》（社会科学版），2009 年第 1 期，第 140 页。

五卷,①1617年或稍后刊刻了《唐伯虎先生外编续刻》十二卷。② 其对唐伯虎作品收集整理刊刻历时二十六年之久,何大成可谓是对唐伯虎作品收集最用心的一个人。从上可知,何大成在二十六年之间曾三次刊刻唐伯虎的作品集,第一次是翻刻袁袠的刻本。第二次是在此基础上补充了一些新搜集到的作品辑成《唐伯虎先生外编》五卷,卷一题"一集伯虎逸诗",收各体诗歌二十八篇,一篇《招辞》,共二十九篇;卷二题"一集伯虎遗文",收五篇文;卷三题"一集伯虎遗事",收九十六节逸事;卷四题"一集伯虎志传",收二十二篇;卷五题"一录名公赠答",有诗五十五首、文五篇,附"弇州题跋"七则,又附王敬美论诗一篇。还有第三次是在前两次的基础上又补充进一些作品辑成《唐伯虎先生外编续刻》十二卷,卷一收赋二篇;卷二收乐府诗二首;卷三收诗十六首;卷四收诗八首;卷五收诗一五四首;卷六收诗八首;卷七收诗五十五首;卷八收词十七首;卷九收套曲十六套,散曲四十四套;卷十收序三篇、记七篇、志铭一篇、墓表一篇、书一篇、疏文一篇、启一篇、赞七篇;卷十一收疏文一篇、草制一联、题画竹三联、诗一首,墨铭一种;卷十二列戊午乡试题名录。

从时间上来看,1592年、1610年、1617年这三次刊刻时间是间隔较远的,这也就意味着这三个本子在当时应该都是以单行本面世的,但这三个本子的单行本笔者仅见过一个《唐伯虎先生外编》五卷本(仅存两卷),更多流传下来的本子都是汇编本。且这些汇编本也存在不同的形态,有两种汇编的,如复旦大学图书馆所藏为

① 何辑《唐伯虎先生外编》的刊刻时间,学界多以何大成《伯虎外编小序》所署时间"万历丁未"(1607)年为准,然而在《唐伯虎先生外编》卷五中有"庚戌长夏,偶阅祝氏集,略得先生所遗伯虎全书,因备录之时同志之雅云。慈公识"。查万历庚戌,是1610年,故何辑《唐伯虎先生外编》的刊刻时间应为1610年或以后。

②《唐伯虎先生外编续刻》十二卷,何大成辑。这个本子有《伯虎外编续刻序》,署"万历甲寅宿月谷雨,吴趋何大成君立父题于金台之摩诃庵",万历甲寅是1614年,但续刻卷九有何大成"万历丙辰""丁巳夏日"的注语,故其刊印时间应不早于1617年,暂以1617年来论说此本。

《唐伯虎先生集》上下卷、《唐伯虎先生外编》五卷的汇编本。有三种汇编的,如《续修四库全书》1334—1335册所影印的南京图书馆藏本为《唐伯虎先生集》上下卷、《唐伯虎先生外编》五卷、《唐伯虎先生外编续刻》十二卷的汇编本。还有三种汇编再附画谱三卷的,如国家图书馆与北京大学图书馆、上海图书馆馆藏本则为《唐伯虎先生集》上下卷、《唐伯虎先生外编》五卷、《唐伯虎先生外编续刻》十二卷的汇编本附《六如唐先生画谱》三卷。

　　据此,我们可以推测很可能何大成的这三个本子在当时很受欢迎,在它们陆续面世的过程中,书商就把他们汇编在一起,可能先把前两种汇编在一起,如复旦大学藏本。后来又把这三种全部汇编在一起,成为一个全本,而广为流传,如南京图书馆藏本。全本自然比单行本要更受欢迎,以至于单行本不再刊印,越来越少,流传下来的也就很少了。再后来,这个三种汇编本还增加了一个新的内容,就是《六如唐先生画谱》三卷,这种本子也比较流行。关于各图书馆所藏何大成辑本的关系,后文将有论述。

　　何辑本的优点在于大而全,他采取的基本是宁肯重复,也不遗漏的原则,只要是和唐伯虎相关的内容他都予以收录,最大限度地保留了材料,这是值得肯定和称赞的地方。但它也有自身的缺点,由于它是两次补辑的结果,所以在体例上不够合理,只是在不断地补录各类作品;且前后有篇目重复。特别是续刻本,有一些诗在外编里已收录过,续刻又再次收录,可能是这些诗在个别字上存在差异。如《唐伯虎先生外编》卷五题为"名公赠答",不但体例不统一,诗文混杂;还收录了一些后代人的题画诗如徐渭、陶望龄、周天球等人的诗作也被收入,这些诗严格说来是不应该收录的,不符合"名公赠答"之原则,很容易给后代人造成误解。又如《唐伯虎先生外编续刻》卷二所收两首乐府诗(《春江花月夜》二首),早在《唐伯虎先生集》卷上就有,不知道何大成为何会重复收录,还把这两首诗单独列为一卷,实在让人很费解。

三

沈思辑、曹元亮校，《唐伯虎集》四卷，附刻外集一卷纪事一卷。

万历年间沈思辑、曹元亮校本，包括《唐伯虎集》四卷，附刻外集一卷纪事一卷，简称曹元亮系统。此本由沈思辑，有曹元亮万历壬子(1612)序言，刊刻书坊是翠竺山房。关于沈思，我们除了知道他刊刻过《钱太史鹤滩集》六卷之外，目前还没有查到更多的信息。在现存的本子中，也没有发现他给集子作的序言，只有曹元亮作的序言。一个编辑者，竟然连一篇序言也没有留下来，实在是有些不合情理。因而，笔者猜测沈思可能是曹元亮雇来的收集者，只负责收集唐伯虎的诗文，未留下序言。当然这仅仅是推测，尚需论证。对于曹元亮我们同样了解得不多，仅知其字寅伯，四川省云阳县人，翠竺山房是他的私家书坊。《唐伯虎集》四卷诗文内容如下：卷一有赋三首、乐府十二首、五言古诗六首、七言杂诗三十首，共五十一首；卷二有五言近体十二首、五言排律一首、七言近体九十四首、五言绝句六首、七言绝句九十四首、词三首，共二百一十首；卷三有书五首、序六首、记八首，共十九篇；卷四有碑铭一首、墓志铭七首、墓碣一首、墓表一首、祭文一首、疏文一首、启一首、论一首、表一首、赞三首，共十八篇，联句四联。附刻外集一卷，有唐子畏墓志铭、传赞四首、纪事二十二条。曹元亮校本的优点在于，整体体例合适，分类清晰，从每卷所包含的各类作品，我们即可看出这种优点。正是由于它的这种优点，使得后来的《袁中郎先生批评唐伯虎汇集》采用了它为底本。

四

《袁中郎先生批评唐伯虎汇集》。

《袁中郎先生批评唐伯虎汇集》系统本，是以曹元亮刻本为底本，加袁宏道批评刻成。编刻者不详，刻年应在 1612 年之后。评语诗有一百零五处、词有二处、文有二十四处、纪事有十二处。这个系统的本子,情况比较复杂。在流传下来的明代刊刻的唐伯虎作品集中,它的数量是最多的。据善本书目导航,此本在全国有 32 处藏址。而且,这个系统的本子呈现的状态也是最多的,它们在序言上有差别,在卷数上也有差别。

第二节　同一系统各版本之间异同、优劣及其关系

本节,主要对何大成系统本、曹元亮系统本、《袁中郎先生批评唐伯虎汇集》系统本这三个系统本中各版本之间的异同、优劣作一比较,并对它们之间的关系试作一梳理,试图展现唐伯虎作品集的流变过程。

一

何大成系统本。笔者见到的有以下几种:

(一)《唐伯虎先生集》上下卷、《唐伯虎先生外编》五卷、《唐伯虎先生外编续刻》十二卷。

《续修四库全书》第 1334—1335 册影印本,据南京大学图书馆藏明万历刻本,原书版框高 22.6 厘米,宽 31.0 厘米。(以下简称影印本)

此本为汇编本,包含三个集子,其正文行款为每半页九行,行二十字,四周双边。但序言行款不一。

现简介如下:《唐伯虎先生集》上下卷,有《唐伯虎集序》,落款"万历壬辰春三月既望吴趋后学何大成君立题",有"慈公氏"等印章。序言共三页,版心靠上题"唐伯虎集",鱼尾下有"序"及页码,每半页六行,行十二字,四周单边。又有《唐伯虎集序》,落款"嘉靖甲午蜡月望日胥台山人袁裹谨序"。序言共二页,版心题"唐伯虎集序"及页码,无鱼尾。每半叶九行,行二十字,四周双边。

《唐伯虎先生外编》五卷,《伯虎外编小序》,本序言每半页六行,行十二字,版心靠上题有"伯虎外编"、靠下有"小序"字样,共三页。落款"万历丁未佛诞日吴趋何大成题于妙香阁"。

《唐伯虎先生外编续刻》十二卷,有三篇序言:一为《伯虎外编续刻序》,落款"万历甲寅宿月谷雨吴趋何大成君立父题于金台之摩诃庵",本序言每半页六行,行十二字,四周单边,版心仅有"序一"等字样,共四页,但序言第二页缺了下半页。一为《伯虎唐先生汇集序》,落款"万历壬子相月云间曹元亮寅伯甫题并书",每半叶九行,行二十字,四周双边。版心有"唐伯虎外编续刻、曹序、一"等字样,共二页。三为《唐伯虎先生汇集叙》,落款"赐进士第翰林院检讨文林郎华亭张鼐书",每半叶九行,行二十字,四周双边。版心有"唐伯虎外编续刻、张序、一"等字样,共一页。

(二)《唐伯虎先生外编》五卷。上海图书馆藏。索书号线普长 60973。

刻本,线装。残本,仅存两卷。散页。版框宽 30.0 厘米,高 22.9 厘米。

第一卷是完整的,第二卷仅存至《莲花似六郎》篇,且此篇仅存上半页,以下缺失。行款同影印本。

(三)《唐伯虎先生集》二卷,《唐伯虎先生外编》五卷。(明)唐寅撰,何大成辑。复旦大学图书馆藏本,索书号 411,有"潘承弼藏书印"。

刻本。线装。一册无函。版框宽 31.2 厘米,高 23.0 厘米,天头 2.3 厘米,地脚 1.7 厘米,行款同影印本。残本。附录弇州题跋中,缺附二、三页,附四页下半页缺。有虫蛀,个别地方有修复。

(四)《唐伯虎先生集》,《唐伯虎先生外编》五卷,《唐伯虎先生外编续刻》十二卷。画谱三卷。(清)顾榯批跋本。索书号线善 798279-84。

六册无函。衬里修复。版框高宽 31.0 厘米,22.8 厘米。行款同影印本。有"铁匡子""兰松居士""伯阳山人""名士风流""丽生氏书画印""顾楣""嵩乔氏""顾小痴书画记""慈水冯丽生印""茶山阁""峰洳渔樵"等多枚印章。扉页题有"唐伯虎先生全集后附画谱,南雅堂藏版"。《伯虎外编续刻序》缺第二页。据《明代版刻综录》第三卷,明万历年间有南雅堂,大概此本即出于此坊。

第六册为《六如唐先生画谱》三卷,有行书体《画谱序》,署"吴趋六如居士唐寅题"。目录版心"唐伯虎画谱目录"及页码,正文版心"唐伯虎画谱卷之一"及页码。卷一首行顶格题"六如唐先生画谱卷之一";次行靠下题"吴趋唐寅伯虎辑"、再次行题"吴郡何大成君立校";卷二和卷三的卷首情况与卷一相同。

据童银舫补证,顾楣,其字一作松乔,又号小痴,生于雍正四年(1726),见其《伴梅草堂诗存》自序。天一阁藏其集稿本二种:《伴梅草堂诗存》不分卷,清桂虚筠跋;《秋竹诗稿》不分卷,清陈权、徐时栋跋。另著有《古台亭书画录》《书画碑帖题跋》《伴梅草堂集》。[①]从顾楣的著作可知,他是个书画爱好者,那么他对唐伯虎书画诗文作品都很欣赏也就不足为奇了。他不但藏有何辑本,还藏有《袁中郎先生批评唐伯虎汇集》(惜笔者未见顾楣此藏本),他曾经对比过两种本子,对唐伯虎诗文有过自己的见解。顾楣批语时有可观,如他批《漫兴》十首:"如春华秋实,沉着涂厚,且有悔悟返真之语,非凡流可及之",确有独到之处。

(五)《唐伯虎先生集》,《唐伯虎先生外编》五卷,《唐伯虎先生外编续刻》十二卷。《六如唐先生画谱》三卷。国家图书馆馆藏。索取号 940。胶卷。

明代万历刻本,八册。版框高 23.0 厘米,宽 31.0 厘米。行款同影印本。《六如唐先生画谱》体例同顾楣本。《六如唐先生画谱》

---

① 童银舫:《文献家通考》慈溪人物史料补正,载《天一阁文丛》第五辑,宁波出版社,2007 年,第 182 页。

三卷在第八册。

（六）《唐伯虎先生集》，《唐伯虎先生外编》五卷，《唐伯虎先生外编续刻》十二卷。《六如唐先生画谱》三卷。北京大学图书馆藏。NC/5428/0638.24

刻本，线装。一函八册，金镶玉装。函封面有书签题有"唐伯虎集 丙寅十一月榆庄老农张伯英题"。查张伯英（1871—1949），字勺圃、少溥，别署云龙山民、榆庄老农，晚号东涯老人。江苏徐州铜山县三堡镇榆庄人。生前善鉴赏书法、金石、字帖。可知此本经张伯英收藏过。《六如唐先生画谱》三卷在第二册。《六如唐先生画谱》体例同顾栩本。

这六个本子中，上海图书馆藏《唐伯虎先生外编》五卷是笔者所见唯一的单行本，惜仅存不到两卷。从常理推测，单行本应该早于汇编本。从版框的宽度来看，它明显不同于其他五个本子。但此单行本是否是初刊本，还是后来的重刻本，待考。复旦大学图书馆藏的《唐伯虎先生集》二卷和《唐伯虎先生外编》五卷的汇编本，是笔者所见唯一的两个集子的汇编本。从版框的大小及内容来看，它和三个集子的汇编本应属同一版。但此本是否早于三个集子的汇编本，待考。

剩下的这四个本子，以南京大学图书馆藏本是唯一一没有画谱三卷的，但也是最早的一个本子。问题的关键在于《伯虎外编续刻序》，因为影印本中此序言第二页缺了下半页，由于是竖排版，所以剩下的上半页是无法成句的，这对我们了解整篇序言带来了困难。本序言的第一页最后四字"窃念伯虎"，第二页剩下一些不能成句的文字，第三页开头"而礼法之士嫉之者犹故也"。序言虽然少了下半页，还保留了上半页。而上图顾栩本、国图本和北大藏本这三个本子则全部略去第二页的内容，直接把第一页和第三页连接起来，该序言的版心页码顺序为"序一""序三""序四"。这显然是书商再次刊印时，未能找到全序，又不愿印刷半张残序，所以直接把第二页序言抽掉的结果。可见上图顾榈本、国图本和北大藏本一定晚于南京大学图书馆藏本（即续修四库全书影印本的底本）。《六如唐先生画谱》三卷,在各本中是独立成册的。上图顾榈本与国图本均为最后一册,北大本为第三册,北大本可能是后来的整理人员整理时把画谱编为了第三册。

二

曹元亮系统本。笔者所见如下：

（一）上海图书馆馆藏本,《唐伯虎集》四卷,附刻外集一卷纪事一卷。(明)唐寅撰,沈思辑,曹元亮校,翠竺山房,明万历40年(1612)刻本。索书号线善788533－36。

四册无函。最完善的本子,刻工较好。收四篇序言、四卷诗文、外集一卷、传赞四篇、纪事二十二条。金镶玉装。扉页有"解元唐伯虎汇集","云间曹氏翠竺山房藏版诸坊不许翻□"字样。版框高19.3厘米,宽24.6厘米。天头4.0厘米,地脚1.8厘米。每半页八行,行十八字。

序言依序为:《唐伯虎先生汇集叙》,字体为行书体,落款"赐进士第翰林院检讨文林郎华亭张鼐书",共四页,版心仅有"序一"字样,无鱼尾。每半页四行,行十字左右。《伯虎唐先生汇集序》,字体为行书体,落款"万历壬子相月云间曹元亮寅伯甫题并书",下有两枚黑色印章"寅伯""元亮"。共四页。每半页五行,行十一字或十二字。版心仅有"序一"字样,无鱼尾。《唐伯虎集旧序》,版刻字体。每半页八行,行十八字。版心有"唐伯虎集旧序、一、翠竺山房"字样,无鱼尾。此序三页,落款"嘉靖甲午蜡月吴门胥台袁褧序"。《唐伯虎集旧序》,版刻字体。每半页八行,行十八字。版心有"唐伯虎集旧序、四、翠竺山房"字样,无鱼尾。此序二页,落款"海虞后学何之柱君立甫譔"。《外编小序》版刻字体。每半页八行,行十八字。版心有"唐伯虎集旧序、五、翠竺山房"字样,无鱼尾。此序二页,落款"丁未佛诞日海虞何之柱题于妙香阁"。接有"伯虎著作实繁……丁未玄月何之柱谨识"。

正文页顶格题"唐伯虎集卷一",下题"茸城沈思及之辑次并书",次一行题"吴趋唐寅著,云间曹元亮寅伯校"。版心有"唐伯虎集卷一、一、翠竺山房"字样,卷一共二十七页,卷尾处有双行小字记校对人员姓名,有杜士雅、金声远、张方裕、潘贞度、陆慎修、黄经、董孝初、顾之璨仝校。最后一行有"一卷终"字样。

卷二首页顶格题"唐伯虎集卷二",下题"沈思及之辑并书"。次一行题"吴趋唐寅著、云间曹元亮寅伯校"。版心有"唐伯虎集卷二、一、翠竺山房"字样,卷二共四十六页,结尾处有单行大字记校对人员姓名,有陶廷傅、朱朝赏、朱长胤仝校。

卷三首页顶格题"唐伯虎集卷三",下题"沈思及之辑次"。次一行题"吴趋唐寅著,云间曹元亮寅伯校"。版心有"唐伯虎集卷三、一、翠竺山房"字样,卷三共三十页,结尾处有单行大字记校对人员姓名,有金宪卿、朱长胤、董孝初仝校。

第四册,包括卷四、外集、传赞、纪事。外集、传赞、纪事的页码是各自独立的。

卷四首页顶格题"唐伯虎集卷四"、下题"沈思及之辑次",次一行题"吴趋唐寅著,云间曹元亮寅伯校"。版心有"唐伯虎集卷四、一、翠竺山房"字样,卷四共二十八页,结尾处有单行大字记校对人员姓名,有徐之枢、孙孟芳、金声远、谢景迁仝校。有"四卷终"字样。

外集首页顶格题"唐伯虎外集",次一行题"唐子畏墓志铭,友人长洲祝允明撰"。外集共四页,版心仅有"唐伯虎外集、一、翠竺山房"字样。

传赞首页顶格题"唐伯虎传赞",共五页。版心"唐伯虎传赞五、一、翠竺山房"。

纪事首页顶格题"纪事",共十三页,版心"唐伯虎纪事、一、翠竺山房"。

（二）国家图书馆馆藏本，《唐伯虎集》四卷，附刻外集一卷纪事一卷。（明）唐寅撰，沈思辑，曹元亮校，翠竺山房，明万历40年（1612）刻本。索书号2502。

二册。全本，刻工较好。收四篇序言、四卷诗文、外集一卷、传赞四篇、纪事二十二条。无画谱。版框高19.4厘米，宽24.8厘米。天头5.7厘米，地脚2.1厘米。每半页八行，行十八字。各卷体例与上图本一致，兹不赘述。唯缺少版权扉页。

（三）北京大学图书馆藏本，（明）唐寅撰，沈思辑、曹元亮校，《唐伯虎集》四卷，附刻外集一卷纪事一卷。索书号SB/810.64/0030。

一函四册。体例与上图藏本一致。有修复过的痕迹。不同处在于，此本为残本有缺页。卷首仅有曹元亮的序言《伯虎先生汇集序》，序有多处缺损。目录"纪事"条下有缺失，不显示条数。书中纪事共十八条。对比其他本，纪事应该还有三条，此处应为缺页。外集收祝允明撰"唐子畏墓志铭"以"云云"省略了铭曰的内容。卷二中第19、20、22、26、40页版心无"翠竺山房"字样。卷三中从第11—30页版心无"翠竺山房"字样。外集版心为"唐伯虎外集四、廿九"字样，页码接卷四，从廿九到卅二，但无"翠竺山房"字样。传赞版心为"唐伯虎传赞五、一、翠竺山房"，第五页版心无"翠竺山房"字样。纪事版心为"唐伯虎纪事五、六"。纪事版心起始页为"六"，大概是接上面传赞的第五页。除第六页版心无"翠竺山房"，下剩页都有"翠竺山房"。

北大藏本中，诗歌有两处与上图本及国图本不同。其一，《江南春次倪元稹韵》二首，第二首中第一句"人命促来光阴急"，"来"仅北大本有，国图本和上图本为"人命促光阴急"，均无"来"字。北大本中"来"与"光"两字的字形明显比其他的字小，应为补入的字。其二，《王母赠寿》第一首第三句"凤鸟自歌還自舞"中的"還"字，北大为补刻,字形偏大,可能是此处字迹模糊,刊刻时以意似补入了一个"遝"字。国图本和上图本此处均为"鸾"字,诗为"凤鸟自歌鸾自舞"。

对比三个本子可见,上图藏本是曹元亮系统本中最完善的本子,从版权页"云间曹氏翠竺山房藏版诸坊不许翻□"及完整的的内容及良好的刻工来看,此本应该在三个本子中是最早的一个本子。因为最初刊刻的本子,一般都会强调自己对版权的所有。国图本与北大本要晚于此本,对比来看,国图本也是比较完善的本子,仅缺少版权页,在分册上分为两册。北大本相对较差,序言不全且补版极多,刻工相对也比较粗糙,还是残本。

三

《袁中郎先生批评唐伯虎汇集》。笔者所见如下:

(一)上海师范大学图书馆藏《袁中郎先生批评唐伯虎汇集》。分类号 K91186/0030,登记号 3029529-32。

一函四册。全本,金镶玉装,有虫蛀。书衣无题名,仅有红色印章"上海师范学院藏书"。目录与正文顺序相符,页码无错乱。收四卷诗文,附外集一卷、纪事一卷,但本书无画谱三卷。序言是《序唐子畏集》,落款"公安袁宏道中郎父书",下有红色印章"晚香潘確讚氏"。序言版框宽 27.4 厘米,高 20.8 厘米,每半页六行,行十二字。"序唐子畏集"目录首行顶格题"袁中郎先生批评唐伯虎汇集目录",版框宽 28.0 厘米,高 20.0 厘米,每半页九行,行二十字。目录共九页,内容完整,最后一条"纪事二十条"。正文版框宽 28.0 厘米,高 20.5 厘米,每半页九行,行二十字。

《序唐子畏集》

吴人有唐子畏者,才子也。以文名亦不专以文名。余为吴令,虽不同时,是亦当写治生帖子者矣。余昔未治其人,而今治其文。大都子畏诗文不足以尽子畏,而可以见子畏。故余之评骘,亦不为子畏掩其短,政以子畏不专以诗文重也。子畏有知,其不以我为俗吏乎。

公安袁宏道中郎父书

（二）上海图书馆馆藏《袁中郎先生批评唐伯虎汇集》。索书号859590。

刻本。线装。全本。二册无函,收四卷诗文,附外集一卷、纪事一卷。无画谱三卷。书签题"唐伯虎集"。卷首有《总评》,本总评每半页七行,行十一字。总评版框高20.4厘米,宽27.8厘米。次为目录。正文体例为:每半页九行,行二十字。四周单边黑鱼尾。版框高20.1厘米,宽28.0厘米。全书正文装订顺序与目录对应。简称上图藏全本。

《总评》

子畏之文以六朝为宗,故不甚慊作者之意。

子畏之诗有佳句,亦有累句,妙在不沾沾以此为事,遂加人数等。

子畏小辞直入画境,人谓子畏诗词中有几十轴也,特少徐吴辈鉴赏之耳。

（三）清华大学图书馆馆藏《袁中郎先生批评唐伯虎汇集》。索书号庚236.261115.2。

一函四册。收四卷诗文。无袁中郎《序唐子畏集》。第一册第一页即为目录,首行顶格题"袁中郎先生批评唐伯虎汇集目录",目录共九页,第九页上半页存五行,其余被割去,补以其他纸张。目录最后一行"题画竹三联"。共四卷四册,无外集卷、无纪事卷。无画谱三卷。

（四）《袁中郎先生批评唐伯虎汇集》线善22993-94。

刻本。线装。二册无函,残本。无目录,卷一缺前三页,纪事仅存六页。无外集、传赞,无画谱三卷。每半页九行,行二十字。

四周单边黑鱼尾。版框高 20.1 厘米,宽 27.8 厘米。简称上图藏残本。

(五)中央民族大学图书馆馆藏《袁中郎先生批评唐伯虎汇集》。线善 44.25/86。

刻本。线装。一函四册,收四卷诗文,附外集一卷、纪事一卷,画谱三卷。书签上题有"袁中郎批评唐伯虎汇集,又有四行小字记:全函四卷、附外集一卷、又画谱三卷、明刻印本"。扉页有"袁中郎先生批评唐伯虎全集内附画谱纪事 白玉堂藏版"。开篇为《序唐子畏集》,落款"公安袁宏道中郎父书",本序言每半页六行,行十二字,四周单边,白鱼尾。除序言外,正文处行款为:每半页九行,行二十字,四周单边,黑鱼尾。正文版框宽 28.0 厘米,高 20.4 厘米。金镶玉装。有缺页。全书装订顺序有问题,正文与目录不对应,或许是修复后装订失误。据《全明分省分县刻书考》:"新刻剑啸阁批评西汉演义传八卷 明甄伟撰。明崇祯江苏省吴县书林 白玉堂刊本。东汉演义十卷明谢诏撰。明崇祯江苏省吴县书林白玉堂刊本。楚辞章句十七卷汉王逸章句。明崇祯江苏省吴县书林白玉堂刊本",①可知明崇祯年间江苏省吴县书林白玉堂刊行过一些书籍,该本可能是出于此书坊。

(六)中国社会科学院历史研究所古籍资料室藏《袁中郎先生批评唐伯虎汇集》。索书号集 250/0030。

刻本。线装。全本。一函四册,书衣上有书签题有"唐伯虎全集"。扉页有"袁中郎先生批评唐伯虎全集后附画谱纪事 四美堂藏版"。然后有序言《序唐子畏集》,落款"公安袁宏道中郎父书",本序言每半页六行,行十二字,四周单边,白鱼尾。除序言外,全书其他处行款为:每半页九行,行二十字,四周单边,黑鱼尾。据《全明分省分县刻书考》:"痘科活幼心法全书不分卷明聂尚恒撰。明

---

① 杜信孚、杜同书:《全明分省分县刻书考》,线装书局,2001 年,第 201 页。

崇祯六年江西省新淦县聂氏四美堂刊本",①可知明崇祯年间江西省新淦县聂氏有四美堂,刊印过一些书籍,该本可能出于聂氏四美堂。

（七）国家图书馆馆藏《袁中郎先生批评唐伯虎汇集》。索书号 12944。

收四卷诗文,附外集一卷、纪事一卷,画谱三卷。正文版框宽28.0厘米,高20.5厘米,每半页九行,行二十字。《序唐子畏集》,落款"公安袁宏道中郎父书",本序言每半页六行,行十二字,四周单边,白鱼尾。序言后,即为"袁中郎先生批评唐伯虎传赞"四篇。明显为拼接。有补版。

以上袁评本从目录与四卷诗文,附外集一卷、纪事一卷来看,都属于同一个版本。版框宽度基本一致,高度略有差异,很可能是胀版所致。它们在行线的断接、行间的圈点及字迹的漫灭处都有高度的相似性。

以上袁评本,存在几种不同的形态。主要区别,其一在于《序言》与《总评》,其二在于有无画谱三卷。周道振在《唐伯虎全集说明》中说袁评本"以曹刻汇集本为底本,加袁宏道批评刻成"。② 笔者对比了袁评本与曹元亮的校本,得出袁评本从目录的诗文顺序排列,到正文中的诗文作品基本上与曹元亮的校本是一致的,只是在一些篇目处加上了评语。曹元亮的校本刊于 1612 年,袁评本的刻印时间应晚于 1612 年。曹元亮的校本收录四卷诗文,附外集一卷、纪事一卷,三个图书馆的曹元亮校本在正文内容上是一致的,都没有画谱三卷。那么,我们可以推测,袁评本最初也应该和曹元亮校本在内容上是一致的。也即是说,没有画谱三卷的袁评本要早于有画谱三卷的。清华大学、上海师大藏本及上图藏全本要早

① 杜信孚、杜同书:《全明分省分县刻书考》,第 85 页。
② 《唐伯虎全集》,第 2 页。

于中央民大、社科院及国图的藏本。从本子的完整度来看,没有画谱三卷的,上图藏全本是比较好的本子;上海师大藏本虽也是全本,但惜有虫蛀;清华大学藏本不全。有画谱三卷的,社科院藏本是较好的本子,中央民大藏本有残缺,国图藏本有补版且正文顺序较乱。

第三节　不同系统本之间的关系

本节,主要对何大成系统本与曹元亮系统本、曹元亮系统本与袁批本之间的关系作一梳理,试图展现唐伯虎作品集不同系统本之间的关系。

一

何大成系统本与曹元亮系统本,有着密切的相互借鉴关系。

何大成在 1592 年翻刻了袁褧刊刻的《唐伯虎集》二卷,更名为《唐伯虎先生集》上下卷;于 1610 年或稍后刊刻了《唐伯虎先生外编》五卷;1617 年或稍后刊刻了《唐伯虎先生外编续刻》十二卷。曹元亮的《唐伯虎集》刊刻于 1612 年,这个时间恰好在何氏刊刻的外编五卷与续刻十二卷之间。二者有着相互借鉴的密切关系。

曹元亮《伯虎唐先生汇集序》中有:"胥台袁先生褧重先生文,已刻乐府、杂文、赋四十七首,为世片玉,而海虞何君立柱稍加补茸,然终非完豹也。今所集二十二种,百五十余篇,大都皆先生中年作。悲歌慷慨,而寄韵委婉;谑浪笑傲,而谈言微中。……万历壬子相月,云间曹元亮寅伯甫题并书"。[①] 这里曹元亮说"所集二十二种,百五十余篇",意思应该是他收集了唐伯虎作品二十二种约一百五十余篇,然查曹校本的四卷诗文的总数是二九八篇,还有四

---

① 《唐伯虎集》四卷,附刻外集一卷纪事一卷,国家图书馆馆藏本。

联联句。这个总和远远大于"百五十余篇",难道是曹元亮在写序言的时候没有仔细阅读该集,过于粗心大意。据曹校本另一序言作者张萧所说"畏友曹寅伯为先生校刻其藏……倾囊梓之……独喜先生之吟,得寅伯而后着,何知赏之难哉?"①来看,显然曹元亮是唐伯虎的身后知音,不然曹元亮岂肯为之"倾囊梓之"。作为知音,作为校刻者,难道连本集所收的唐伯虎诗文篇目都搞不清楚吗?显然这是于情理上说不通的。那么,曹元亮又为什么会说出"百五十余篇"这样看似错误的数字呢?笔者带着这个困惑多次查看现存的何辑本和曹校本,终于发现曹元亮说"所集二十二种,百五十余篇"可能指的是该本新辑得的唐伯虎诗文篇目。在曹校本卷二七言近体诗中"霜中望月怅然兴怀"篇名下有小字"以下新辑"。②可见曹元亮在此本中明确提到了该本的新辑篇目。正如曹元亮在序言中所说,他编选这个集子时是见到过袁褧的刻本和何大成的刻本的,他不但见到过这两个刻本,还对其进行了借鉴和采用。曹校本完全收录了袁褧刻本的内容,篇目如下:《娇女赋》、《短歌行》、《相逢行》、《出塞》二首、《紫骝马》、《骢马驱》、《侠客》、《陇头》、《陇头水》、《咏春江花月夜》、《春江花月夜》二首 、《白发》、《伏承履吉王君以长句见赠作此为答》、《闻蚤》、《夜中思亲》、《伤内》、《席上答王履吉》、《七夕赋赠织女》、《花下酌酒歌》、《咏渔家乐》、《七夕歌》、《听弹琴瑟》、《送王履约会试》、《游焦山》、《登吴王郊台》、《仲夏三十日陪弘农杨礼部丹阳都隐君虎丘泛舟》、《游金山》、《焦山》、《庐山》、《严滩》、《观鳌山》四首、《霜中望月怅然兴怀》、《上吴天官书》、《与文徵明书》、《答文徵明书》、《啸旨后序》、《送文温州序》、《中州览胜序》、《齐云岩紫霄宫玄帝碑铭》、《刘秀才墓志铭》、《刘太仆墓志铭》、《吴东妻周令人墓志铭》、《徐君墓志铭》、《许天锡妻高氏墓

①《唐伯虎集》四卷,附刻外集一卷纪事一卷,国家图书馆馆藏本。
②《唐伯虎集》四卷,附刻外集一卷纪事一卷,国家图书馆馆藏本。

志铭》、《唐长民圹志》、《沈隐君墓碣》、《祭妹文》，共四十八篇。又从何大成的外编五卷中选取了一些作品，如下：《赠文学诸君》、《姑苏八咏》八首、《花下酌酒歌》、《桃花庵歌》、《一年歌》、《一世歌》、《把酒对月歌》、《醉时歌》、《焚香默坐歌》、《妒花歌》、《怅怅词》、《和沈石田落花诗》三十首、《题画》二首、《枕上闻鸡鸣》、《桃花庵与希哲诸子同赋》三首、《花月吟效连珠体》十首、《漫兴》十首、《岁朝》、《春日书怀》、《宫词》、《过闽宁德宿旅邸馆人悬画菊愀然有感因题》、《寒雀争梅》、《鹁鸽图》、《题王母赠寿》二首、《题周东邨画》、《题画赠赵一篷》、《陶縠》、《张祐》、文徵明《题红拂妓》二首、《题子胥庙》、《题洞宾化女人携瓶图》、《答周秋山》、《守质记》、《莲花似六郎》、《拟瑞雪降群臣贺表》、《赞林酒仙书圣僧诗后》，共九十五篇。这两部分的篇数总和为一百四十三篇，曹元亮本新辑的诗文篇数也就是诗文总数减去此和数，约一百五十五篇。这些篇目如下：《金粉福地赋》、《惜梅赋》、《咏梅次杨廉夫韵》、《题五王夜燕图》、《题浔阳送别图》、《江南春》二首、《怡古歌》、《解惑歌》、《世情歌》、《渔樵问答歌》、《桃花庵》五首、《马》、《送行》、《题画》、《题谿山叠翠卷》、《贺松郡伯寿诞》、《睡起》、《赠南野》、《江南送春》、《与朱彦明诸子游保叔寺》、《枕上闻鸡鸣》、《西畴图为王侍御》、《题画》、《元宵》、《题碧藻轩》、《沈徵德饮予於报恩寺之霞鹜亭酒酣赋赠》、《正德己卯承沈徵德顾翰学置酌禅寺见招猥鄙盃酒狼藉作此奉谢》、《春日城西》、《散步》、《松陵晚泊》、《领解后谢主司》、《送李尹》、《长洲高明府过访山庄失于迎迓作此奉谢》、《和雪中书怀》、《寿严民望母八十》、《言怀》二首、《别刘伯耕》、《寄郭云帆》、《雨中小集即事》、《正旦大明殿早朝》、《阊门即事》、《检斋》、《枯木竹石》、《美人蕉》、《题画》四首、《五陵》、《马》二首、《题芭蕉仕女》三首、《杏林春燕》二首、《题画诗》三十首、《题椿萱图》、《嗅花观音》、《题倪元镇画》、《题落花卷》、《题桑》、《题菊花》三首、《题自画墨菊》、《陶渊明》二首、《林和靖》、《韩熙载》二首、《高祖斩蛇》、《三顾草庐》、《相如涤器》、

《吕蒙正雪景》、《杜牧》、《濂溪》、《白乐天》、《雪夜幸赵普》、《桑维翰
锐研》、《卢仝煎茶》、《秦淮海》、《吕洞宾》、《齐后》、《红拂妓》、《送陈
宪章》、《题梦草图》、《题渔父》、《题画竹》、《题葛仙》、《题佳人对
月》、《题佳人插花》、《佳人停板》二首、《荷花仙子》、《玉芝为王丽人
作》、《风雨淹旬厨烟不继涤研呫毫萧条若僧因成绝句八首聊自遣
兴》三首、《望湘人》、《踏莎行》、《千秋岁引》、《又与文徵仲书》、《作
诗三法序》、《送陶大痴分教抚州序》、《送徐朝咨归金华序》、《许旌
阳铁柱记》、《荷莲桥记》、《爱溪记》、《竹斋记》、《筼隐记》、《菊隐
记》、《王氏泽富祠堂记》、《徐廷瑞妻吴孺人墓志铭》、《吴君德润夫
妇墓表》、《治平禅寺化造竹亭疏》、《送廖通府帐词启》、《达摩赞》、
《钟馗赞》、四联联句。曹元亮不但在诗文篇目上借鉴了何辑本,它
的外集和纪事卷也可以在何本外编的卷四与卷三中找到踪迹。①

何大成在编选续刻时也曾提到过曹元亮的这种作法。在《伯
虎外编续刻序》(1614)里,何大成说"一日,予友王叔平过我云:'凤
林孙师斋头,有伯虎集二卷,云间曹寅伯氏梓而行之者也。卷中搜
集遗亡,十得八九。'不佞索观之,大都按予旧本,稍增损颠倒其间,
而金粉一赋,补亡之功,于斯为大矣"。② 从中我们得知,何大成之
友王叔平曾见到过曹寅伯梓而行之的伯虎集,并把此事告知给何,
何也看了这个本子,并说曹本很多都是按他的旧本而来,不过把篇
目颠倒一下,略有增损,但曹本搜集到《金粉福地赋》一篇,确实可
以记一大功。的确,曹本有约一半的内容是与何本大体相同的,仅
个别字句有差异。作为唐伯虎作品收集最用心的一个人,何大成
在补辑续刻十二卷中,还把曹元亮本新辑的诗文篇数,基本上全部

---

① 曹元亮校本与何大成辑本中重复的诗文内容大体上是一致的,也存在个别字、
　句的差异。如《枕上闻鸡鸣》在何本外编卷一名《早起偶成》,字句稍异。《花月吟
　效连珠体》在何辑外编卷一,何本只有十首,曹本多出一首。《漫兴》十首在何辑
　外编卷一,字句稍异。其他处差异不再一一指明。

② 《续修四库全书》集 1335,第 1 页。

分别收录进了不同的卷中,并作了一些勘误。如卷三《七夕歌》后有小字注"此系张文潜作寅伯误入唐集今正之"。①

总之,1612 年的曹校本收录了 1592 年何本的全部内容,又在 1610 年何辑外编中选用了一些篇目,当然曹校本里还有一些新收集到的伯虎诗文。这些新收集到的诗文,又被何大成继续收录到了续刻十二卷里。曹元亮本与何大成本的关系可谓相互借鉴,水乳交融。

二

曹元亮系统本与袁批本。袁批本以曹本为底本,基本完全采用了曹本的内容,但在行款上是不一致的。其差别如下:

(一)目录处差别

乐府诗下有"出塞",曹元亮本都是"出塞二首",袁评本都是"出塞三首"。

五言排律一首,曹元亮本是"贺松郡伯寿诞",袁评本是"贺松伯寿诞"。墓表一首,曹元亮本是"吴君德润夫妇墓表",袁评本是"吴德润夫妻墓表"。纪事,曹元亮本是"纪事二十二条",袁评本是"纪事二十条"。

(二)行款处差别

曹本每半页八行,行十八字。袁本每半页九行,行二十字。曹本书名与卷首题字和版心存在差异,如书名是"解元唐伯虎汇集",卷首题字与版心却是"唐伯虎集"。对比曹本在书名与卷首题字和版心的差别,袁本在书名与卷首和版心题字上是非常对应的。如:书名是"袁中郎先生批评唐伯虎汇集",目录页首行顶格题"袁中郎先生批评唐伯虎汇集目录",版心有"唐伯虎汇集",黑鱼尾。正文四卷每卷卷首首行都是顶格题"袁中郎先生批评唐伯虎汇集",次

---

① 《续修四库全书》集 1335,第 9 页。

行题"吴趋唐寅著",再次行题"公安袁宏道评",版心有"唐伯虎汇集　黑鱼尾　卷一一"。传赞首行顶格题"袁中郎先生批评唐伯虎传赞",版心有"唐伯虎传赞",黑鱼尾。纪事首行顶格题"袁中郎先生批评唐伯虎纪事",版心有"唐伯虎纪事",黑鱼尾。袁本这种形式上的统一,很可能是书商以曹本为底本刻印时所为。

第四节　几种署名唐伯虎著作真伪考辨

本节主要对几种署名唐伯虎所著的《六如居士尺牍》《唐伯虎尺牍》《唐六如先生笺启》的真伪作一考证。

一

《六如居士尺牍》,署唐伯虎作。一函四册,光霁草庐印,无出版年,石印本。上海图书馆有藏。此书被宋志英选入《明代名人尺牍选萃》,国家图书馆出版社 2008 年 11 月第 1 版,影印说明据民国八年(一九一九)光霁草庐石印本。宋志英在《出版说明》里说"尺牍所特有的一个非常丰富的内容,则是日常生活的记录。如《六如居士尺牍》将唐伯虎与亲友往来的尺牍分为庆贺类、通问类、文艺类、荐托类、邀约类、求借类、索取类、馈送类、饯送类、勤勉类、家书类、禀启类、寿文类等,详细地反映了日常生活的方方面面,为全面研究唐伯虎提供了较丰富的资料"。① 但笔者对此书是否为唐伯虎所著是存疑的。

该书扉页有"祝枝山先生鉴定　　吴中才子唐伯虎尺牍　君宜署"字样。接有《序》:

　　唐君子畏,号六如居士。居城之西。偏玩世不恭,有睥睨一切之意。余向耳其名,闻声相思者数年。余亦傲□不愿交

---

① 宋志英辑:《明代名人尺牍选萃》1,国家图书馆出版社,2008 年,第 3 页。

俗儒。宏治三年，与徵明游福昌寺，见楼壁题四言诗，狂放可掬，更觉钦钦。余和之云：宅此心体，沈矣洞洞。爽气西纳，妙月东奉。时临长津，以鉴群动。徵明笑睨曰：汝倾心唐寅耶？渠好使酒，与张灵昵。余当与汝偕访之。后以□循未果。壬子秋，方与子畏订交。是年，余举于乡，而子畏益诞肆不羁。切劝之，乃敛才就范。戊午获乡解，后以闹弊受谴。迨放归，筑室桃花坞，以笔墨自娱，顾不自收拾。其与人往来酬答，虽文辞滑稽，而语有根柢。壬戌春，张君以子畏简书一册，属序于余。余惟吴中文物之邦，水秀山明，代生奇俊。子畏厓岸自异，直呼杨修为小儿。宜五色笔端，不可一世也。

宏治十七年长洲祝允明序。①

此序疑点颇多。首先，"弘治"全部写成"宏治"，显系避乾隆之讳的惯常作法，从常理上看，明代的祝允明没有必要这么做。当然，我们也可以假设祝允明最初写的就是"弘治"，可能是清代刊印时修改为"宏治"。即使这种假设可以成立，该序文的内容也颇多漏洞。序言中祝氏说"余向耳其名，闻声相思者数年。余亦傲□不愿交俗儒"，显然与祝允明《唐子畏墓志并铭》"幼读书不识门外街陌……余访之再，亦不答"。② 是相矛盾的。序文又记有祝氏在宏治三年与徵明游福昌寺，看到唐伯虎的楼壁题诗，很欣赏。文徵明问他是否倾心唐伯虎，还说要和祝氏一起拜访唐伯虎，但当时二人并未成行。直至"壬子秋，方与子畏订交"，更与史实不符。弘治壬子是1492年，时唐伯虎已23岁。据杨静庵《唐寅年谱》考证祝唐订交当在成化十八年，即1482年。有更多文献可以证明在弘治壬子以前，祝唐已有多次交往。早在成化二十三年（1487），他们就曾同题过沈石田为洞庭东山王鏊《鳌舟园》图。弘治初年，唐伯虎、祝允

---

① 宋志英辑：《明代名人尺牍选萃》1，第5—8页。
② 《唐伯虎全集》，第538页。

明、文徵明等人还一起倡为古文辞运动。所以，这篇序文显然不是祝氏所作。

序文不是祝允明所作，正文是否为唐伯虎所作呢？笔者也是存疑的。该书分四卷，卷一包括庆贺类、通问类、文艺类、感谢类；卷二包括荐托类、邀约类、求借类、索取类、谦赏类；卷三包括馈送类、饯送类、颂扬类、高尚类、勤勉类、箴规类；卷四包括戏谑类、宽慰类、慰唁类、家书类、仕途类、禀启类、募助类、寿文类、祭文类。这些尺牍呈现出鲜明的应用色彩，不但有去信，还有回信。但这些所谓的往来应答，并不是唐伯虎写给他的亲友的，所有的尺牍都没有明确的行文对象，没有明确的内容，基本上都是套话。类似于今天的应用文大全，兹举几例，如庆贺类有：

《贺友父寿》

庄周有云："古有椿树，以八千岁为椿，八千岁为秋者"。尊翁先生年同绮里，社结商山。岂烦祝嘏，仍以冈陵耶。徒具一樽之淡酒，略申片念之微忱。上供寿域，以佐霞觞。惟冀莞存，勿挥是祷。

《答》

桑榆已迫，喜惧相参。兹值玄弧之旦，用申祝嘏之词。乃为人子者，分所当然耳。反邀先生，颂以隆仪。高情宠渥，感佩靡涯。[1]

通问类有：

《承访失迓》

枉顾篷庐，殊惭倒屣。得毋谓人如张薦，地似竹林也耶。第弟实因尘务，偶尔出行。不然安肯莘门致烦题凤。想知己如足下，无不为我曲原者。但简贤废礼，究自怀惭。姑容请

———————————

[1] 宋志英辑：《明代名人尺牍选萃》1，第 23 页。

罪,仰乞汪涵。

《答》

雅慕韩公,图偿夙愿。不期晋谒瑶阶,正值云游别处。未睹芝眉,殊多歉仄。然眷恋曾殷于数载。则趋承岂止于一朝,容屏蝟务,再聆清谈。莫谓来意未虔,依然麾我门外也。呵呵。①

馈送类有:

《馈送中秋》

三五清光,此夕为最。仆不能沽桑洛一石,与足下把酒问青天,诵秋色平分之句。惟具戋戋薄仪,少助庾楼佳兴。

《答》

秋光正满,不用焚膏,而清晖夜色,分外宜人。想足下此时兴固不浅,定多佳句。足以陲传。能令见者如听霓裳羽衣,不知身在广寒游矣。②

从中我们可以清楚地看出,这显然不是唐伯虎的私人书信。但该书的每卷卷首均题有"古吴唐寅伯虎氏著 同邑张灵梦晋编次",据此这些书信应该是唐伯虎书写,张灵编次。但史料并无明确记载唐伯虎曾写过一本实用书信类的书,应为伪托之作。而且,现存唐伯虎的尺牍作品,如《与文徵明书》《上吴天官书》等在该书中未见收录一篇,也可证此书有伪托之嫌。从序文避"弘"字讳来看,此书应该成于清代乾隆年间以后。此书虽无助于研究唐伯虎的日常生活,但它作为清代中后期的应用文献,也有自身的价值。

二

《唐伯虎尺牍》铁琴屡主编辑,该书由上海大通图书社 1935 年

---

① 宋志英辑:《明代名人尺牍选萃》1,第64—65 页。
② 宋志英辑:《明代名人尺牍选萃》1,第169 页。

6 月出版。铁琴屡主，显然是个笔名，真人不知何许人也。该书有《唐伯虎小史》，此小史未题撰人。收写给 25 人的书信 98 篇，分别是与吴宽 1 篇，与文徵明 3 篇，与周东村 5 篇，与徐文长 8 篇，与祝希哲 13 篇，与张梦晋 14 篇，与沈石田 11 篇，与杨廉夫 1 篇，与王履吉 5 篇，与梅谷山人 2 篇，与朱彦明 2 篇，与沈徵德 2 篇，与钱明绶 1 篇，与严民望 2 篇，与孙秋原 1 篇，与徐昌毂 2 篇，与陈二南 3 篇，与孙可斋 2 篇，与进觉上人 1 篇，与汪晓庵 3 篇，与季孟直 2 篇，与周秋山 6 篇，与朱祖望 3 篇，与法霞和尚 2 篇，与徐素 3 篇。

该书的《唐伯虎小史》未依史实为据来撰写唐伯虎，而是多以唐伯虎轶事为据来写伯虎，多有失实之处。如论伯虎画作时，说"时吴中言书画者，以唐祝文沈并称，而唐画尤奇，尝于夏日画海狮图，又有蚁阵鸦阵等作，皆前人所无，信手挥洒，都有妙趣"，[①]所谓"海狮图""蚁阵鸦阵"这些画作，都是唐伯虎轶事里的记载，不足为凭。对于唐伯虎的传世名作如《孟蜀宫妓图》《嫦娥执桂图》《山路松声图》等等反而只字未提。记伯虎事迹，几乎是伯虎轶事的连缀，如伯虎与客出游，见果园，盗果堕厕之事；与祝希哲扮乞儿，沿门求乞，得钱沽酒，就古寺中作狂欢之事；以妓匿舟戏徵明事；又有与希哲游维扬，伪作元妙观募缘道者，诒盐使作诗诈银与妓游之事等等。盖作者并不了解历史上的唐伯虎其人，仅阅读过与唐伯虎相关的一些逸闻轶事。这种书写方式也有吸引读者的注意力，方便书籍的销售的目的。

关于该书所收书信的真伪问题，由于该书辑者对这些书信的文献来源未做任何说明。所以，必须要对此辨析说明。经笔者查对文献，得出这些书信可谓真伪混杂。从书信涉及的人员来看，有史可查的与唐伯虎交往过的人员有吴宽、文徵明、周东村、祝希哲、张梦晋、沈石田、杨廉夫、王履吉、梅谷山人、朱彦明、沈徵德、严民

---

① 铁琴屡主编辑：《唐伯虎尺牍》，上海大通图书社，1935 年，第 1 页。

望、徐昌毂、周秋山、徐素等人；而徐文长、钱明绥、孙秋原、陈二南、孙可斋、进觉上人、汪晓庵、季孟直、朱祖望、法霞和尚等人与唐伯虎的交往则暂未见有关史料记载。在这98篇书信中，大体可分三种情况。一种是真实的书信交往，一种是可能根据唐伯虎诗作捏造的书信，一种是暂无任何根据的书信。我们先来看第一种真实的书信交往，这类作品有5篇，分别是《上吴天官书》、《与文徵明》、《答文徵明》、《又与徵仲》、《与周秋山》（第2篇），这5篇书信明确见于明代所刊刻的唐伯虎作品集中。

第二种情况是可能根据唐伯虎诗作捏造的书信，这部分书信主要是写给跟唐伯虎有过交往的人员如周东村、祝希哲、张梦晋、沈石田、杨廉夫、王履吉、梅谷山人、朱彦明、沈徵德、严民望、徐昌毂、周秋山、徐素等人。但书信内容的真实性却值得怀疑，这些书信的内容有的和唐伯虎及其朋友的轶事有明显的巧合，有的与唐伯虎诗歌作品有明显的呼应，可以说这部分书信是根据史料记载捏造出来的书信。如《与祝希哲》（约戏文徵仲）：

> 近来秋光清冷，甚益野游，仆已酒治命舟，素儿亦相随，拟约徵仲同往。惟此君不近声色，若知有素儿，必不肯至。仆拟先藏素儿于舱尾，俟荡舟中流再出见，则不虞徵仲远遁矣。足下以为何如？明日早过我，作竟日畅游也。①

我们对比《唐伯虎先生外编》卷三的记载：

> 文徵仲素号端方，生平未尝一游狎邪。伯虎与诸狎客纵饮石湖上，先携妓藏身中，乃邀徵仲同游。徵仲初不觉也。酒半酣，伯虎岸帻高歌，呼妓进酒。徵仲大诧，辞别。伯虎命诸妓固留之，徵仲益大叫，几赴水，遂与湖上买酢艋逸去。②

---

① 铁琴屡主编辑：《唐伯虎尺牍》，第25页。
②《唐伯虎全集》，第569页。

可见,该书信明显与史料记载的伯虎轶事异常相近,不过编者把这则轶事改成了唐伯虎写给祝允明的书信;把史料中的妓女改成了"素儿",乃是因为唐伯虎曾有一首诗《哭妓徐素》,这首诗歌感情真挚,颇为感人。徐素确实是与唐伯虎有过交往的一位妓女,但匿与舟中之妓是否就是徐素未见文献记载。又如《与沈徵德》:

> 昨承招饮,狂欢一日,报恩寺里,小驻游踪,霞鹜亭中,迭排酒阵,诚不负良时也。酒酣命笔,辄觉不韵,此可微狂奴心力日衰,不似当年敏锐矣,奈何奈何!归后自思,颇觉不安,略事修改,辄复录呈。"水槛凭虚六月风,英豪相聚一樽同;水光错落浮瓜绿,日影玲珑透树红。谬以上筵尊漫客,喜留新契再禅宫;云衢万里诸公去,马笠不知何处逢!"①

这则书信与唐伯虎的一首诗歌作品也有明显的呼应关系,这首诗就是《沈徵德饮予于报恩寺之霞鹜亭酒酣赋赠》"水槛凭虚六月风,英豪相聚一尊同;水光错落浮瓜绿,日影玲珑透树红。谬以上筵尊漫客,喜留新契再禅宫;云衢万里诸公去,马笠不知何处逢!"②可见《与沈徵德》这封信明显是根据唐伯虎诗作而来。再如《与严民望》:

> 婺星耀彩,锦帨增辉节近中秋,觞开八秩,想当戏彩,以娱高年,仆所居稍远,不克登堂,谨奉薄礼,兼之小诗,用献下忱,以当遥祝,希呼贱名,代为晋酒。"八旬慈母女中仙,九转丹成妙入玄;阶暗彩衣娱白发,月明黄鹤下青天。帨悬锦带遥称诞,酒滟金卮共祝筵;寿算欲知多少数,蟠桃一熟九千年。"③

唐伯虎集中曾有诗《寿严民望母八十》"八旬慈母女中仙,九转丹成

---

① 铁琴屦主编辑:《唐伯虎尺牍》,第54页。
② 《唐伯虎全集》,第50页。
③ 铁琴屦主编辑:《唐伯虎尺牍》,第56页。

妙入玄;阶暗彩衣娱白发,月明黄鹤下青天。帨悬锦带遥称诞,酒
滟金卮共祝筵;寿算欲知多少数,蟠桃一熟九千年"。① 可见编者,
不过是在这首诗前加了一段套语,就成了一封书信。类似的例子,
不再一一列举,这部分书信的价值是很值得怀疑的。第三种情况
暂无任何根据的书信,那就是写给徐文长、钱明绶、孙秋原、陈二
南、孙可斋、进觉上人、汪晓庵、季孟直、朱祖望、法霞和尚等人的书
信,这些人与唐伯虎是否有过交往,笔者暂未在它处见到相关史料
记载,不知编者从何处得来的这些文献。最为荒诞处,在于《与徐
文长》八篇,其一为"问候"有"不见足下三年,以胶漆之心,分为南
北身,各欲白头,奈何奈何"。② 唐伯虎卒于 1523 年,徐文长生于
1521 年,伯虎卒时徐文长才 3 岁,此信的真伪确可一目了然。唐伯
虎曾在崔莺莺图像上有题画诗《题崔娘像》,后来徐文长见到了这
幅画及唐伯虎的题诗,徐文长作有《唐伯虎画崔氏像因题,余次韵
三首》。大概编者只知道徐文长的和诗,就认定徐文长和唐伯虎有
交往,没有考虑到二人的年龄差距,遂产生了这样奇怪的 8 封信。

　　总之,本书除 5 篇有文献依据的书信之外,其余作品均不
可靠。

三

　　《唐六如先生笺启》吴门紫樱轩珍藏,虞山襟霞阁印行,无具体
印行时间。

　　中央民族大学图书馆藏本。国家图书馆与上海图书馆藏书名
为《唐六如先生小简》,上海崇文书局印行,无具体印行时间,内容
完全与中央民族大学图书馆藏本一致。下文以中央民族大学图书
馆藏本为例论证。

---

① 《唐伯虎全集》,第 64 页。
② 铁琴屡主编辑:《唐伯虎尺牍》,第 19 页。

《唐六如先生笺启》书首有《解元六如公小传》，不提撰人。内容为"唐寅字子畏，一字伯虎。晚号六如。苏州府附学生，弘治十一年戊午应天乡试，中式第一名举人。工古文，画师周臣，而青出于蓝。远攻李唐诗词。效白居易，令人解颐。书得赵吴兴体而妍雅，赋性疏朗，任逸不羁。与同里张生灵纵酒不事生业，祝允明规之，乃修举业。闭户经年，得领乡荐。会试有富家子江阴徐经载与俱北，既入试，有友南濠都穆挥于朝，言与主司有私，陷寅，斥椽于浙藩。自署其章江南第一风流才子。宁藩宸豪厚礼聘之，察其异志，佯疯私还。风流自资，治圃城北桃花坞，日饮其中。成化庚寅生，嘉靖癸未卒。年五十四。著画谱并集传于世"。① 此传文倒是基本依据史料记载而来，基本符合唐伯虎的人生经历。

再有《圣叹外书》："圣叹旅吴门三月，斫山造乎寓。挟唐六如先生笺启一册，请于予曰：'愿为是书加评骘'。圣叹方事乎唐律诗也，然六如才子也。才子之书，而可负乎。乃请假二月之闲，吾当粗说是书。于是挈之返秣陵，经月而成。……"。② 可知金圣叹评点过此笺启。

书后有潘氏跋文：

> 六如居士轶事，求之吾乡耆旧，类能道也。每尝以为齐东野语，不足徵信。今年春，偶于金陵旧书摊上，见六如居士手抄笺启一册，异之。遂以重价购归，唯稍有散佚处。乃重加修订，诚可宝也。书中悉当日六如闺中韵事，脂粉香泽，其事与耆旧之说相吻合。为六如诗文集所无，恚乡里耆旧之说，其果有乎？然循六如正传，兹事又非实。书中字迹，圆动雄丽，非近人可摹。文笔又雅净洒逸，读之有遗味，则又非可以赝鼎也。余爱其文笔雅丽，长日无事，反复朗诵，无厌时也。岂六

---

① 《唐六如先生笺启》，虞山襟霞阁印行，扉页。
② 《唐六如先生笺启》，序言第1页。

如真有此一段风流佳话。不然,何自号为江南第一风流才子乎。嘉庆十四年夏端午后一日紫樱轩主人尘隐潘氏识。①

以上可知,此书有两部分构成,一是唐伯虎的书信,一是金圣叹的评语。此书所收书信74篇,主要是写给祝允明、文徵明、周文宾、九空、陆昭容、谢天香、秋香、罗秀英、春桃、蒋月琴、马凤鸣、李传红、张月琴、银箫等人。关于书信的真伪,考史料可知应为伪造。因为除祝、文是唐伯虎之友人外,其余诸人多于史无据,倒是均可见于《八美图》《换空箱》《三笑姻缘》等文学作品中,这些作品流传于清代乾隆年间,书信的内容也多是与这些作品相关的。《八美图》主要叙述唐伯虎乡试后,游紫竹庵,遇翰林之女陆昭容,爱其美貌,追踪至陆府。男扮女装入陆府为婢,伺机见昭容,吐真情,私订终身。昭容之婢春桃,唐伯虎许诺以后娶其为妾。唐伯虎求枝山为媒。娶了昭容。又夸口娶八妻。乃先后娶得罗夫人之女秀英、甥女谢天香、云峰庵尼姑九空、故相之女马凤鸣、前洪洞知县之女蒋月琴,妓女李传红,加上昭容,春桃,凡八美,共事一夫。《三笑姻缘》是在《八美图》故事的基础上的延伸,唐伯虎娶了八位妻子之后,再遇秋香,开始新的追求。《换空箱》则是讲文徵明娶许金姐、李寿姑、杜月芳的故事。都属子虚乌有。该书所收书信基本上是唐伯虎写给这九美的,且信件内容与此三个故事密切相关。显然,这些书信不可能是唐伯虎所作。即便是那些写给祝允明、文徵明的书信也多于史无据,如《贺祝枝山闱捷书》:

> 闲得手报,足下省闱一战,窃取榜魁。信足以为吾曹张目矣。可喜可贺,孝廉头衔,乃为毒蛇甫翼,此后诈戈私利,苦煞小民耳。奉上青蚨五百,知足下与孔方结交,故不复置礼物。秀才人情,不过尔尔。足下以为薄否。本欲作诗相贺,以事

---

① 《唐六如先生笺启》,第35—36页。

集。急切不得佳句,如何如何。诸希哂纳。并颂平安。①

查陆子余《祝先生墓志铭》:"岁壬子,举于乡"。② 仅记载祝允明弘治壬子(1492)年中举,并未说明祝允明是这年乡试的榜魁。查《江南通志》卷一二七,可知弘治壬子的解元是顾清。结合史料,可见此书信必为伪作。又如《致文徵明书》:

> 以足下之珠玉,不幸而隐于空箱,岂不可惜。今日脱颖而出,奇锋未伤,真可谓武陵才子铮铮出头地矣。他日衾中一试,当使许金姐、李寿姑、杜月芳,辟易莫当也。枕畔余间,善颂珠玉。寅拜首。③

此信显系来源与文学作品《换空箱》,许金姐、杜月芳、李寿姑都是其中的人物。历史上的文徵明仅娶过昆山吴愈之女,且行事严谨,生平无二色。黄佐《将仕佐郎翰林院待诏衡山文公墓志》:"夫人昆山吴氏,河南参政愈之女"。④ 王世贞《文先生传》:"内行尤淳固,与吴夫人相庄白首也。生平无二色,足无狭邪履"。⑤ 至于那些写给秋香、九空等人的书信,更是凭空杜撰。

　　唐伯虎娶八美之后再娶秋香成九美的故事在清乾隆年间已比较流行,乾隆年间的禁书目录中已有弹词曲本《三笑姻缘》。清乾隆、嘉庆年间说唱艺人吴毓昌曾创作有《三笑新编》,刊行于嘉庆六年(1801)。可见这个故事在 19 世纪初非常受欢迎。《唐六如先生笺启》中潘氏跋文落款"嘉庆十四年",该年是 1809 年,紫樱轩主人尘隐潘氏不知何许人,看跋文可能是吴中一带的人。潘氏说此文是他从金陵旧书摊上购得的手抄本,所记内容虽然于唐伯虎诗文

---

① 《唐六如先生笺启》,第 5 页。
② (明)陆粲:《陆子余集》卷三,载《文津阁四库全书》集 426,第 193 页。
③ 《唐六如先生笺启》,第 13 页。
④ 《文徵明集》,第 1634 页。
⑤ 《文徵明集》,第 1628 页。

集中不见记载，但还是符合流俗传闻中的唐伯虎行事的。又说此书文笔"雅净洒逸"，令他爱不释手，反复吟诵。事实上，文中书信内容庸俗鄙陋，上文《致文徵明书》就内容卑琐，文字恶俗，何有"雅净洒逸"之感。因而，从跋语的时间 1809 年来看，该书显系书商为了谋利，据流行的文学作品伪造出来的书信。

关于金圣叹的评语，也应该是伪造的。金圣叹生于 1608 年，卒于 1661 年，如果金圣叹评点了这些书信，那这些书信显然应该在 1661 年以前就已经存在。据所谓的《圣叹外书》，这些书信是好友王斫山请他评的。然而，笔者在《金圣叹全集》中并未见到有这篇《圣叹外书》。且这些书信涉及之人物来自的文学作品流行于清乾隆年间，都在金圣叹之身后，何来生前品评之说。显然是书商为了销售，伪造出的评语。

第四章
唐伯虎诗歌研究

　　唐伯虎的文学创作比较丰富，诗、文、赋、词、曲均有涉猎，而以诗歌成就最高。其诗歌在明代文学史上也占有一席之地，近代研究者越来越多地关注到它的诗歌成就。

第一节　唐伯虎的诗歌创作态度辨析

　　朱彝尊在《静志居诗话》中说唐伯虎："然于画颇自矜贵，不苟作，而诗则纵笔疾书，都不经意，以此任达，几于游戏"。① 朱彝尊在这里说唐伯虎作画特别认真，对待诗歌创作却是"都不经意""几于游戏"，此说未免有些失实。

　　细读文献，我们可以发现唐伯虎对待诗歌创作有两种态度。一种如祝允明在《唐子畏墓志并铭》中所说："其于应世文字诗歌，不甚措意，谓后世知不在是，见我一斑已矣……且已四方慕之，无贵贱贫富，日请门征索文辞诗画，子畏随应之，而不必尽所至。大率兴寄遐邈，不以一时毁誉重轻为取舍"。② 祝允明在这里说唐伯虎对待"应世文字诗歌"是"不甚措意"的，何谓"应世文字诗歌"，结合下文的"日请门征索文辞诗画"可知这些诗歌多属应酬类作品，

---

① （清）朱彝尊：《静志居诗话》，人民文学出版社，1998 年，第 247 页。
② （明）祝允明：《怀星堂集》卷十七，载《文津阁四库全书》集 421，第 375 页。

不是寄托诗人情志的作品。也即是说,唐伯虎对待应酬类诗歌创
作是不太用心的,是比较随意的。那么,唐伯虎对于非应酬类的诗
歌创作是什么态度呢?祝允明在《唐子畏墓志并铭》中还说:"其诗
初喜秾丽,既又仿白氏,务达情性,而语终璀璨,佳者多与古合。"[1]
这里祝氏对唐伯虎诗作的评价,应该指的是唐伯虎那些非应酬类
的诗歌创作,虽然此处祝氏并未对唐伯虎对待此类作品的态度作
出评价,但却对此类作品给出了很高的赞誉,所谓"语终璀璨",符
合这样评价的作品,当不是不太用心的产物。事实上,在唐伯虎现
存诗歌作品中,精工之作的数量远远大于泛泛之作。唐伯虎很多
诗歌都很讲究用典,典故的运用通常是贴切合适的,而且他的一些
诗歌是有深刻寓意寄托的。这说明唐伯虎对非应酬类的诗歌创作
的态度是认真的,而不是随意的。这些诗歌创作或许能真正代表
唐伯虎对待诗歌的创作态度。在《桃花庵与希哲诸子同赋》中:

> 傲吏难容俗客陪,对谈惟鹤梦惟梅;羽衣性野契偏合,纸
> 帐更寒晓未开。

> 长哦九皋风渐渐,高眠一枕雪皑皑;满腔清思无人定,付
> 与诗篇细剪裁。[2]

此诗表达了诗人的孤傲情怀,诗作借对梅、鹤的热爱来表达自己的
高洁。而"满腔清思无人定,付与诗篇细剪裁"则明白地说出自己
在诗歌创作中寄托了无限情思与感怀,而这种作品是要"细剪裁"
的,由此可见唐伯虎对诗歌创作态度是很认真的。

唐伯虎的友人俞弁在《逸老堂诗话》中的记载也可证实此点。
《逸老堂诗话》卷上记有:

> 余访唐子畏於城西之桃花庵别业。子畏作山水小笔,遂

---

[1] (明)祝允明:《怀星堂集》卷十七,载《文津阁四库全书》集421,第375页。
[2] 《唐伯虎全集》,第52页。

> 题一绝句於其上云："青藜拄杖寻诗处，多在平桥绿树中。红叶没胫人不到，野棠花落一溪风。"余曰："诗固佳，但恐'胫'字押平声未稳。"子畏谓我何据，余曰："老杜有'黄独无苗山雪盛，短衣数挽不掩胫'。"子畏跃然曰："几误矣！"遂改"红叶没鞋人不到"。吁！子畏之服善也如此。与世之强辩饰非者，殆迳庭矣。①

这则材料记载了俞弁曾到桃花庵拜访唐伯虎，适逢唐伯虎刚作了一幅山水图，并在图上提了一首绝句，这首题画诗中，显然寄托了诗人对隐逸生活的向往。二人对"胫"字的押韵问题作了探讨，俞弁认为唐伯虎诗作中用"胫"字押平声韵不是很妥当，唐伯虎觉得俞弁说得很有道理，他立刻改"胫"字为"鞋"字。"跃然"二字形象生动地表现了唐伯虎当时闻谏即改的情状，俞弁不禁感叹唐伯虎并不是像人们说的那样"强辩饰非"，而是一个从善如流的人。以下还有关于唐伯虎的一则纪事：

> 伯虎尝画临江一小亭，众山环之。一人角巾白帢，凭栏远眺，超然有象外意。伯虎题诗其上云："落日山逾碧，亭孤景自幽。苍江寒更急，客兴自中流。"诗中苍字其左方原点作"沧"。已而更作"苍"字，正可见此老傲睨任达处。②

唐伯虎把"沧"字，改用了"苍"字，一字之变，顿现江面苍茫萧疏的景象。而在这样清幽孤寂的景象中，诗人对主人公的歌咏却是"客兴自中流"，一个不为流俗、不改初衷、坚持操守的人物形象跃然而出，诗作可谓寄托了诗人内心的追求与志向。

唐伯虎在《作诗三法序》中对诗歌的创作还有精到的论述：

> 诗有三法，章、句、字也。三者为法，又各有三。章之为

---

① 丁福保辑：《历代诗话续编》下，第 1306 页。
② 《唐伯虎全集》，第 605 页。

法：一曰"气韵宏壮"；二曰"意思精到"；三曰"词旨高古"。词
以写意，意以达气；气壮则思精，思精则词古，而章句备矣。为
句之法，在模写，在锻炼，在剪裁。立议论以序一事，随声容以
状一物，因游以写一景。模写之欲如传神，必得其似；锻炼之
欲如制药，必极其精；剪裁之欲如缝衣，必称其体，是为句法。
而用字之法，实行乎其中。妆点之如舞人，润色之如画工，变
化之如神仙。字以成句，句以成章，为诗之法尽矣。吾故曰：
诗之为法有三，曰章、句、字；而章句字之法，又各有三也。闲
读诗，列章法于其题下；又摘其句，以句法字法标之。尽画虎
之用心，而破碎灭裂之罪，不可免矣。观者幸恕其无知，而谅
其愚蒙也。①

此文虽短小，但结构谨严，层次分明，可见唐伯虎对待诗歌创作是
很有自己独到的观点的。开头两句，从宏观上统领全文，提出作诗
有三法，分别是章、句、字。接着又分别从章、句、字三个角度论述
作诗的方法。章有三法，句有三法，字有三法。从唐伯虎对章的三
法解释来看，他诗论的核心是讲究有感而发，注重情意的抒发，追
求诗歌整体意韵的高古。在句有三法中他明确提出句法"在模写，
在锻炼，在剪裁"，还把锻炼比喻为制药，要求极其精才行。可见唐
伯虎对作诗锻炼之功的重视。唐伯虎还认为用字之法是融入于章
法和句法之中的，三者是浑融一体的关系。结尾处可见唐伯虎重
视诗歌的整体效果，认为这样分解作诗之法有"破碎灭裂之罪"，但
为了更好地解释作诗的方法，也只能这么来作了。

　　以上例证可知，唐伯虎对待诗歌创作是很严谨认真的。这种
严谨认真的创作态度应该在他的一生中占有主导倾向。如唐伯虎
曾作有《孟尝》：

---

① 《唐伯虎全集》，第 229—230 页。

允矣孟伯周,领牧邻溟渤,结组驱征车,夙夜恭乃职,还珠地应教,澍雨天合德。天地通神明,时世寡察识,七疏不见用,作息老山泽。今君守延平,地亦与相值,所望在励勤,何须添足翼,千载传循良,去去行努力。①

本诗写于正德四年(1509),时唐伯虎的好友朱升之要到延平去任职,唐伯虎应金陵友人顾璘、王韦、陈沂的约请,以两汉循吏为题,赋诗赠朱升之出守延平府。唐伯虎选择了东汉循吏孟尝来歌咏。孟尝,字伯周。东汉会稽上虞(今属浙江)人。举茂才,任徐县令。后迁合浦太守。《后汉书·孟尝传》载:孟尝"迁合浦太守,郡不产谷实,而海出珠宝,与交阯比境,常通商贩,贸籴粮食。先时宰首并多贪秽,诡人采求,不知纪极,珠遂渐徙于交阯郡界。于是行旅不至,人物无资,贫者饿死于道。尝到官,革易前敝,求民病利。曾未逾岁,去珠复还,百姓皆反其业,商货流通,称为神明"。② 后孟尝以病去官,吏民攀车留之,乃乘民船夜遁。隐处穷泽,以耕佣为生。桓帝时,屡被举荐,终不被任用。年七十,卒于家。由于孟尝的施行教化,一年后珠蚌又迁回。所以后来经常用"珠还合浦""还珠"典故来称颂州郡长官理政清明。唐伯虎选择孟尝来歌咏,表达了对友人执政的期望与鼓励。除了这个典故之外,唐伯虎还用到了《诗经》之语,也是非常地贴切合适。诗篇首句"允矣孟伯周"中的"允矣",语出《小雅·车攻》,"允矣君子,展矣大成"。③ 在了解了孟尝之业绩后,我们可以发现唐伯虎此处的用典真是巧妙妥帖,孟尝堪称君子,唐伯虎用"允矣"来赞叹孟尝,实际就是赞叹孟尝是个君子。对照朱升之要去延平任职一事来看,唐伯虎此诗写得可谓工稳贴合,既符合友人的倡议,又表达了对朱升之的期望"千载传循

①《唐伯虎全集》,第 345 页。
②(宋)范晔撰:《后汉书》,中华书局,1974 年,第 2473 页。
③(汉)毛公:《毛诗正义》,上海古籍出版社,1990 年,第 368 页。

良,去去行努力"。诗作写于唐伯虎 40 岁时,可为唐伯虎作诗谨严有度的一个力证。

唐伯虎"晚年作诗,专用俚语",不拘格律,不避口语,形成通俗明畅,轻快自然的风貌。但这是否能成为唐伯虎作诗不认真的例证,笔者认为是值得商榷的。对唐伯虎俚俗之风的认定,无非是因为他多用口语,诗作类似于"张打油"之类。但细读唐伯虎诗作,我们可以发现即使在那些非常口语化的作品中,唐伯虎还是能很随意的融入各种典故,使得诗歌的整体水平得到提升。如浅俗的《爱菜词》:

> 我爱菜,我爱菜;傲珍馐,欺鼎鼐,多吃也无妨,少吃也无奈。商山芝也在,西山芝也在,四皓与夷齐,有菜不肯卖。颜子居陋巷,孔子阨陈蔡;饮水与绝粮,无菜也自耐。菜之味兮不可轻,人无此味将何行? 士知此味事业成,农知此味食廪盈,技知此味艺业精,商知此味货利增。但愿人人知此味,此味安能别苍生? 我爱菜,人爱肉,肉多不入贤人腹。厨中有碗黄齑粥,三生自有清闲福。[1]

此作多采用口语入诗,如"我爱菜""多吃也无妨,少吃也无奈""有菜不肯卖""无菜也自耐"等,都是非常口语化的说法。但诗人的写作也并非随意的,即使是在如此通俗的口语化写作中,唐伯虎还是巧妙地用了多个典故来表达自己对菜的热爱。"商山芝也在",指商山四皓食野菜。"西山芝也在",指西山夷齐食野菜。颜回穷居陋巷,孔子绝粮陈蔡,诗人在这里虽然是以调侃的笔调来引用诸多贤圣的典故,但目的是为了突出嚼得菜根,百事可做的重要性。诗作以"厨中有碗黄齑粥,三生自有清闲福"收尾,表达了甘于清贫的志士生涯,提升了整首诗的哲学意味。这样的诗作,显然并不能简单以随意来判断。

---

[1] 《唐伯虎全集》,第 354—355 页。

我们再来看几首有时间纪年的诗歌：

《题画》正德丁丑三月

萧萧竹树度云阴，阴里幽人惬野心；涧底惊泉千尺雪，想君从此涤尘襟。

《丁丑十一月望夕夜宿广福寺前作》

曲港疏篱野寺边，兰桥重叙旧姻缘；一宵折尽平生福，醉抱仙花月下眠。

《题画》正德己卯春日

玲珑金监五花骢，斜把丝鞭弄晚风；独自醉归湖岸上，桃花万树映人红。

《墨牡丹》正德庚辰五月画於学圃堂

谷雨花开春正深，沉香亭北昼阴阴；太真晓起忘梳洗，云鬟钗钿未及簪。①

正德丁丑（1517），唐伯虎 48 岁；正德己卯（1518），唐伯虎 49 岁；正德庚辰（1519），唐伯虎 50 岁，这些诗作无论从立意到遣词造句，均可看出唐伯虎是下了功夫的，并非泛泛随意而作。唐伯虎还有《绝句》十二首，诗前有小序"绝句十二首，皆张打油语也。子言乃谓其能道意中语，故录似之。时正德辛巳九月登高日，书于学圃堂"。②兹选几首来看看唐伯虎口中的打油诗是什么样子：

《早起》

独立柴门倚瘦筇，鬓丝凉沁豆花风；曙鸦无数飞旋处，绿树梢头一线红。

《南楼》

数尽南楼百八钟，残灯犹掩小屏风；鸡声一片催春晓，都

---

① 《唐伯虎全集》，第 408—409 页。
② 《唐伯虎全集》，第 411 页。

在红霞绿树中。

《所见》

杏花萧寺日斜时,瞥见娉娉软玉枝;撮得绣鞋尖上下,搓成药丸救相思。

《牡丹》

谷雨花开结彩鳌,牙盘排当各争高;满城借看挑灯去,从此青骢不上槽。

《仕女》

拂脸金霞解语花,花前行不动裙纱;香泥浅印鞋莲样,付与芭蕉绿影遮。①

正德辛巳是 1521 年,距唐伯虎去世的 1523 年仅有两年,这些诗作应当算是唐伯虎晚年的作品。从中我们可以清楚地看到,这些所谓的"张打油"之类的作品,并不是很草率的诗作。如《早起》诗作中,唐伯虎塑造了一个倚门远眺的诗人形象,唐伯虎在这里先写出了感官的体验,早起的风有一丝凉意,迎面吹拂过来,唐伯虎在这里用了"沁"字,生动形象地传达了凉风入鬓的触觉感受,这显然是经过仔细推敲的结果。随着诗人的视角望去,眼前就是一幅美妙的画作,晨鸦翔集于天空,远处绿树的梢头正现出初升的朝阳映出的一线红色。诗作给人以静谧优美之感,何来打油诗之说。这样的诗作在唐伯虎的眼中已经是所谓的"张打油"类了,虽然此说有作者自谦之意味,但亦可见唐伯虎对诗歌创作的严格要求的认真态度。

综上所述,唐伯虎对待诗歌是持两种态度的,对应酬类作品是不经意的,但对于非应酬类作品还是很认真的。简单地把唐伯虎诗歌创作态度归为都不经意显然是不合适的。

---

① 《唐伯虎全集》,第 411—412 页。

第二节　唐伯虎诗歌对《诗经》的借鉴

考察唐伯虎的交游活动和人生经历，我们会发现唐伯虎诗文创作除了学六朝，学元、白，学刘禹锡之外，庄子、屈原、司马迁、陶渊明、李白、卢仝、苏轼等诸多先贤及他们的作品都对唐伯虎诗文创作产生过或多或少的影响。一一分析这种渊源不是本节所要解决的问题，本节将重点对唐伯虎诗歌创作中更直接更重要的源头《诗经》作探讨分析。细读唐伯虎诗歌，我们很容易找到这个源头的踪迹。祝允明在《唐子畏墓志并铭》中说唐伯虎参加戊午乡试前一年"亦不觅时辈讲习，取前所治毛氏诗与所谓四书者，翻讨拟议，祗求合时义。戊午试应天府，录为第一人"。[①] 可见唐伯虎备考科举前就专门研究过《诗经》。虽然《诗经》是历代士子的必读文献，但唐伯虎显然比别人更熟悉《诗经》。文献记载中唐伯虎唯一的学生戴昭来吴中求学时，也是"初从唐子畏治诗"。（戴冠《垂虹别意图序》）[②]可知，唐伯虎对《诗经》是非常熟悉的，这种熟悉必然会体现在他的诗文创作中。

细读唐伯虎诗歌，我们将发现，在一些诗歌中唐伯虎在很多方面极具创造性地对《诗经》进行了直接引用和间接化用，其对《诗经》的借鉴是随处可见且得心应手的，这一特点在其文赋中也有体现。唐伯虎在引用、化用《诗经》的语句、诗意时，是妥帖圆融的，有时这种化用还是推陈出新的。唐伯虎对《诗经》的接受是广泛的，其引用和化用《诗经》之处涉及大雅、小雅、召南、卫风、曹风、王风、秦风、鄘风、邶风、郑风等处。其引用和化用的表现形式也是多样的。

---

① （明）祝允明：《怀星堂集》卷十七，载《文津阁四库全书》集 421，第 375 页。
② （明）汪砢玉撰：《珊瑚网》卷十四，载《文津阁四库全书》子 271，第 545 页。

唐伯虎有时对《诗经》进行集中引用。这种情况多出现在与《诗经》句式类同的四言体诗、赋、文中,只要是以四言形式出现的话语,唐伯虎就能随时随意地引用《诗经》之典故。

在诗歌中,大量引用《诗经》中的用语。代表作品如《送文温州》:

> 日月徂暑,时风布和,远将仳离,抚筵悲歌。左右行觞,缉御猥多,墨札参横,冠带崔峨,紽弦嘈嘈,嘉木婆娑。孔雀西南,止于丘阿,我思悠悠,慷慨奈何。①

首先,我们来了解一下这首诗的创作背景。文温州,就是文林。文林在戊午春时,将赴温州上任,里中好友多有送行之举。《文温州集》卷一中有《戊午春,将赴温州,杨君谦礼部邀饯于虎丘,同集者沈启南、韩克赞二老复巾杖藜,韩从子寿椿与朱性甫青袍方巾,唐子畏、徐昌国并举子巾服,而余与君谦独纱帽相对,会凡八人,人各为侣,适四类不杂》。唐伯虎在这场送别活动中,不但写有送行之文,还写了这首送行之诗。诗作描绘了一场典型的风雅文人的送别集会,在这场送别的筵会里,没有歌儿舞女,却有着书香文墨,与会人员都彬彬有礼,在悠扬的乐声中,体味着难分难舍的深厚友情。这首四言诗共十四句,有四处直接出现了《诗经》的用语。分别是:"徂暑",盛夏。语出《小雅·四月》:"四月维夏,六月徂暑"。②这里交代送行的时间可能是盛夏。"仳离",别离,背弃。语出《王风·中谷有蓷》:"有女仳离,嘅其叹矣"。③ 本诗是女子见弃于男子,这里取的是别离之意。主要是为了突出分离的伤感。所以下文有"抚筵悲歌"。"缉御",语出《大雅·行苇》:"肆筵设席,授几有缉御"。郑《笺》:"缉,犹续也。御,侍也。兄弟之老者,既为设重席

---

① 《唐伯虎全集》,第340页。
② (汉)毛公:《毛诗正义》,第441页。
③ (汉)毛公:《毛诗正义》,第150页。

授几,又有相续代而侍者".① 聚足而进曰绶御,半步半步地前进,踧踖庄敬之貌。本句形容侍者连续更替地伺候着,以见殷勤雅意。《行苇》是写周代贵族宴饮酬酢之诗。诗中重点突出主人的热情款客,宾客的射乐畅饮、老年人的倍受尊重,等等,表现出人情风俗之醇厚。唐伯虎在此处引用,主要为了表现宴饮觥筹交错、亲切友好的氛围。"丘阿",山坳。语出《诗经·小雅·绵蛮》一章:"绵蛮黄鸟,止于丘阿。道之云远,我劳如何。"毛《传》:"绵蛮,小鸟貌。丘阿,曲阿也。鸟止于阿。"郑《笺》:"止,谓飞行所止托也。小鸟知止于丘之曲阿静安之处而托息焉".② 诗句以黄鸟托息起兴,表达诗人对路途遥远的感慨。唐伯虎在这里引用此语,表达了他对敬爱的师友文林远行路途遥远的慨叹。"我思悠悠"则是对《郑风·子衿》"青青子佩,悠悠我思"③中"悠悠我思"的化用。诗作虽四处引用《诗经》,占全诗比重的三分之一,但由于该诗为四言体,与诗经句式相仿,再加上引用得很贴切,读来还是圆融妥帖,没有堆砌之嫌。有必要提出的是,唐伯虎在这一年的秋天参加了戊午乡试,也即是说本诗创作于唐伯虎参加乡试的前二、三个月,刚好在他备考科举八、九个月时创作的。上文说到,唐伯虎备考科举时,主要准备的就是《诗经》,这首诗可以说是他备考科举的一个成果。了解了这一点,我们就能更好地体会这首四言诗中为什么会如此集中地出现对《诗经》的引用了。

在唐伯虎的《娇女赋》中,集中引用《诗经》典故的情形也很多,可能跟此赋四言体的形式也有关联。

> 臣居左里,有女未归;长壮妖洁,聊赖善顾。态体多媚,窈窕不妒;既闲巧笑,流连雅步。二十尚小,十四尚大;兄出行

---

① (汉)毛公:《毛诗正义》,第599页。
② (汉)毛公:《毛诗正义》,第520页。
③ (汉)毛公:《毛诗正义》,第178页。

贾，长嫂持户。日织五丈，罢不及暮；三丈缝衣，余剪作裤。抱布贸丝，厌浥行露，负者下担，行者伫路，来归室中，啧啧怨怒；策券折阅，较索美货。着履入被，不食而呕；双耳嘈杂，精宕神怖。形之梦寐，仿佛会晤；咀桂嚼杜，比象陈赋。螗蜩夏蜕，额广而平；春蛾出蛹，修眉扬而；白云怀山，黛浮明而；朝星流离，目端详而；华瓠列犀，齿微呈而；含桃龟肤，口欲言而；菡萏承露，舌含藏而；虾蟆蚀月，颧发圆而；毒虿摇尾，鬓含风而；鸦羽齐备，饰梳壮而；游鱼吹日，口辅良而；蝶翅轻晕，鼻端中而；恒月沐波，大宅黄而；琵琶曲项，肩削成而；蜻蛚啮李，领文章而；雾素一束，腰无凭而。鼠姑舒合，体修长而；酥凝脂结，衽微倾而。鹅翎半擘，爪有光而；玉钩联屈，指节纤而。莲本雪素，臂仍攘而；角弸脱韝，履高墙而。轻飘卷雾，行褰裳而；梨花转夜，睡未明而。温泉浸玉，澡兰汤而；阳和驺宕，醉敖翔而。

咏曰："火齐兮瑱本难，簪鸣凤兮钗琅玕。络琴瑟兮银指环，被珠绶兮龙系臂。珮璜而浣兮褶翡翠，金裙钩兮绣曳地。襜黄润兮方空，绨例顿兮玉膏筒。綦丹谷兮素五综，丽炎炎兮伦无双。"[1]

此赋在写法上和内容上主要借鉴了《卫风·硕人》和乐府诗《陌上桑》。在这里，我们主要看此赋对《诗经》的引用和化用。

唐伯虎在这里描绘的女主人公是一位未嫁的少女。她"长壮妖洁，聊赖善顾……既闲巧笑"，这点明显是对《卫风·硕人》中"硕人其颀""硕人敖敖""巧笑倩兮，美目盼兮"[2]的化用，二者都描绘了一个身材颀长挺拔又明眸善睐的美女。"抱布贸丝"，典出

---

①《唐伯虎全集》，第5—6页。
②（汉）毛公：《毛诗正义》，第128—129页。

《卫风·氓》,"氓之蚩蚩,抱布贸丝"。① 氓是一位小商人。唐伯虎在这里直接用来表述娇女也是一位商户家的女孩子,她不但会做生意,还很勤劳,所谓"厌浥行露"。此句典出《召南·行露》一章:"厌浥行露,岂不夙夜,谓行多露。"毛《传》:"厌浥,湿意也"。② 唐伯虎在这里主要是说女孩为了去卖丝,早上起得很早,不怕露多地湿,非常得勤劳。从"蠄蠅夏蜕"句至"指节纤而",唐伯虎从不同的角度描绘了娇女的美丽。这位白天辛勤劳作了一天的娇女,晚上睡觉时做了一个美丽的梦。梦中娇女变成了一位美女。这段写法也明显是摹仿《卫风·硕人》"手如柔荑,肤如凝脂。领如蝤蛴,齿如瓠犀。螓首蛾眉。"③对美女不同部位的描绘。其中具体的用语"华瓠列犀,齿微呈而"就是对"齿如瓠犀"的化用。"蝤蛴啮李,领文章而"就是对"领如蝤蛴"的化用。"酥凝脂结"就是对"肤如凝脂"的化用。这位娇女还颇有侠女风范,不但美丽,似乎还会武功,为了和心上人约会。她"莲本雪素,臂仍攘而;角弭脱鞴,履高墙而。轻飙卷雾,行褰裳而"。娇女在梦中卷起了衣袖,露出雪白的胳膊。如"角弭脱鞴"一样,翻越了高墙。《小雅·采薇》有"象弭鱼服"。④ 弭,弓两端攀弦处,饰以骨角,叫"弭"。象弭,以象牙为饰的弓弭。鱼服,鱼皮制作的箭袋。这句说娇女就像脱弦的箭,勇往直前。如风卷雾,"行褰裳而"。"褰裳"语出《郑风·褰裳》:"子惠思我,褰裳涉溱。子不思我,岂无他人。狂童之狂也且"。⑤ 这是一首女子戏谑情人的诗。但女子戏谑之语,乃是戏中有真,谑内寓庄,有着正话反说的意味的。《褰裳》中的女子在爱情上却表现得大胆泼辣,她以其不同寻常的语言鼓励爱慕她的男子来找她。唐伯虎

① (汉)毛公:《毛诗正义》,第133页。
② (汉)毛公:《毛诗正义》,第54页。
③ (汉)毛公:《毛诗正义》,第128页。
④ (汉)毛公:《毛诗正义》,第333页。
⑤ (汉)毛公:《毛诗正义》,第172页。

在《娇女赋》中塑造的娇女也是一位有着勇敢性格的女性，虽然是梦中的约会，也展现了娇女的大胆热情。本赋中唐伯虎对《诗经》的引用特点也是很鲜明的，涉及国风的召南、卫风，郑风的篇章。有些是直接引用，有些是巧妙化用，总之唐伯虎对《诗经》的引用是信手拈来、为我所用、灵活多变的。

在唐伯虎的散文中，如果出现四言句式时，也存在经常应用《诗经》之语的情况。如《上吴天官书》中有“明星告旦，而百指伺餔；飞鼠启夕，而奔驰未遑。秋风飘尔，而举翮触隅；周道如砥，而垂头父枋。……傍徨闉阇之下，婆娑里巷之侧”。① 这段话也多处出现《诗经》中用语。如“周道如砥”，《小雅·大东》：“周道如砥，其直如矢”。② 唐伯虎在这里反用“周道如砥”，大路很直畅，但是却不得不“垂头父枋”，表达了志向不得实现的压抑之情。《郑风·出其东门》：“出其闉阇，有女如荼”。③ 闉阇，城门外瓮城的重门。闉为城门外的瓮城，阇为城门上的台。此处指城门。在城门下彷徨，在里巷之侧辗转，理想的实现看起来困难重重。有时唐伯虎会把《诗经》中的用语巧妙地黏合起来，浑然一体。如本文中有“日云夕矣，而契阔寤叹”，表达的是时间流逝而壮志未酬的感叹。“寤叹”，睡不着而叹息。语出《曹风·下泉》：“忾我寤叹，念彼周京”。④《小雅·大东》：“契契寤叹，哀我惮人”。⑤ 都是因忧心无法入睡的意思。唐伯虎把它们连在一起，表达愿望难以实现的忧心与感叹。

在唐伯虎流传下来的作品中，四言体诗歌数量极少，四言句式的散文也不多。在非四言体的作品中，唐伯虎对《诗经》的引用也是常见和随意的。在题画诗中，唐伯虎也可以随时把《诗经》的用

① 《唐伯虎全集》，第 218 页。
② (汉)毛公：《毛诗正义》，第 437 页。
③ (汉)毛公：《毛诗正义》，第 180 页。
④ (汉)毛公：《毛诗正义》，第 271 页。
⑤ (汉)毛公：《毛诗正义》，第 438 页。

语融入其中。孙小力在《元明题画诗文初探》中说:"题画诗的特定功能,规定了他少用典故、多发天然的美学风格。"①但就在这需要少用典故的题画诗中,唐伯虎也会在天趣勃发的诗文中不经意地用到《诗经》。如《题败荷鹡鸰图》:"飞唤行摇类急难,野田寒露欲成团;莫言四海皆兄弟,骨肉而今冷眼看。"②"鹡鸰"即"鹡鸰",是一种水鸟,诗经《小雅·棠棣》有:"鹡鸰在原,兄弟急难。"毛传:"鹡鸰,雝渠也。飞则鸣,行则摇,不能自舍而。急难,言兄弟之相救于急难。"③意喻兄弟友爱互助。"败荷",在此处谐音"败和",指兄弟伤了和气。从诗歌的题名上,唐伯虎就巧妙地把诗歌的主旨隐含了进去,特别是第一句"飞唤行摇类急难"更是对《诗经》原文及毛传的灵活化用。又如《野望悯言图》:

> 吴以水为国,相城当其污,旱燥与众异,漳涸不可锄,淹潦先见及,宛在水中居。己巳春不雨,逮秋欲焚巫;七夕月离毕,骤雨风挟诸。始谓油然云,助我润槁枯;淯淯乃不息,山崩溢江湖,拯溺急儿女,骑牛杂羊猪。始旱终以潦,岁一灾二俱。县官不了了,按籍征税租,连境尽鱼鳖,比屋皆逃逋。我随宰公来,胙艋如乘桴。村有太丘生,典卖具午餔,公既恤以诗,赓之我能无,劝子卖积荒,携口就上腴,早晚得饱餐,鼓腹歌皇虞。④

有两处引用都是非常贴切的。一处是"宛在水中居"。《秦风·蒹葭》:"宛在水中央"⑤的化用。一处是"七夕月离毕"。《小雅·渐渐之石》三章:"月离于毕,俾滂沱矣。"毛《传》:"毕,噣也。月离阴星

---

① 章培恒等编:《中国文学古今演变研究论集二编》,上海古籍出版社,2005 年,第486 页。
② 《唐伯虎全集》,第 146 页。
③ (汉)毛公:《毛诗正义》,第 320 页。
④ 《唐伯虎全集》,第 346 页。
⑤ (汉)毛公:《毛诗正义》,第 240 页。

则雨。"①本诗前有小序"正德己巳九月望后,寅忝侍柱国少傅太原公出吊石田乡丈于相城。夜宿崇让三舅校书宅,酒半书此,聊申慰答之私耳。吴趋唐寅"。可知诗作写于正德己巳(1509)年,当时吴中遭遇大水,相城成了泽国,人民流离失散。唐伯虎的诗作就是对当时情况的反映,诗人先表达了对天气时旱时涝的不可控制的无奈。在经历了春天的久旱后,天公终于降下了滂沱大雨,"七夕月离毕"带来的大雨终成灾祸,"山崩溢江湖,拯溺急儿女"。在严重的天灾面前,官府不但不体恤百姓,还"按籍征税租",使得民生益艰。

在唐伯虎的文、赋中,也常出现对《诗经》引用的情况。如《与文徵明书》中唐伯虎说自己不能去做小吏,因为小吏的"籧篨戚施,俯仰异态"②是他不能接受的。"籧篨戚施"语出《诗·邶风·新台》:"燕婉之求,籧篨不鲜。燕婉之求,得此戚施"。郑注:"蘧篨,不能俯者。戚施,不能仰者"。③ 唐伯虎在此处把《诗经》之语和郑注巧妙结合,活化了媚俗小人的丑态。在《金粉福地赋》中,被盛赞的描写美女的名句"胡然而帝也胡然天"。④ 语出《鄘风·君子偕老》"胡然而天也? 胡然而帝也?"⑤以上例证可见唐伯虎对《诗经》之熟悉与善用。

第三节　唐伯虎诗歌的主题取向

在一个作家的创作生涯中,其创作的题材是广泛的,从题材内容来划分诗歌,标准很难统一,由于诗歌内涵的丰富使得截然清晰的划分几乎很难做到。比如唐伯虎现存诗作从题材内容来看,大

---

① (汉)毛公:《毛诗正义》,第 524 页。
②《唐伯虎全集》,第 221 页。
③ (汉)毛公:《毛诗正义》,第 105 页。
④《唐伯虎全集》,第 8 页。
⑤ (汉)毛公:《毛诗正义》,第 110 页。

致可以分为咏怀言志之作、酬唱应答之作、纪游之作、香艳之作、题画之作、咏史览古之作、歌咏市井生活之作、参禅悟道之作,等等,每一类中又可以分为若干小类。虽然唐伯虎的诗作题材众多,内容丰富,但其所表达的主题思想却有着某些大致稳定的倾向,从中可体现出唐伯虎的创作个性。唐伯虎是个多情重义之人,其诗歌创作多为吟咏性情、表现人性之作,诗作反映了他丰富的主观精神世界。由此来审视唐伯虎诗作的主题取向,大致以高扬自我、讴歌生命、怀才不遇与归隐情怀等三个方面值得我们重视。这三个方面都侧重于表现个人的性情,说明唐伯虎具有突出的自我认同意识。

一

认同自我、肯定自我、追求自我、个性张扬的精神在唐伯虎的诗歌创作中是随处可见的,可以说唐伯虎狂放行为的表现与追求自我、展现自我有密切的关系。虽然吴中文人集团的文人们的诗歌创作大多显示出作者肯定自我、追求自我、个性张扬的精神,但唐伯虎比他人更进一步的是在哲学意味上提出了对自我的思考。

唐伯虎才华出众,少时有豪杰之志,虽受现实条件制约,未能实现,但他对自我有着充分的肯定意识。具体体现为充满自信,追求功名,视夺取功名如探囊取物。唐伯虎有《领解后谢主司》:"壮心未宜逐樵渔,泰运咸思备扫除;剑责百金方折阅,玉遭三黜忽沽诸。红绫敢望明年饼,黄绢深惭此日书;三策举场非古赋,上天何以得吹嘘?"①诗作不但表达了诗人高中解元后的喜悦之情,还有对乡试前受压制之事的反讽,更多的是对自我的高度肯定和信心。为了更好地理解这首诗和诗中所传达的唐伯虎对自我的肯定和自信的心理,我们得先来了解一下本诗创作的背景。在参加乡试之

---

① 《唐伯虎全集》,第 59—60 页。

前,唐伯虎是一位热爱古文辞的学子,对举业没有太多兴趣,且行为狂放,不为卫道士所喜。"适鄞县人方誌来督学。恶古文辞,察知寅,欲中伤之。"(《吴郡二科志》)①方誌不喜唐伯虎这类人物,使得唐伯虎参加乡试前的预考时没有通过。"寅从御史考下第,(曹)凤立荐之,得隶名。"(《吴郡二科志》)②,可知由于曹凤的荐举唐伯虎才取得参加乡试的机会。这件事对唐伯虎肯定有打击,可以推测当时有类似这样的说法:唐伯虎并没有多少才华,只是因好古文辞而文章写得好而已。这对于自信的唐伯虎来说,显然是很难接受的事情。在接下来的乡试中,唐伯虎果然以自己骄人的实力取得了第一名,终于得以扬眉吐气。《领解后谢主司》就是这一背景下的创作,诗作首联说自己豪情壮志在心,不宜归隐渔樵,以前的噩运终于被一扫而光,否极泰来;颔联以"剑""玉"自比乡试前所遭遇到的挫折,也即是方誌对他的压制和打击,表达了对自己才华的信心;颈联抒发了诗人对明年会试的期待;尾联"三策举场非古赋,上天何以得吹嘘"更是对自我才华的肯定和认同,唐伯虎在这里说自己参加考试时所写"非古赋",还是取得了第一名的好成绩,说明自己很有才华,绝非浪得虚名。虽然略显张狂,却是诗人本色。又如《夜读》:"夜来欹枕细思量,独卧残灯漏转长;深虑鬓毛随世白,不知腰带几时黄?人言死后还三跳,我要生前做一场;名不显时心不朽,再挑灯火看文章。"③诗作毫不掩饰自己对功名的渴望与必得的信心。又如《题画》:"秋月攀仙桂,春风看杏花;一朝欣得意,联步上京华。"④诗作对春闱之试充满信心,表达了诗人对蟾宫折桂的自信。

唐伯虎对自我不但持肯定态度,表现为充分的自信。还极力

---

① 《四库全书存目丛书》史90,第138页。
② 《四库全书存目丛书》史90,第132页。
③ 《唐伯虎全集》,第88页。
④ 《唐伯虎全集》,第102页。

张扬自我。如《桃花庵歌》：

> 桃花坞里桃花庵，桃花庵里桃花仙；桃花仙人种桃树，又
> 摘桃花换酒钱。酒醒只在花前坐，酒醉还来花下眠；半醒半醉
> 日复日，花落花开年复年。但愿老死花酒间，不愿鞠躬车马
> 前；车尘马足贵者趣，酒盏花枝贫者缘。若将富贵比贫者，一
> 在平地一在天；若将贫贱比车马，他得驱驰我得闲。别人笑我
> 忒疯癫，我笑他人看不穿。不见五陵豪杰墓，无花无酒锄
> 作田。①

诗中的桃花仙人就是唐伯虎自我的化身。这个桃花仙人过着极为
逍遥的生活，他种桃树卖桃花换酒钱，他不管醉与醒都与花相伴，
过着纯任自然的潇洒生活。他宁愿老死花酒间，也不愿违背自己
的心愿去为五斗米折腰。他追求现时的快乐，无意于所谓的富贵
生活。在他眼里富贵而驱驰奔忙，不如贫贱而闲散于花酒之间。
他强调的是对个性自我的张扬和尊重，做一个个性自我舒展自如
的贫者，比一个压抑自我俯仰异态的富者对他更有吸引力。他认
为个性舒展的贫者与压抑自我的富者在精神享受上完全是天壤之
别，这种对比完全与世人眼中的贫富对比相反，其核心之处便在于
诗人的着眼点在于舒展自我张扬自我，使个性得到最大限度的高
扬，强调的就是个人意愿的极大实现，我愿意做什么就做什么，决
不违背自己的本性与心愿去换取所谓的富贵。所以他高唱"别人
笑我忒疯癫，我笑他人看不穿。不见五陵豪杰墓，无花无酒锄作
田"，在他眼里，违背心愿压抑自我的一生虽换取富贵功名也是不
值得追求的，纵使是帝王豪杰这类人物，还不是被人遗忘，坟墓都
被锄平成了田地。所以，追求自由自在，追求对个性的张扬和舒展
才是诗人的心愿。如《把酒对月歌》：

---

① 《唐伯虎全集》，第 24—25 页。

　　李白前时原有月，惟有李白诗能说；李白如今已仙去，月在青天几圆缺。今人犹歌李白诗，明月还如李白时；我学李白对明月，月与李白安能知？李白能诗复能酒，我今百杯复千首；我愧虽无李白才，料应月不嫌我丑？我也不登天子船，我也不上长安眠；姑苏城外一茅屋，万树桃花月满天。①

唐伯虎追慕李白，其诗作中即有歌咏李白之作，如《题画》："李白才名天下奇，开元人主最相知。夜郎不免长流去，今日书生敢望谁？"②唐伯虎对李白的诗作也非常熟悉，熟悉到能巧妙地化用诗句，借鉴创意的地步。李白喜欢酒，喜欢月，喜欢花，唐伯虎也喜欢这些，未免不是受李白的影响。这首《把酒对月歌》显然与李白《月下独酌四首》其一有着密切的关系。李白诗曰："花间一壶酒，独酌无相亲。举杯邀明月，对影成三人。月既不解饮，影徒随我身。暂伴月将影，行乐须及春。我歌月徘徊，我舞影零乱。醒时同交欢，醉后各分散。永结无情游，相期邈云汉"。③唐伯虎把酒对月联想起了李白的月下独酌，并把自己与李白进行了对比，认为自己虽无李白之诗才，但也不输于李白。不但不输于李白，还比李白更狂放，更自我。杜甫《饮中八仙歌》："李白一斗诗百篇，长安市上酒家眠。天子呼来不上船，自称臣是酒中仙。"④在唐伯虎眼中，李白亦不够旷达，也免不了为功名邀宠于帝王，如何比得上自己弃绝功名之念，不登天子船，不上长安眠，过着"万树桃花月满天"的自由生活。唐伯虎在这里对自我进行了极度张扬，表达了诗人连帝王之宠也不放在眼里的狂放情怀，虽然多少有些酸葡萄心理，但确实是唐伯虎的独抒胸臆，推陈出新之作。

　　唐伯虎还对自我进行过哲学意味上的思考，虽然张扬个性与

①《唐伯虎全集》，第 26 页。
②《唐伯虎全集》，第 136 页。
③（唐）李白：《李太白文集》卷二十，载《文津阁四库全书》集 355，第 431—432 页。
④（宋）郭知达编：《九家集注杜诗》卷二，载《文津阁四库全书》集 356，第 31 页。

自我是许多吴中文人的共同特点,但对自我进行思考的却不多。《伯虎自赞》:"我问你是谁?你原来是我;我本不认你,你却要认我。噫!我少不得你,你却少得我;你我百年后,有你没了我。"[①]这首诗颇有哲学意味,王文钦评价此诗"能不能说唐寅认识到自己创造了第二个'自我'?即他的思想、他的艺术、他的名声。血肉之躯的'我'离不开那个现实,思想却能影响到未来;人会死去,但他的艺术和声名永留在人间"。[②] 王文钦的提法很有价值,细读此诗,可以推测唐伯虎确实对"自我"进行了深刻的思考和有趣的假设。他认识到了作为现实生活中的"自我",这就是活在当下的唐伯虎,还认识到了"自我"所产生的"你",这就是个体生命在社会中所带来的影响,或许可以解释为唐伯虎的精神、思想、声名这些形而上的意识。唐伯虎认识到生命的有限和精神的无限,但精神又离不开具体产生它的个体生命。唐伯虎以客观的眼光发现了另一个"自我",即诗歌中的"你",并对它进行了思想和考问。得出"我少不得你,你却少得我",肉体的唐伯虎终将陨灭,精神的唐伯虎却可以不受生命的局限。"你我百年后,有你没了我",百年之后,留在人们记忆中的唐伯虎就只有精神上的"你"了。

二

唐伯虎是一个多情重义之人,他关注现世人生,他热爱生活,虽然他一生坎坷,屡受打击,情志不得舒展,但他对生活的热爱,对生命的热爱却从未曾消退过,因而在唐伯虎的诗作中存在许多讴歌感性生命的诗篇。

唐伯虎热爱世俗生活,并为之大唱赞歌。吴中自古繁华,明中叶的经济复苏,使得商业发展迅速,人民生活日益丰富多彩。唐伯

---

① 《唐伯虎全集》,第 271 页。
② 王文钦,《唐寅思想初探》,《苏州大学学报》(哲学社会科学版),1987 年第 3 期,第 92 页。

虎的有些诗作就是时代步伐的记录,他讴歌现世生活,描述繁华都市,展现了吴中迷人的风采。如我们最为熟悉的《阊门即事》:

> 世间乐土是吴中,中有阊门更擅雄;翠袖三千楼上下,黄金百万水西东。
>
> 五更市买何曾绝?四远方言总不同;若使画师描作画,画师应道画难工。①

诗人以热烈的笔触描绘了阊门的繁华和勃勃生机,唐伯虎把自己的家乡比作传说中的乐土,在这片乐土上,阊门更是首屈一指的地方,这里有美女与财富,有繁华的市场和往来不绝的商人,这里的生活充满诱惑。诗人用充满感情色彩的语句给我们展现了一幅商品经济繁荣发展的市井生活图画,读起来仿佛可以感受到诗人对这片乐土的热爱之情扑面而来,诗作具有很强的感染力。如《江南四季歌》:

> 江南人住神仙地,雪月风花分四季。满城旗队看迎春,又见鳌山烧火树。千斗挂彩六街红,凤笙鼍鼓喧春风;歌童游女路南北,王孙公子河西东。看灯未了人未绝,等闲又话清明节;呼船载酒竞游春,蛤蜊上市争尝新。吴山穿绕横塘过,虎丘灵崖复元墓;提壶挈榼归去来,南湖又报荷花开。锦云乡中漾舟去,美人鬓压琵琶钗;银筝皓齿声继续,翠纱汗衫红映内。金刀剖破水晶瓜,冰山影里人如玉;一天火云犹未已,梧桐忽报秋风起。鹊桥牛女渡银河,乞巧人排明月里;南楼雁过又中秋,惊然毛骨寒飕飕。登高须向天池岭,桂花千树天香浮;左持蟹螯右持酒,不觉今朝又重九。一年好景最斯时,橘绿橙黄洞庭有;满园还剩菊花枝,雪片高飞大如手。安排暖阁开红炉,敲冰洗盏烘牛酥;销金帐掩梅梢月,流酥润滑钩珊瑚。汤

---

① 《唐伯虎全集》,第51页。

作蝉鸣生蟹眼,罐中茶熟春泉铺。寸韭饼,千金果,鳖群鹅掌山羊脯;侍儿烘酒暖银壶,小婢歌阑欲罢舞。黑貂裘,红毡毹,不知蓑笠渔翁苦![1]

唐伯虎更以富丽的语言,描绘了江南四季繁华如锦的市井生活。唐伯虎把江南称为"神仙地",可见他对这里的热爱。诗作以立春、元宵、清明、七夕、重阳等各种重大节日为线索,连贯整篇诗歌,讴歌了在这片充满生机的土地上,人们以各种方式游春、消夏、赏秋、暖冬,过着令人艳羡的生活。《礼记·月令》:"立春之日,天子亲帅三公九卿诸侯大夫以迎春于春郊。"[2]可见迎春历来是一个重大的节日,诗作先写了立春日"满城旗队"的盛况,全城彩旗飘飘,可见庆祝活动之热烈。"又见鳌山烧火树","火树"指的是彩灯,这句描绘的应该是元宵节的盛况。元宵节人们赏灯游景。喜庆的气氛还没消失,转眼又到了清明节。踏春赏景,人们在虎丘横塘的山光水色之中欣赏美景,品味美食。春天的喜庆刚过完,夏天的美景又接踵而来。人们为了消夏,乘舟去欣赏盛开的荷花,在水面的清风与空气中的荷香中,听着曼妙的丝竹,看着妖娆的歌女,品着冰凉的瓜果,此乐何极。诗人对七夕节、中秋节未作深入描述,重点写了重阳节的活动。在一年中最美好的收获季节,映目的是橙黄橘绿的美景,登高赏桂,吃螃蟹饮美酒,这样的秋天真是充满了诱惑力。冬天时,人们用熊熊燃烧的火炉驱赶严寒,营造温香的暖阁,这里有销金帐,有珊瑚钩,有茶香,有暖酒,还有寸韭饼、千金果、鳖群、鹅掌、山羊脯,更有美婢的轻歌艳舞。严寒的冬天,也挡不住室内暖暖的春意,人们尽情享受美好的室内生活。诗中对饮食之精美、景色之宜人、歌舞之曼妙进行了不厌其烦的详细描绘,表达了诗人对这种生活的向往和肯定。一向被传统礼教认为是鄙俗的生活模

---

[1]《唐伯虎全集》,第35页。

[2](清)孙诒让:《十三经注疏校记》,齐鲁书社,1983年,第495页。

式,在唐伯虎的诗中却表现出了勃勃的生机与诱人的魅力。虽然诗作结尾对这种鲜花着锦般的生活提出了批判:"黑貂裘,红氍毹,不知蓑笠渔翁苦",与汉赋劝百讽一的方式有相通之处,但由于前面叙述的热情与赞美,使得诗作谴责的力度大大削弱。我们从诗歌中更多的还是感受到了江南繁华富庶生活的美好与令人向往。

时间的永恒与生命的短暂,是人类必须要面对而又始终无法解决的矛盾,因而对于人生苦短时光易逝的咏叹也就成了中国古典诗歌的母题之一。对这一母体歌咏最有力又影响很大的莫过于汉乐府了,汉乐府中有许多诗歌都有对时光流逝而功业未建的哀叹。如汉乐府《长歌行》:"青青园中葵,朝露待日晞。……百川东到海,何时复西归"。[①] 就表达了对时光转瞬即逝的焦虑感。面对流逝的时间,未成的功业,诗人转而追求人生的现世的享乐,希望在享受现世生活中弥补这种焦虑与困惑。乐府诗中还有很多提倡及时享受生活的诗歌,主要体现为追求对物欲及自身欲望的满足。如《古诗十九首》之十五"昼短苦夜长,何不秉烛游。为乐当及时,何能待来兹"。[②] 就是对及时行乐的张扬和追求。这一主题也经常被历代失意文人不断传承与发扬,多为排解苦闷之愤语。在唐伯虎诗歌中,也有继承这一主题的作品,但唐伯虎不单纯停留在继承,还对这一主题进行了创新,变求取功名不到的被动享受为主动追求人生享乐,热烈赞美世俗生活。如《一年歌》:

> 一年三百六十日,春夏秋冬各九十;冬寒夏热最难当,寒则如刀热如炙。春三秋九号温和,天气温和风雨多。一年细算良辰少,况又难逢美景何? 美景良辰倘遭遇,又有赏心并乐事;不烧高烛对芳尊,也是虚生在人世。古人有言亦达哉,劝

---

① (宋)郭茂倩:《乐府诗集》卷三十,载《文津阁四库全书》集 450,第 307 页。
② 马茂元:《古诗十九首初探》,陕西人民出版社,1981 年,第 97 页。

人秉烛夜游来。春宵一刻千金价,我道千金买不回。①

诗歌对一年中堪称美好的时光进行了透彻的分析,一年虽然有三百六十日,但分成四季,一季也不过九十天。冬天有严寒,夏天有酷热,春秋天气虽温和,但风雨又多。这样来看,一年之中良辰实少,更何况有良辰时未必逢得上美景。所以如果拥有了良辰美景,再加上赏心乐事,那是一定要秉烛夜游,纵情欢乐的。在这里唐伯虎劝人们一定要把握良好的时机,尽情享受美好生活。他还推陈出新地高唱"春宵一刻千金价,我道千金买不回",把纵情声色及时享乐推到了更高的地位。又如《一世歌》:

> 人生七十古来少,前除幼年后除老;中间光景不多时,又有炎霜与烦恼。花前月下得高歌,急须满把金尊倒。世人钱多赚不尽,朝里官多做不了;官大钱多心转忧,落得自家头白早。春夏秋冬捻指间,钟送黄昏鸡报晓。请君细点眼前人,一年一度埋芳草;草里高低多少坟,一年一半无人扫。②

唐伯虎不但要人们追求享乐生活,而且还要人们抓紧兑现这种幸福。"人生七十古来少,前除幼年后除老,中间光景不多时,又有炎霜与烦恼",人生中的好时光实在不多,幼年时我们不能纵情享受生活的美好,老年时我们没有体力和精力去追求快意人生。青壮年时期,还要忍受季节与人事的烦恼。人生美好的时光实在短暂,所以必须"花前月下得高歌,急须满把金尊倒",赏娇花对明月一定要纵情高歌,"急须"一词更表达了诗人时不我待的心理。要赶紧享受对酒当歌,愉悦身心的快意生活。这种生活远比"官大钱多心转忧,落得自家头白早"的劳心劳力生活更值得人们去珍惜与享受。再如《进酒歌》:

---

① 《唐伯虎全集》,第 26 页。
② 《唐伯虎全集》,第 27 页。

　　吾生莫放金叵罗,请君听我进酒歌:为乐须当少壮日,老
去萧萧空奈何! 朱颜零落不复再,白头爱酒心徒在;昨日今朝
一梦间,春花秋月宁相待? 洞庭秋色尽可沽,吴姬十五笑当
垆;翠钿珠络为谁好,唤客那问钱有无? 书楼绮阁临朱陌,上
有风光消未得;扇底歌喉窈窕闻,尊前舞态轻盈出。 舞态歌喉
各尽情,娇痴索赠相逢行;典衣不惜重酩酊,日落月出天未明。
君不见刘生荷锸真落魄,千日之醉亦不恶。 又不见毕君拍浮
在酒池,蟹螯酒盅两手持。 劝君一饮尽百斗,富贵文章我何
有? 空使今人羡古人,总得浮名不如酒。①

诗人开篇宣言"吾生莫放金叵罗",这一辈子是不会离开酒了。诗
人不但自己要进酒,还劝人进酒。时光易逝,青春易老,一朝红颜
不再,只剩下镜中衰鬓,再也无法享受快乐人生,是一件多么无奈
的事情。所以,人生如梦,春花秋月不会为谁等待,一定要及时地
去发现生活的美好,去享受生活的美好。在温香软玉中"典衣不惜
重酩酊",矢志追求人生享乐。诗歌结尾以嗜酒的刘伶和毕生二人
来号召人们享乐还需趁少壮。在诗人眼里,富贵功名不过是一场
空,都不如纵酒享受当下的生活更重要。类似的主张还见于《闲
中歌》:

　　人生七十古来有,处世谁能得长久? 光阴真是过隙驹,绿
鬓看看成皓首。 积金到斗都是闲,几人买断鬼门关;不将尊酒
送歌舞,徒把铅汞烧金丹。 白日升天无此理,毕竟有生还有
死;眼前富贵一枰棋,身后功名半张纸。 古稀彭祖寿最多,八
百岁后还如何? 请君与我舞且歌,生死寿夭皆由他。②

诗歌对时光如过隙白驹之易逝作了深刻的咏叹,一旦绿鬓成皓首,

---

① 《唐伯虎全集》,第33页。
② 《唐伯虎全集》,第33—34页。

纵然有黄金万两，也挡不住死亡的脚步。诗人劝人们也不要白花力气去炼丹，空想白日升天。有生就有死，尘世间的富贵与功名不过是过眼云烟。即使像彭祖那样高寿，八百年后还是要归于地府，所以不如纵情声色沉湎歌舞。唐伯虎这种念念不忘，不厌其烦地表达及时享乐的强烈要求，正是他对世俗生活热爱的体现。

男女互相爱慕本是自然之情，讴歌男女之情也是古今中外文学中永恒的主题之一。早在《诗经》中，就有不少歌咏男女之情的佳作。唐伯虎以前的历代诗文中这类作品也不在少数。唐伯虎在诗歌中不仅讴歌男女之情，而且明确肯定男女之情乃自然之事，应该以自然的态度来对待男女之情，抨击了假道学以之为耻的虚伪观点，这在受程朱理学影响下的时代，确实是很进步的两性观，是颇有近代情爱色彩的言论。唐伯虎《焚香默坐歌》有："头插花枝手把杯，听罢歌童看舞女；食色性也古人言，今人乃以之为耻。"[1]在唐伯虎眼中，饮食男女，人之大欲，此"欲"是合乎自然的，合乎人性的，是不应该以之为耻的，是应该以自然而然的态度坦然面对的基本生理欲求。而道学家们却自欺欺人，他们那种表里不一、阳奉阴违的行径才是真正"没天理"的行为，才是值得批判和否定的。唐伯虎肯定男女情爱，重视真挚的爱情。在《哭妓徐素》中写道："清波双珮寂无踪，情爱悠悠怨恨重；残粉黄生银扑面，故衣香寄玉关胸。月明花向灯前落，春尽人从梦里逢；再托生来侬未老，好教相见梦姿容。"[2]唐伯虎以深情的笔调表达了对徐素的眷恋与怀念，这怀念还深入到诗人的梦中。诗人想像自己能在梦里遇见深爱的人，再看看爱人曾经青春娇艳的容颜，其感情之真挚深沉一反荡子形象。唐伯虎对那些无情者持批判态度。《题画》有："一盏琼浆托死生，佳人才子自多情；世间多少无情者，枕席深情比叶轻。"[3]诗作

---

① 《唐伯虎全集》，第 27—28 页。
② 《唐伯虎全集》，第 96 页。
③ 《唐伯虎全集》，第 132 页。

对死生相托的佳人才子进行了讴歌,对把"枕席深情"看得比树叶还轻的无情者进行了嘲讽。唐伯虎还肯定男女性爱,并对之进行率真歌咏。如《题花阵图》:

> 风暖香消翠帐柔,相逢偏喜得春稠;怜卿自是多情者,犹是多情在后头。
>
> 窗满蕉阴小洞天,香风时度竹阑边;东君管领春无价,笑倩金莲上玉肩。
>
> 满树天香昼掩门,无端春意褪红裈;恩情只在牙床上,闲杀香闺两绣墩。
>
> 蜀锦缠头气若丝,风流不减瘦腰肢;多情犹恐春云坠,揿枕扶头倩小姬。
>
> 逐逐黄蜂粉蝶忙,雕阑曲处见花王;春心自是应难制,做出风流滋味长。
>
> 夜雨巫山不尽欢,两头颠倒玉龙蟠;寻常乐事难申爱,添出余情又一般。
>
> 江南春色莺花老,又汲新泉浸芰荷;春色后先君莫诧,后头花更得春多。
>
> 春色撩人不自由,野花满地不忘忧;多情为惜郎君力,暂借风流占上头。①

这八首诗是唐伯虎诗歌中集中歌咏艳情之作,也是唐伯虎描述性爱最大胆的作品,常被论者认为是浮薄轻艳有伤风雅之作。细读诗歌,我们可以发现诗人不过是客观描述了一些性爱场景,且诗作虽有香艳之色却没有猥亵下流之意,诗人不过大胆率真地说出了许多人经常做的事情,或许这触犯了中国人对性爱只能做不能说的禁忌,才被口是心非的卫道士们所不容。

---

① 《唐伯虎全集》,第 158—159 页。

唐伯虎肯定男女之情,有健康的爱情观,因而他对女性的态度也是比较尊重的,其诗画中多有歌咏女性生活的作品。他大胆歌咏女性身体之美。如《题半身美人》二首:

> 天姿袅娜十分娇,可惜风流半节腰;却恨画工无见识,动人情处不曾描。
>
> 谁将妙笔写风流?写到风流处便休;记得昔年曾识面,桃花深处短墙头。①

还善于描写女性娇憨之态,如《妒花歌》:

> 昨夜海棠初着雨,数朵轻盈娇欲语;佳人晓起出兰房,折来对镜比红妆。问郎花好奴颜好?郎道不如花窈窕;佳人见语发娇嗔,不信死花胜活人!将花揉碎掷郎前,请郎今夜伴花眠!②

唐伯虎还对那些在婚恋中多有勇敢积极表现的女性进行歌咏,被他赞美的既有千金小姐,如卓文君、崔莺莺,又有婢女如红拂,还有歌妓如李端端,传达了唐伯虎进步的女性观。特别是《西厢记》中的崔莺莺,唐伯虎为之歌咏再三,作有《莺莺图》、写有《题双文小照》,唐伯虎还有一枚图章"普救寺婚姻案主者",可见他对大胆追求爱情的女性的礼赞和向往。

三

唐伯虎因科场案的牵连,绝意仕途,选择隐居生活。虽然归隐是唐伯虎的主动选择,但作为一个古代的文人,"学而优则仕"的传统价值观依然对他有着深刻的影响,再加上他满腹才华没有施展的机会,正如祝允明说唐伯虎"有过人之杰,人不歆而更毁;有高世

---

① 《唐伯虎全集》,第153页。
② 《唐伯虎全集》,第34页。

之才,世不用而更摈;此其冤宜如何已!"(《唐子畏墓志并铭》)①人生经历的不幸使得唐伯虎的诗歌创作中多有怀才不遇的愤懑,王世贞说唐伯虎诗作"冀托于风人之指"。② 毛庆臻《一亭考古杂记》中说唐伯虎"乃诗中牢骚感慨,至不可解"。③ 徐充说唐伯虎"然诗中往往多穷愁愤疾之语,而欲鸣不平"。④ 顾起元在《客座赘语》中说唐伯虎:"唐才情绝胜,失意后所作,多凄咽感叹之旨,往往使人欲歇欲绝,真一代之异才也"。⑤ 所谓"凄咽感叹之旨"说的就是唐伯虎诗歌里所包含的那种抑郁不平的身世之慨。王世贞评价唐伯虎的《答文徵明书》及《桃花庵歌》为"见者靡不酸鼻也"。⑥ 也是为唐伯虎诗歌中怀才不遇的身世寄托所感动。但愤懑并不能真正解决问题,所以诗人为了排解自己的精神痛苦,又开始主动讴歌归隐的生活。

唐伯虎曾有《和沈石田落花诗》三十首,对落花极尽歌咏。花开绚烂,但好花不常开,花期的短暂正象征着唐伯虎在高中解元后曾经有过的瞬间繁华。从唐伯虎一生的经历来看,春风得意的日子确实太短暂,从弘治十一年的秋闱到弘治十二年的春闱,不过是四五个月的辉煌和绚烂,歌咏落花实际上就是诗人在悲叹自己不幸的遭遇,抒发自己怀才不遇的郁闷情怀。《和沈石田落花诗》中有:

> 今朝春比昨朝春,北阮翻成南阮贫;借问牧童应没酒,试尝梅子又生仁。六如谒送钱塘妾,八斗才逢洛水神;多少好花空落尽,不曾遇着赏花人。

① (明)祝允明:《怀星堂集》卷十七,载《文津阁四库全书》集421,第375页。
② (明)王世贞:《弇州续稿》卷一百四十八,载《文津阁四库全书》集429,第230页。
③ 《唐伯虎全集》,第594页。
④ 《唐伯虎全集》,第597页。
⑤ (明)顾起元:《客座赘语》卷六,凤凰出版社,2005年,第229页。
⑥ (明)王世贞《艺苑卮言》卷六,载丁福保辑:《历代诗话续编》,第1044页。

花开共赏物化新，花谢同悲行迹尘；可惜错抛倾国色，无缘逢看买金人。荧荧爱水衫前泪，渺渺游魂树底春；一霎悲欢因色相，欲从调御忏痴嗔。

花朵凭风着意吹，春光弃我意如遗；五更飞梦环巫峡，九畹招魂费楚词。衰老形骸无昔日，凋零草木有荣时；和诗三十愁千万，此意东君知不知？①

"多少好花空落尽，不曾遇着赏花人"，"可惜错抛倾国色，无缘逢看买金人"，"花朵凭风着意吹，春光弃我意如遗"，这些诗句蕴含了诗人无限的伤心与落寞，对自己才高八斗，却空被见弃的不幸经历，诗人发出了不平的呐喊。诗人不加掩饰地直陈心迹，毫不讳言自己的激愤与失意，反复对落花进行歌咏，就是对不幸身世的咏叹。在《漫兴》十首中也多有这样的诗句，如："十载铅华梦一场，都将心事付沧浪"。②"白面书生空鹏赋，黄金游客胜貂裘"。③表达了才志不得舒展的抑郁。"黄金谁买长门赋，黛笔难描满额鞾"。④"难寻萱草酬知己，且摘莲花供圣僧"。⑤"去日苦多休检历，知音谅少莫修琴"⑥抒发了知音难求的落寞。在《过闽宁德宿旅邸馆人悬画菊愀然有感因题》："黄花无主为谁容？冷落疏离曲径中；尽把金钱买脂粉，一生颜色付西风"。⑦没有主人的菊花引发诗人想起了自己有才不被见用的凄凉现实，诗人说菊花纵然买尽脂粉，装扮自己，还不是没人看在眼中，不过是把绚烂的美留给了西风。实际上诗人是在述说自己怀才不遇的现实，抒发了自己知音难觅的惆怅情怀。短短的诗歌中蕴含了诗人不平、愤懑、伤感的情感，其浓郁

①《唐伯虎全集》，第66—73页。
②《唐伯虎全集》，第84页。
③《唐伯虎全集》，第83页。
④《唐伯虎全集》，第85页。
⑤《唐伯虎全集》，第83页。
⑥《唐伯虎全集》，第84页。
⑦《唐伯虎全集》，第111页。

的悲伤读来令人动容。在难以排解的极度苦闷之中,他不断从历史人物中寻找寄托。他歌咏"献纳亲曾批逆鳞,忽以谗言弃于野"的白居易,对"欲济时艰须异才,琐尾小人有何益!谠言不用时事危,忠臣志士最堪悲"(《题浔阳送别图》)①的黑暗现实作出了悲愤的评述。在《题画》中他歌咏李白:"李白才名天下奇,开元人主最相知。夜郎不免长流去,今日书生敢望谁"。② 就连名闻天下的奇才李白,即使曾被唐玄宗欣赏过,还不是也因为参与永王李璘东巡之事而受累坐罪,长流夜郎,李白都遭此厄运,又何论他一介书生唐伯虎呢? 怀才不遇的悲剧,在历史上还是很多的。他歌咏苏东坡"乌台十卷青蝇案,炎海三千白发臣;人尽不堪公转乐,满头明月脱纱巾。"(《题东坡小像》)③苏东坡因乌台诗案遭贬,虽历经坎坷而矢志不渝。唐伯虎从这些旷世奇才曾经不幸的遭遇中找寻到了精神上的支撑,从这些身陷逆境又绝不屈服的前辈身上得到了启迪和安慰,获得了精神上的解脱。

既然不能在仕进的道路上施展自己的才华,不如寄情山水,在清风明月中修心养性。唐伯虎诗作中有不少歌咏渔樵之乐的作品,如《咏渔家乐》:

> 时泰时丰刍米贱,买酒颇有青铜钱;夕阳半落风浪舞,舟船入港无危颠。烹鲜热酒招知己,《沧浪》迭唱仍扣舷;醉来举盏酹明月,自谓此乐能通仙;遥望黄尘道中客,富贵于我如云烟。④

渔夫虽然靠打渔为生,与功名富贵无缘。但不论世事如何变化,大自然总能满足渔夫的生活需求。不管米价是贵是贱,渔夫只要打

---

① 《唐伯虎全集》,第 41 页。
② 《唐伯虎全集》,第 136 页。
③ 《唐伯虎全集》,第 132 页。
④ 《唐伯虎全集》,第 38 页。

到鱼，就可以养活自己，还能有闲钱去买酒。在大自然的怀抱中，好客而并不富裕的渔夫烹调好鲜美的食物，温热好醉人的美酒，扣舷高唱沧浪歌，与知己把酒言欢。诗作把渔夫的生活写得逍遥自在，乐能通仙，令人向往。如《烟波钓叟歌》：

> 太湖三万六千顷，渺渺茫茫浸天影；东西洞庭分两山，幻出芙蓉翠翘岭。鸥鹚啼雨烟竹昏，鲤鱼吹风浪花滚；阿翁何处钓鱼来？雪白长须清凛凛。自言生长江湖中，八十余年泛萍梗；不知朝市有公侯，只识烟波好风景。芦花荡里醉眠时，就解蓑衣作衾枕；撑开老眼恣猖狂，仰视青天大如饼。问渠姓名何与谁？笑而不答心已知；玄真之孙好高士，不尚功名惟尚志。绿蓑青笠胜朱衣，斜风细雨何思归？笔床茶灶兼食具，墨筒诗稿行相随。我曹亦是豪吟客，萍水相逢话荆识；飘飘敞袖青幅巾，清谈卷雾天香生。两舟并泊太湖口，我吟诗分君酹酒；酒杯到我君亦吟，诗酒赓酬不停手。大瓢小杓何曾干？长篇短句随时有；饮如长鲸吸巨川，吞天吐月鼋鼍吼。吟似行云流水来，星辰摇落珠玑走；天长大纸写不尽，墨汁蘸干三百斗。①

唐伯虎歌咏了一位自小生活在江湖中钓叟，他"不知朝市有公侯"，对富贵更没什么概念，只知道"烟波好风景"，只热爱自己打渔为生的自然生活。喝醉了就睡觉，解下蓑衣当枕被。钓叟"仰视青天大如饼""不尚功名惟尚志"的生活态度，无疑暗合诗人心态，对钓叟的歌赞，也就是诗人对自己生活态度的肯定。又如《题钓鱼翁画》：

> 直插渔竿斜系艇，夜深月上当竿顶；老渔烂醉唤不醒，满船霜印蓑衣影。②

---

① 《唐伯虎全集》，第37—38页。
② 《唐伯虎全集》，第152页。

诗中塑造了一个率性随意的渔翁形象,在一天的辛勤劳作后,他随意的系住小艇,饮酒至烂醉,在月光的映照下沉沉睡去,这是何其舒适与随意的生活。

更多的时候,唐伯虎直接歌咏山水隐逸之乐,表达自己的归隐情怀。如《题画》:

> 促席坐鸣琴,写我平生心;平生固如此,松竹谐素音。①

诗人说坐下来弹弹琴,在琴声中寄托自己的心愿。这个心愿即是归隐林间,高洁的松竹可以代表诗人高洁的情怀与不渝的追求。又如《题画》:

> 长松落落倚青天,满地浓阴覆野泉;短着田衣挥羽扇,此心于世已嚣然。②

诗人表达了对纷烦的尘世心生厌倦,唯愿在山间泉边度过一生。这里有落落的长松,有汩汩的野泉。脱去读书人的装扮,穿上田间劳作的短衣,挥摇着羽扇,忘却那喧嚣纷繁的世俗生活,真是一件令人向往的事情。诗人的隐逸生活并不寂寞,如《题画》:

> 山隐幽居草木深,鸟啼花落昼沉沉;行人杖履多迷路,不是书声何处寻。

> 水色山光明几上,松阴竹影度窗前;焚香对坐浑无事,自与诗书结静缘。③

在美丽的山光水色中,在幽静的隐居生活中自有诗书相伴,诗人在吟咏诗书中获得身心的愉悦。有时诗人借吟咏历史人物表达自己隐逸的情怀,如《题画渊明卷》二首:

> 满地风霜菊绽金,醉来还弄不弦琴;南山多少悠然意,千

---

① 《唐伯虎全集》,第 100 页。
② 《唐伯虎全集》,第 143 页。
③ 《唐伯虎全集》,第 134—135 页。

载无人会此心。

　　五柳先生日醉眠,客来清赏榻无毡;酒赀尽在东篱下,散
贮黄金万斛钱。①

诗作歌咏了陶渊明东篱赏菊的千古高韵,抒发了自己对陶渊明隐
逸志趣的理解和向往之情。如《题辋川》:

　　辋川风景更如何? 天色秋光趣益多;白日苍松尘外想,清
风明月醉时歌。林间鹿过云还合,溪面鱼游水自波;高隐不求
轩冕贵,且将踪迹寄烟萝。②

诗人借歌咏王维的隐居,来表达的隐逸生活的乐趣。这里有白日
苍松,这里有清风明月,林间的小路和溪面的游鱼都使得隐居的生
活显得无比美妙。诗人赞叹不求轩冕贵的隐居生活,其实也是在
表达自己的高洁情怀。如《题自画濂溪卷》:

　　草苫书斋石垒塘,阑干委曲绕溪傍;方床石枕眠清昼,荷
叶荷花互送香。③

诗人借歌咏周敦颐清雅的隐逸生活,来表达自己的隐逸情怀。然
而唐伯虎的归隐毕竟是因时所迫,虽然在诸多诗作中均可见到隐
逸生活的乐趣与逍遥,诗人还是免不了要一再述说自己归隐的缘
由,是不能俯首低眉作仰人鼻息的人。如《抱琴图》:

　　抱琴归去碧山空,一路松声两腋风;神识独游天地外,低
眉宁肯谒王公! ④

诗人志向高洁,追求神游物外的清空生活,是因为不能低眉折腰事
权贵。在《题画》中也有同类志向的述说:"长夏山村诗兴幽,趁凉

---

① 《唐伯虎全集》,第 124 页。
② 《唐伯虎全集》,第 98 页。
③ 《唐伯虎全集》,第 131 页。
④ 《唐伯虎全集》,第 122 页。

多在碧泉头；松阴满地凝空翠，肯逐朱门襁褓流？"①诗人不愿随波逐流的个性跃然而出。

第四节　唐伯虎诗歌的艺术风格

钱谦益评唐伯虎诗说："伯虎诗少喜秾丽，学初唐，长好刘、白，多凄怨之词，晚益自放，不计工拙，兴寄烂漫，时复斐然。"②"秾丽""凄怨""烂漫"可谓对唐伯虎诗作不同风格的精准概括。今人多据此论述唐伯虎诗歌早期风格秾丽，晚期风格俚俗直白。但唐伯虎诗作多没有系年，用没有确切纪年的诗歌来论证不同时期诗歌风格的变化难免存在问题。而且，由于近年来对通俗文学的高度关注，使得我们对唐伯虎诗作中部分俚俗之作过于关注，而对其诗歌中其他风格的作品则多少有些视而不见，这使得对唐伯虎诗作艺术风格的整体评价，多少有些偏颇。因而，笔者不从时间的角度来论证这一问题，仅对唐伯虎诗歌中所存在的三种艺术风格作简单论述。

一

第一种艺术风格为精工富丽。主要表现为诗作讲究对仗，讲究用韵，精致工整，且喜用富丽之语。此类作品通常缺乏主观感情色彩，富于文采却不能打动人心。如《咏春江花月夜》：

麝月重轮三五夜，玉人联桨出灵娥；内家近制河汾曲，乐府新谐役邓歌。十里花香通彩殿，万枝灯焰照春波；不关仙客饶芳思，昼短欢长奈乐何？③

---

① 《唐伯虎全集》，第 143 页。
② （清）钱谦益：《列朝诗集小传》，第 297—298 页。
③ 《唐伯虎全集》，第 14 页。

诗作对仗工稳，"麝月"对"玉人"，"十里"对"万枝"，"花香"对"灯焰"，"通彩殿"对"照春波"，可谓字斟句酌。诗歌韵脚鲜明，"娥""歌""波""何"，一韵到底。从对仗和用韵来看，诗歌可谓精工之作。从词语来看，也多为富丽之语，颇有六朝旖旎之风气。其《春江花月夜》二首，也明显是此种风格之作品。诗作如下：

> 嘉树郁婆娑，灯花月色和；春江流粉气，夜水湿罗裙。
> 夜雾沉花树，春江溢月轮；欢来意不持，乐极词难陈。①

其一中"嘉树"对"灯花"，"春江"对"夜水"，对仗工稳。婆娑的树影，月色笼罩下的朦胧迷离的灯花，在流溢着脂粉之气的春江上，夜雾打湿了那些歌儿舞女的罗裙。其二也是类似的诗作。这两首诗用细腻的笔触描述了人们丰富的夜生活。虽然诗句没有出现明确的主人公，但通过脂粉气和罗裙暗示了那些在春天的夜色中，泛舟江上的游船画舫里的歌儿舞女。人们欣赏着迷人的月色，朦胧的灯花，在歌儿舞女的陪伴下，消磨着漫漫长夜。这样的风光是旖旎的，这样的情感是多少有些萎靡的，但这样的月色、这样的春天、这样的脂粉气又是醉人的。所以诗人说语言已经难以表达快乐的心意了。又如《观鳌山》四首：

> 禁御森严夜沉寥，灯山忽见翠岩峣；六鳌并驾神仙府，双鹊联成帝子桥。星振珠光铺锦绣，月分金影乱琼瑶；愿身已自登缑岭，何必秦姬奏洞箫？
> 金吾不禁夜三更，宝斧修成月倍明；凤蹴灯枝开夜殿，龙衔火树照春城。莲花捧上霓裳舞，松叶缠成热戏棚；杯进紫霞君正乐，万民齐口唱升平。
> 仙殿深岩号太霞，宝灯高下缀灵槎；沈香连理三株树，结采分行四照花。水激葛陂龙化杖，月明缑岭凤随车；箫韶沸处

---

① 《唐伯虎全集》，第 14 页。

开宫扇,法杖当墀雁队斜。

　　上元佳节丽仙都,内殿欢游惬睿图;壁际金钱衔鹭鸶,水中铁网出珊瑚。鼓将百戏分为坞,灯把三山挈入壶;不是承恩参胜赏,歌谣安得继康衢。①

诗作从不同角度描述了鳌山美丽的夜景,从对仗到用韵与用语都与《咏春江花月夜》有异曲同工之妙。诗作第一首先从整体上描述了夜色深沉中灯光照耀下的鳌山美景。沇寥,高朗空旷貌,多用来形容天空的深远。诗人开篇第一句,描述了在深沉辽远的夜色笼罩下禁御森严的鳌山,第二句笔触一转,以带有光感的"灯"照亮了人们的视线,在灯光的映照下我们看到了一座翠绿的岩石山。接着诗人用热烈的笔触描绘了他眼中的鳌山,在明星的辉光和宝珠的光辉的互相映照下,鳌山像披上了美丽的锦绣,月色和金影的辉映也如散乱的琼瑶。这几句写灯光、星辉、珠光、月色、金影交织辉映下的鳌山美景。猴岭,多指修道成仙之处。诗人在结尾不禁感叹,如此美景哪里需要秦姬来吹箫招仙,赏景之人早已有如登仙境的感觉了。诗中"六鳌"对"双鹊","神仙府"对"帝子桥","星振"对"月分","珠光"对"金影","铺锦绣"对"乱琼瑶"等都是非常工整的对仗。韵脚"峣""桥""瑶""箫"也是一韵到底,读来朗朗上口。接下来的三首诗,诗人变换角度,以描述人们的喜庆活动来展现繁华富庶的太平生活。如"莲花捧上霓裳舞,松叶缠成热戏棚;杯进紫霞君正乐,万民齐口唱升平","箫韶沸处开宫扇,法杖当墀雁队斜","上元佳节丽仙都,内殿欢游惬睿图"都是对繁华富庶又太平生活的讴歌。诗作用语比较讲究,可谓精致工整。但由于语言的富丽使得诗作显得过于花哨,虽然精致工整,有富丽之神韵,却多少损失了诗歌的自然之风韵。这种风格在其赋作《金粉福地赋》中也多有体现:

---

① 《唐伯虎全集》,第58页。

闽山右姓，策将元勋；玉节凌霄而建，金符奕世而分。位定高明，补娲天以五石；职俾贞观，捧尧日以三云。四库唐书，秘殿分球琳之赐；九州禹迹，丹书镌带砺之文。馆备凤鸾之佳客，卫总虎貔之禁军。载赋卜居，当清溪之曲；列陈支戟，倚赤山之氛。揆定星于北陆，察景日于南薰。箧粉钗金，借灵光于织女；移山变海，假福地于茅君。竹苞矣而秩秩；木向荣而欣欣。①

赋作开头以精工典雅之语描绘了一处贵族世家的佳地，主人是有勋业的贵族，且雅好风雅，此处依赤山傍曲水，风光秀丽，有佳客往来，有禁军护卫，可谓人间福地。赋作多为四六句，也夹杂有五言、七言，却并不凌乱，反而显得生动活泼。仅从此开篇的用语和押韵，我们即可感受到唐伯虎语言之富于文采又富于韵味之特点。但这类作品，多少有摛翰振藻之嫌，缺乏感人的情感色彩。王世贞在《凤洲笔记》中说唐伯虎诗作："少法初唐，如鄠杜春游，金钱铺埒；公子调马，胡儿射雕。"②指的应该就是这类作品。

二

第二种艺术风格为平易流畅。主要表现为用语趋向平易，不再过分追求语言的文采，而以自然流畅取胜。如《漫兴》二十首、《和沈石田落花诗》三十首、《花月诗》十首堪称此类作品的代表。兹各举几例，如《漫兴》：

此生甘分老吴阊，万卷图书一草堂；龙虎榜中题姓氏，笙歌对里卖文章。跏趺说法蒲团软，鞋袜寻芳杏酪香；只此便为吾事了，孔明何必起南阳。

驱驰南北瞥头尘，褴褛衣衫垫角巾；万点落花俱是恨，满

---

① 《唐伯虎全集》，第6页。
② 《唐伯虎全集》，第596页。

杯明月即忘贫。香灯不起维摩病,樱笋难消谷雨春;镜里自看成一笑,半生傀儡局中人。

自怨迂疏更自怜,焚香扫榻枕书眠;苏秦扪颊犹存舌,赵壹探囊已没钱。满腹有文难骂鬼,措身无地反忧天;多愁多恨多伤寿,且酌深杯看月圆。

踏遍回廊细自筹,腾腾无语重低头;四更中酒半床病,三月伤春满镜愁。白面书生空鹏赋,黄金游客剩貂裘;年来踪迹尤漂泊,飞叶僧房细雨舟。①

诗作对仗依然工稳,但用语却不再追求精致典雅,而开始用平常的语言显现平易之风格。如《漫兴》"此生甘分老吴阊",开篇直抒胸臆,这辈子就甘心老死在吴阊了,表达了诗人绝意功名富贵的决心。但诗人的隐居生活却并不寂寞,有万卷图书相伴,有歌儿舞女相陪,闲暇之余参参佛法,游游春,诗人的生活可谓丰富多彩,乐比神仙。所以诗人高唱:"只此便为吾事了,孔明何必起南阳"。这样快意的生活,即使是诸葛亮也未必愿意出山了。这类诗作语言简单,少修饰,颇具散文特色,如话家常。如"镜里自看成一笑""满腹有文难骂鬼""腾腾无语重低头"之类,均为平易之语。但由于诗歌的意韵较高,语含深情,诗作中因蕴含身世之感而格外动人,诗作的整体艺术水平也得以提升。如《和沈石田落花诗》:

春尽愁中与病中,花枝遭雨又遭风;鬓边旧白添新白,树底深红换浅红。漏刻已随香篆了,钱囊甘为酒杯空;向来行乐东城畔,青草池塘乱活东。

节当寒食半阴晴,花与蜉蝣共死生;白日急随流水去,青鞋空作踏莎行。收灯院落双飞燕,细雨楼台独啭莺;休向东风诉恩怨,自来春梦不分明。

---

① 《唐伯虎全集》,第81—83页。

> 春来赫赫去匆匆,刺眼繁华转眼空;杏子单衫初脱暖,梨花深院自多风。烧灯坐尽千金夜,对酒空思一点红;倘是东君问鱼雁,心情说在雨声中。

> 花落花开总属春,开时休羡落休嗔;好知青草骷髅冢,就是红楼掩面人。山屐已教休泛腊,柴车从此不须巾;仙尘佛劫同归尽,坠处何须论厕茵。

> 杨柳楼头月半规,笙歌院里夜深时;花枝的的难长好,漏水丁丁不肯迟。金钏袖笼新藕滑,翠眉匳映小蛾垂;风情多少愁多少,百结愁肠说与谁?①

这些诗作多含有诗人的身世之感,表达了诗人才志不得舒展的抑郁情怀,因语含深情而格外感人。西园公曾题唐伯虎落花诗卷曰其诗:"柔情绰态,如泣如诉"。② 可谓是对落花诗的最好评价。又如《花月诗》:

> 高台明月照花枝,对月看花有所思;今夜月圆花好处,去年花病月亏时。饮杯酬月浇花酒,做首评花问月诗;沉醉欲眠花月下,只愁花月笑人痴。

> 月转东墙花影重,花迎月魄若为容;多情月照花间露,解语花摇月下风。云破月窥花好处,夜深花睡月明中;人生几度花和月? 月色花香处处同。

> 花正开时月正明,花如罗绮月如银;溶溶月里花千朵,灿灿花前月一轮。月下几般花意思? 花间多少月精神? 待看月落花残夜,愁杀寻花问月人!③

诗作语言更为简单,主要以花月为主,虽多处出现此二字,却不觉重复拖沓,反而有朗朗上口之韵味。诗人对花问月,对月赏花,对

---

①《唐伯虎全集》,第 68—72 页
②《唐伯虎全集》,第 598 页。
③《唐伯虎全集》,第 76—77 页。

好花美月愁落花残月，在花月中寄托自己无限的情思。诗作风格平易流畅却极为感人。

三

第三种艺术风格为俚俗直白。主要表现为大量用俗语、俚语、口语入诗，诗作风格有气韵流动、一泻千里之畅快。这部分作品因过于俚俗，通常被论者批评。如《叹世》：

> 富贵繁华莫强求，强求不出反成羞；有伸脚处须伸脚，得缩头时且缩头。地宅方圆人不在，儿孙长大我难留；皇天老早安排定，不用忧煎不用愁。

《避事》

> 多凭乖巧讨便宜，我讨便宜便是痴；繁日无绳那得住？待天倚杵是何时？随缘冷暖开怀酒，懒算输赢信手棋；七尺形骸一丘土，任他评论是和非。[1]

诗作中"伸脚""缩头""乖巧""便宜"等词语多为俗语或口语。"有伸脚处须伸脚，得缩头时且缩头"，"多凭乖巧讨便宜，我讨便宜便是痴"，"任他评论是和非"简直就是大白话了。这些诗句不再追求对仗的工稳，而主要以意韵取胜。又如《警世》八首：

> 措身物外谢时名，着眼闲中看世情；人算不如天算巧，机会争似道心平。过来昨日疑前世，睡起今朝觉再生；说与明人应晓得，与愚人说也分明。

> 世事如舟挂短篷，或移西岸或移东；几回缺月还圆月，数阵南风又北风。岁久人无千日好，春深花有几时红？是非入耳君须忍，半作痴呆半作聋。

> 但凡行事要知机，斟酌高低莫乱为；乌江项羽今何在？赤

---

[1]《唐伯虎全集》，第89页。

壁周瑜业更谁？赢了我时何足幸？且饶他去不为亏；世事与人争不尽，还他一忍是便宜。

万事由天莫苦求，子孙绵远福悠悠；饮三杯酒休胡乱，得一帆风便可收。生事事生何日了？害人人害几时休？冤家宜解不宜结，各自回头看后头。

为人须是要公平，不可胡为肆不仁；难得生居中国内，况兼幸作太平民。交朋切莫交无义，做鬼须当做有灵；万类之中人最贵，但行好事莫相轻。

贪利图名满世间，不如布衲道人闲；笼鸡有食锅汤近，海鹤无粮天地宽。富贵百年难保守，轮回六道易循环；劝君早向生前悟，一失人身万劫难。

仁者难逢思有常，平居慎勿恃无伤；争先径地机关险，退后语言滋味长，爽口物多终作疾，快心事过必为殃；休言病后能求药，孰若病前能预防！

去年残花今又开，追思年少忽成呆；数茎白发催将去，万两黄金买不回。有药驻颜真是妄，无绳系日转堪哀；此情莫与儿郎说，直待儿郎自老来。①

这些诗作用语极为简单，俗语、俚语与口语更是随处可见，如"人算""天算""说与""莫乱为""莫苦求""不为亏""害人""人害""爽口""快心""忽成呆""买不回"，等等，多为口语与俚语。这些文字看起来虽缺乏文采，但诗歌内在却有着气韵生动、一气呵成的妙处，读来颇有感染力。王世贞说唐伯虎诗作："暮年脱略傲睨，务谐俚俗。"②说的应该就是这部分作品。此类作品还曾被他讥为"如乞儿唱莲花乐"。③今人研究基本经常引用王世贞的这一评价来论述

---

① 《唐伯虎全集》，第 95—96 页。
② (明)王世贞《明诗评》卷二，载周维德集校：《全明诗话》三，齐鲁书社，2005 年，第 1949 页。
③ (明)王世贞：《艺苑卮言》卷五，载丁福保辑：《历代诗话续编》，第 1034 页。

唐伯虎此种风格的作品。但王世贞本人在晚年时曾明确对创作《艺苑卮言》的草率态度进行过反思，在《书西涯古乐府后》他说："余作《艺苑卮言》时，年未四十，方与于鳞辈是古非今、此长彼短，未为定论。至于戏学世说，比拟形似，既不切当，又伤儇薄，行世已久，不能复秘，姑随事改正，勿令多误后人而已"。① 可见王世贞当时正值盛年，看问题未免不够客观，其评价既有意气用事之倾向，也有戏说之成分。且本诗评前王世贞有小序："余于国朝前辈名家，亦偶窥一斑，聊附于此，以当鼓腹"。② 可知王世贞当时评价前辈名家时，确实有戏说成分。所以钱谦益说："今之谈艺者，尊奉弇州《卮言》，以为金科玉条，引绳批格，恐失尺寸；岂知元美固晚而自悔，以其言为土苴唾余乎"。③ 可知钱氏也不同意王世贞的许多戏评。但四库馆臣在作《四库全书总目提要》时，对明人别集的评价，多援引了王世贞的这一戏评，后来的研究者遂因袭其说。细读此类诗作，虽多用俗语、俚语与口语，但由于诗歌整体意韵颇具哲理性，且读来流畅上口，在同时代的同类作品中，是很成功的创新之作。诗作中用俗语、口语并不是唐伯虎一人的特点，前文论及师友诗文创作倾向对唐伯虎的影响时，就谈到了唐伯虎的许多师友也喜欢以俗语、口语入诗。如沈周《苦雨寄城中诸友》二首：

> 一阵接一阵，一朝连一朝。官仍追旧赋，天又没新苗。白日不相照，浮云那得消。君休问饥饱，且看沈郎腰。

> 新雨似旧雨，今年即去年。只愁沉厔土，或喜梦青天。顿顿黄虀瓮，家家白鹭田。惟应五谷地，改纳水衡钱。④

诗作虽援引口语入诗，却在诗歌的气韵上却不如唐伯虎的诗作。

---

① （清）钱谦益：《列朝诗集小传》，第 246 页。
② （明）王世贞：《艺苑卮言》卷五，载丁福保辑：《历代诗话续编》，第 1032 页。
③ （清）钱谦益：《列朝诗集小传》，第 247 页。
④ （明）沈周：《石田诗选》卷一，载《文津阁四库全书》集 417，第 409 页。

与唐伯虎此类诗作在气韵上差可比拟的或许是祝允明的《口号》三首：

> 枝山老子鬓苍浪，万事遗来剩得狂。从此日和先友对，十年汉晋十年唐。

> 不裳不袜不梳头，百遍回廊独步游。步到中庭仰天卧，便如鱼子转瀛洲。

> 蓬头赤脚勘书忙，顶不笼巾腿不裳。日日饮醇聊弄妇，登床步入大槐乡。①

但祝氏此类诗作数量不多，且祝氏多是对自我的关注。不像唐伯虎此类作品，多是对世情的关注，且说理透彻，颇有哲学意味，很能打动人心。或许我们应该换一种眼光来看待唐伯虎此类诗作的成就，虽然俚俗直白，但诗歌以整体意韵取胜，不妨看成是唐伯虎诗歌文体创新的成功之作。

　　唐伯虎诗作丰富，其创作风格当然不仅仅体现为这三种，但这三种却是唐伯虎诗作中比较鲜明的特点。在这三种风格中，第一种和第三种的整体创作量都是比较少的，第二种风格的作品在唐伯虎的诗作中比重是最大的，也即是说，唐伯虎那些平易流畅又语含深情的作品是占主导地位的。因而，唐伯虎诗歌的整体风格应该以第二种为主。

---

① （明）祝允明：《怀星堂集》卷六，载《文津阁四库全书》集421，第323页。

第五章

唐伯虎曲词文赋研究

唐伯虎的曲词文赋作品数量虽然不多,但亦有独到的特色和成就,在明代文学史上,也凭借这些文体在曲学史、词学史等领域留下了自己的名字,各体文学史在讲到明中期苏州文人时,都会涉及唐伯虎相关的一些作品,可见对这些作品进行深入细致的研究,有助于我们更为全面客观地判断唐伯虎。

第一节　唐伯虎的散曲

一

明散曲的发展,大致可分为三个时期:明成化(1465—1487)以前,是北曲衰微和南曲兴起的时期;从成化中期经弘治(1488—1505)、正德(1506—1521)至嘉靖(1522—1565),是北曲中兴和南曲盛行的时期,是散曲全面复兴的时代;自隆庆(1567—1572)到崇祯(1628—1644)亡国,是南曲词化而北曲再度衰落的时期。① 唐伯虎主要生活在弘治至正德年间,正处在明代散曲全面复兴的时代。其复兴标志主要有三:一是名家辈出,明散曲中卓有成就的作家大

---

① 赵义山、李修生主编:《中国分体文学史·诗歌卷》,上海古籍出版社,2014 年,第 415 页。

多产生在这一时期,如北派的康海、王九思、冯惟敏、常伦、李开先,南派的陈铎、王磐、祝允明、沈仕、唐寅、杨慎、黄峨等,他们一起构成了群星灿烂的明中叶曲坛。① 可见唐伯虎作为南派散曲的先锋人物,在明代散曲发展史上也有一席之地。

曲论家们对唐伯虎的散曲也有不少美誉,王世贞说:"吾吴中以南曲名者,祝京兆希哲、唐解元伯虎、郑山人若庸。希哲能为大套,才情,而多驳杂。伯虎小词翩翩有致。"②王骥德《曲律》论散曲,首曰:"小令如唐六如、祝枝山辈,皆小有致,而祝多俚语。"③吕天成《曲品》评唐伯虎散曲"巧擅解衣,列为上品"。沈宠绥《度曲须知》称"词学先贤姓氏",也举祝枝山和唐伯虎,并说:"已上诸名公,缘著作有关声学,予前后二集稽采良多,用识爵里,不忘所自云。"④可见唐伯虎散曲,以它独有的风致和韵味,在明代散曲发展史上,留下了绚烂的一笔。

唐伯虎散曲作品流传下来的数量远远不如诗歌作品,谢伯阳《全明散曲》中共收录唐伯虎小令50首、套数20套、复出套数3套,是目前较为全面的辑本。

他的散曲作品数量虽然不多,但整体婉转多致,含蓄蕴藉,颇具灵秀之气,在内容、风格和艺术手法等方面都有自己的特色,具体表现在他的小令创作明显有雅化倾向,风格上更接近词;曲作中融入了丰富的个人情感,颇有哀婉之风致;艺术手法上追求工丽纤巧的语言。唐伯虎散曲的这些特色使得他在明代曲家中占有了一席之地,同时他也成为明代中后期"词曲合流"现象的实践派代表,在明代散曲发展到本时期的新变与超越中贡献了自己的力量。

---

① 赵义山、李修生主编:《中国分体文学史·诗歌卷》,第420页。

② 齐森华等主编:《中国曲学大辞典》,浙江教育出版社,1997年,第198页。

③ (明)王骥德:《王骥德曲律》,陈多、叶长海注译,湖南人民出版社,1983年,第250页。

④ 邹逸麟主编、王振忠副主编、李嘉球:《苏州梨园》,福建人民出版社,1998年,第25页。

二

明代散曲成就虽不如元代，但其涉及的内容面还是比较广泛的，有揭示官场黑暗的、有同情民生疾苦的、有讴歌闺情闺怨的、有抒发身世浮沉的、有吟风弄月的、有即景抒怀的、有托物吟志的、有描写雄浑苍凉的边塞风景的等。唐伯虎散曲的内容面相对比较单一，主要有描写闺情闺怨、反映世态炎凉两大类，还有一点香艳之作。

闺情，指闺中女子的各种情感，喜怒哀乐都可以涉及，也是中国文学作品中常见的一类内容。闺怨，特指的是闺中之怨情，主要表达女主人公的哀怨之情。这种题材最早出现于诗歌中，即所谓的闺情诗。闺情诗，写闺中情思的诗。写离愁，则多缠绵之致；写哀怨，则多仳离之怀。前者往往以"思"为名，如"闺思""春思"之属；后者往往以"怨"为名，如"闺怨""宫怨"之类。清杨际昌《国朝诗话》卷二云："闺情诗本《国风》之遗，题虽小，须以大方出之。"①

诗作体现闺情的称之为闺情诗，曲作体现闺情的就称之为闺情曲。唐伯虎的曲作中，内容表现闺情闺怨的作品数量最多，在他所有曲作中占大多数。有写闺中少妇思念远行的对象的，这个对象有的是王孙，有的是行人，有的没有具体的人，只表达一种思念。从少妇思念的对象可以推测少妇的身份有所不同，也即是唐伯虎笔下的闺情曲中女性的身份是不同的，她们有的是家庭殷实，生活条件优渥的富家女，有的是一般家境的女性。如失题十二首里有：

> 残月照妆楼。静悄悄燕子愁。满庭芳草黄昏后。王孙浪遊。光阴水流。梨花冷淡和人瘦。梦悠悠。铜壶滴漏。孤枕四更头。
>
> 罗袖怯春寒。对飞花泪眼漫。无心拈弄闲箫管。尘蒙镜

① 傅璇琮、许逸民等主编：《中国诗学大辞典》，浙江教育出版社，1999 年，第 1165 页。

鸾。愁埋枕珊。蘼芜草绿王孙远。倚雕阑。叮咛鱼雁。风水路途难。①

失题有：

> 封侯未遇。王孙何处。绿杨叶底黄鹂。红杏梢头青子。惜芳菲又归。惜芳菲又归。滔滔逝水。欲留无计。漏迟迟。宿鸟惊枝去。残灯落烬时。②

[南商调山坡羊]有：

> 窗下鸡鸣晓天晓。天际王孙芳草。烟波旷荡。旷荡鳞红香。翠黛彫。愁眉怎画描。东风赚得。赚得莺花老。红烛金钗且漫敲。香消。香消一捻腰。迢遥。迢遥万里桥。③

[南仙吕桂枝香]春情有：

> 相思如醉。一春憔悴。无端几许闲愁。恼乱离人情绪。云山万叠。云山万叠。阻隔那人何处。使我心如悬旆。望天涯草绿江南路。王孙归未归。④

[集贤宾]有：

> 阶前青草长旧斑。王孙何事不还。李白桃红春已半。怪求友黄莺相唤。长吁短叹。对景物愁肠千段。凄凉限。知甚日情当完满。⑤

这几首曲中，闺中少妇所思之人都是"王孙"。"王孙"，原指王室贵族之后代。《楚辞·招隐士》："王孙游兮不归，春草生兮萋萋。"后世常用来做思念远游者之典。如《唐宋诸贤绝妙词选》受李重元

---

① 谢伯阳编：《全明散曲》第 1 卷，齐鲁书社，1994 年，第 1061 页。
② 谢伯阳编：《全明散曲》第 1 卷，第 1064 页。
③ 谢伯阳编：《全明散曲》第 1 卷，第 1065 页。
④ 谢伯阳编：《全明散曲》第 1 卷，第 1081—1082 页。
⑤ 谢伯阳编：《全明散曲》第 1 卷，第 1083 页。

《忆王孙》四首,分别为"春词""夏词""秋词""冬词"。其一春情:

> 萋萋芳草忆王孙,柳外楼高空断魂。杜宇声声不忍闻。欲黄昏,雨打梨花深闭门。[1]

词作写了春草萋萋而生的季节里,一位怀念王孙的女性,她在高楼远眺,只看到那繁茂的春草,依依的柳枝,恰如她绵绵的思念,还有杜宇鸟凄婉的叫声,更增添了她无限的惆怅。而黄昏中的细雨,也让这离愁思绪变得更加地绵长,独守空房的她不得不深闭门来消磨这漫漫思念。全词多处使用带有伤感的暮春景物来衬托该女性怀人相思的伤感,十分凄婉动人。唐伯虎曲作中的怀念王孙的闺中女性,也有着委婉细腻的感情,所怀之人既为王孙,思念之人也不会是平民布衣家的女子。这些女性可能是富庶人家的少妇,我们可以从曲作中看出她们生活环境优越,物质条件丰厚。"残月照妆楼",妆楼,即女性梳妆之楼。据载辽太后曾建有妆楼:在大同古城西北隅,凤台之上建梳妆楼。站在梳妆楼上,大同古城可一览无余。[2] 唐伯虎散曲中出现的"妆楼",虽不是皇族贵室之女性所休息之地,也应该是江南富庶人家女眷的日常起居之所。而且,从她们的计时用具"铜壶滴漏"也可以看出家境殷实。铜壶滴漏是我国古代的一种较为精准的计时器,结构复杂,由水由上面的盛水壶流到下面的受水壶,通过水面的升降来标示刻度。滴漏由日壶、月壶、星壶、受水壶四个铜壶组成,也有一种说法称为日天壶、夜天壶、平水壶和受水壶。日壶壶壁铸有太阳图,月壶壶壁铸有月形图,星壶壶壁铸有北斗七星图,受水壶壶壁铸有八卦图。四壶依次安放,最上为日壶,最下为受水壶。日、月、星壶底部各有一个出水的龙头。受水壶盖正中立一铜表尺,上有时辰刻度,自下而上为子、丑、寅、卯、辰、巳、午未、申、酉、戌、亥。铜尺前放一木制浮箭,箭下端是一

---

[1] (唐)温庭筠等:《婉约词》,万卷出版公司,2018年,第205页。
[2] 薛军良选注:《彭兆荪边塞诗文选注》,三晋出版社,2018年,第139页。

块木板,称作浮舟。① 这样精密的计时器,恐非一般家庭所能拥有。月不是弯月、不是圆月,而是残月,一个"残"字突出了女主人公的凄凉心境,这残月照着高高的梳妆楼,女为悦己者容,悦己者就是曲中的"王孙",但此人此时确是在"浪遊"。王孙游于何处不知,何时游完归来不知。在残月映照的夜里,在静悄悄悄无声息的夜里,连燕子也被女主人的愁绪感染,不禁也发起了愁。这思念的愁绪啊,如满庭的青草勃勃而生。光阴如水而逝,思念比水还长。春天里那姿态美好洁白如玉的梨花,在女主人的眼里也变得清冷寡淡,她看不到花的美,因为她被满腔思念的愁绪包裹,正被这销骨蚀魂的思念折磨得行消人瘦。在铜壶滴漏的滴答声中,在睡里梦里忘不了的情绪中,孤零零地独枕在床,直到四更天快亮了,还愁绪千种,不能安眠。即使她富有妆楼,用得起铜壶滴漏,也依然要面对王孙远游在外,不知归期的春日愁绪。

在"罗袖怯春寒"这首曲中,"罗袖"一词暗示了女主人公的衣着品味。我们都知道"绫罗绸缎"指那些光鲜奢华的丝织品,它们通常是上流社会的奢侈品,一般平民布衣家是穿不起的。尤其是"罗"这种独特的织物,可是富贵人家夏季着衣的首选。"罗"是"绞经"织物,每两根或以上的经线为一组,相绞,再与纬线交织,这就是罗。绞经令它拥有稳定而细密的空隙,所以古人才说"薄罗衫子透肌肤"。② "怯春寒"点出季节是春末夏初,罗袖还挡不住春末的寒潮。女人主人公在春末夏初就穿上了夏季首选的"罗"织物,可见她一定是一位养尊处优、生活优渥的富贵人家的女性,衣着高档又追求时尚。"箫管"是一种适合抒发幽怨情怀的乐器,在无才便是德的社会里,会乐器的女性除了青楼之外,一定是家产丰厚的人家之女。从"枕珊"一词,我们也可以看出女主人公闺房起舞之珍

---

① 华觉明、谭德睿主编:《图说中华铜文化》,中国科学技术大学出版社,2018 年,第412 页。
② 春梅狐狸:《图解中国传统服饰》,江苏凤凰科学技术出版社,2019 年,第192 页。

贵,枕珊就是珊瑚枕,用珊瑚做枕可是很奢侈的用品了。曲作中的这位富家之女,在初夏时节,穿着最时尚的罗衫,看着满眼的飞花,不禁泪眼婆娑,她意兴阑珊,没有心情去摆弄乐器箫管。那精致闺房中的鸾镜上,也蒙了一层厚厚的灰尘,这说明她已经很久没去照镜子了。女为悦己者容,不去梳妆,镜子蒙尘,只能说明她的那个心上人"王孙"不在身边,所以她即使枕在珊瑚枕上,也没有开心,只有深深的愁绪。那萋萋而生的春草多像她绵密的思念,她倚着雕阑盼着王孙归来,托鱼雁传达消息,叮咛王孙要一路平安。

在失题两首中,所思之人是"行人",思念之人似为家境一般的女性:

> 日转杏花梢。送春归把酒浇。行人不念佳人老。青帘小桥。黄骊满镳。天涯何处无芳草。路迢遥。归期正早。瘦损小蛮腰。

> 秋水蘸芙蓉。雁初飞山万重。行人道路佳人梦。朝霜渐浓。寒衣细缝。剪刀牙尺声相送。韵叮咚。谁家砧杵。敲向月明中。①

"行人",即出行在外的人,怀念行人的正是守望在家乡的思妇。曲作中的女性为"佳人",思念的季节一为春日里,一为秋日里。伤春悲秋本就是两个让人伤感的季节,所思"行人"又杳无音信,更加深了这无限的哀愁。春日里的佳人无心欣赏枝头春意闹的杏花,在春将归去的愁绪里,借酒浇愁愁更愁,忍不住轻责远行在外的人,不顾念佳人日渐老去,仍是一春里毫无消息。这挥之不去的烦恼,让思妇的杨柳小蛮腰更加地纤细了。到了秋天,大雁南非,行人还在路上。佳人把无限的牵念化作为行人缝制衣裳,希望这织满了爱意的衣裳,能代替自己去温暖在外的行人。剪刀牙尺,指的是做

---

① 谢伯阳编:《全明散曲》第1卷,第1062页。

女红用具。牙尺，象牙制的尺，亦为尺的美称。这些都是女性做女红的常备用品，在剪裁缝衣时，剪刀和牙尺时时碰撞，发出轻微的响声，更加衬托了夜的寂静，凸显了思妇的孤独，只有缝衣的声音伴着她。"砧杵"，古代捣衣用的四方石头和木棒槌。《荆州记》载："秭归县有屈原旧宅，女嬃庙中捣衣石还保存着。"古代女子捣练时，两人对立着各执一杵，一上一下就砧上捣练，叮叮咚咚的声音，交错相应。① 它常常用在表达思妇思念的诗词曲中。敦煌曲《浣溪沙》即有："远客思归砧杵夜。"②远行的客人在捣衣的砧杵撞击声中，想起了在家中劳作等待的思妇，不禁生了归家的念想。秦观《满庭芳》："又是重阳近也，几处处，砧杵声催。西窗下，风摇翠竹，疑是故人来。"③重阳佳节是古人团聚的重要节日，王维就因为离家求官在重阳节发出了"遍插茱萸少一人"的伤感。对于痴男怨女，在悲秋的季节里，怀念故人的情感更加得浓烈，那微风拂过竹子的声响，也让人忍不住猜测是不是所思之人回来了。周邦彦《风流子》："砧杵韵高，唤回残梦。绮罗香减，牵起余悲。"④那寒夜里清脆的捣衣声，让人忍不住思绪万千。张可久《中吕·迎仙客·秋夜》："秋香院落砧杵鸣。二三更，千万声，捣碎离情。"⑤这声声清脆的捣衣声，总是和思妇的离情密切相关。唐伯虎本曲中的佳人，在寒夜里为远行的人缝制衣裳，应是一位家境普通的思妇。富贵人家的女性，应不会如此劳作。她一边缝衣，一边思念远行的人，在秋夜里听着清脆的砧杵声，更加思念远行的人。

除了描写思妇的闺情闺怨，唐伯虎的曲作中，还有一些反映世态炎凉的叹世咏怀之作。叹世即为感叹世道人情，也是散曲中常见的

① （元）王祯撰：《农书译注》下，齐鲁书社，2009年，第770页。
② 任中敏：《敦煌曲研究》，张长彬校理，凤凰出版社，2013年，第38页。
③ 石海光编：《秦观词全集》，崇文书局，2015年，第90页。
④ 范松义选注：《两宋词作》，中国社会出版社，2005年，第120页。
⑤ 陶红亮编著：《飞花令 元曲》，贵州民族出版社，2019年，第196页。

题材,很多作家都写过相关的内容。唐伯虎的叹世曲既不像前代人那样反映民生疾苦,如元代冯子振《正宫·鹦鹉曲·农夫渴雨》:

> 年年牛背扶犁住,近日最懊恼杀农夫。稻苗肥恰待抽花,渴煞青天雷雨。[幺]恨残霞不近人情,截断玉虹南去。望人间三尺甘霖,看一片闲云起处。①

曲作从耕田农夫角度出发,写了他们在农田里辛苦劳作,稻苗正长得肥壮,快要到抽花时节,此时最需要天降甘霖,却无奈天公不作美,残霞不近人情,不但没有降下甘霖,反而漂着一片闲云,毫不顾惜农夫对时雨的热切期盼。无奈的农夫只能懊恼,除了仰天期盼,却也没有更好的办法。生动地写出了百姓生活的不易和艰辛。唐伯虎的叹世曲也不是提倡耕田织布的朴素生活,如元代陈草庵《中吕·山坡羊·叹世》:

> 江山如画,茅檐低厦,妇蚕缫、婵织红、奴耕稼。务桑麻,捕鱼虾,渔樵见了无别话。三国鼎分牛继马。兴,休羡他;亡,休羡他。②

曲作描写了秀美的田园风光,山清水秀的农村就像一幅画,百姓们居住在茅草屋里怡然自乐,养蚕缫丝、编织女红、耕田稼穑、种桑绩麻、捕鱼捞虾,渔夫和樵夫都忙着各自的工作,见了面也没有闲抱怨。时代的兴亡都不算啥,只有悠闲自在的农耕生活最适意。唐伯虎的叹世曲更不是表现退隐山林、寄身江湖的志趣,如元代马致远《蟾宫曲·叹世》:

> 东篱半世蹉跎,竹里游亭,小宇婆娑。有个池塘,醒时渔笛,醉后渔歌。
>
> 严子陵他应笑我,孟光台我待学他。笑我如何,倒大江

---

① 许松华:《古风清音 元曲精选集》,北京燕山出版社,2019年,第150页。
② 许松华:《古风清音 元曲精选集》,第152页。

湖，也避风波。①

曲作以前贤为鉴，感叹自己半生蹉跎，终于有了归宿，竹林里的小亭可供游玩，小屋旁有姿态婆娑的林木，还有一片池塘，让他醒着时打鱼吹笛，醉了时放声歌唱。那隐居富春江的严子陵应笑他，他却想学孟光，笑他又怎样，江湖上也可以避风波。曲作感叹不如意时，不如退隐山林，静享闲逸生活。

唐伯虎的叹世曲更多体现的是愤世与玩世两种内容，他的叹世曲中没有对民生疾苦的关注，也不表达对农耕生活的赞美，也没有寄情山水的闲淡，更多的是对时光易逝的感慨和不如及时行乐的放纵。如《叹世》其一：

> 春去春来，白头空自挨。花落花开，朱颜容易衰。世事等浮尘，光阴如过客，休慕云台，功名安在哉？休想蓬莱，神仙真浪猜。
>
> 清闲两字钱难买，苦把身拘礙。人生过百岁，便是超三界，此外别无他计策。②

曲作从对美好春天的易逝展开，"春去春来"四字虽看起来平淡无奇，其实暗含了作者无限的无奈，这象征着勃勃生机的春天是那样无情，一年又一年，青丝变白发，白头无所为，只是在消磨时光中老去。在花落花开中，消逝了最美好的青春，朱颜不再，时光已逝。世事不外乎功名利禄，这些又算些什么呢？就如浮沉一样，不值得追求和在意。他说人人都是时光中的过客，不必去羡慕"云台"，这里的"云台"，就是辅佐汉光武帝成为中兴之主的28位能臣。光武帝刘秀死后，他的儿子刘庄继位，为了追忆前代功臣，命人在南宫云台画下28位功臣的画像以供瞻仰，这就是历史上著名的"云台

---

① 邓元煊主编、肖猷洪绘图：《元曲 彩图版》，四川辞书出版社，2019年，第225页。
② 谢伯阳编：《全明散曲》第1卷，第1069页。

二十八将",这些人都是当初追随光武帝刘秀南征北战,为东汉平天下的大功臣。当然,之所以有这么多的贤臣跟随光武帝,与光武帝能识人、能用人也是分不开的。唐伯虎在这里感慨,即使如赫赫有名,做出过丰功伟绩的云台 28 位功臣,也不过随时光的轻烟消散,功与名又在哪里呢?那么在时光易逝的无奈中,不去追求功名,是否要去追求成仙?唐伯虎也给出了否定的答案,他明确地说"休想蓬莱,神仙真浪猜"。"蓬莱"是传说中的神仙居住的地方,在虚无缥缈的大海之中,经常有人想去蓬莱寻访仙人,获取长生之术。对此,唐伯虎发出时光易逝,岁月难留,不要浪费时间去寻仙问道了,神仙在哪里太费神了,不要再去猜测揣摩了。既不要追求功名,也不要寻仙问道,那什么才是作者想追求的呢?"清闲两字钱难买",清是清静,闲是闲定。追求清闲,其实是在享受"静定"的感觉,原来唐伯虎是要追求那种"静生定,定生慧"的喜悦和智慧。有了这种智慧,人生便了无挂碍,可以超出三界外,不在五行中了。有了这种智慧,他的人生越活越洒脱,且看他用俚俗之语在另一首散曲中表达的人生追求:

> 礼拜弥陀,也难凭信它;惧怕阎罗,也难回避他。枉自受奔波,回头才是可。口似悬河,也须牢闭呵!手似挥戈,也须牢袖呵!

> 越不聪明越快活,省了些闲灾祸。家私那用多?官爵何须大?我笑别人人笑我。①

弥陀是佛教的人物,阎罗是道教的人物,礼拜弥陀,弥陀也无法解决信者的任何问题,害怕阎罗,人人也逃不开去见阎罗。与其在人世间汲汲以求,不如回头是岸,放下一切机心,做个糊里糊涂的人,远离灾与祸。不要追求家财万贯,也不要追求做高官显贵。别人

---

① 谢伯阳编:《全明散曲》第 1 卷,第 1069 页。

笑他没追求,他笑别人看不透。面对时光易逝,岁月无情,他更提出了不必追求浮名虚利,应该对酒当歌,享受眼下的快乐。

> 极品随朝。疑是倪宫保。百万缠腰。谁似姚三老。富贵不坚牢。达人须自晓。兰蕙蓬蒿。看来都是草。鸾凤鸱枭。算来都是鸟。

> 北邙路儿人怎逃。及早寻欢乐。痛饮百万觞。大唱三千套。无常到来犹恨少。①

曲作中用倪宫保、姚三老的事迹,表明富贵易逝,不值得追求的思想。"极品",特指官员的最高等级。倪宫保,人名,《欧余漫录》有:"所谓倪宫保者,惟弘治时有倪文毅,名岳,为冢宰兼是官,然未几即卒。"②钱谦益《列朝诗人小传》里也有:"岳,字舜咨,上元人。父文僖公谦,奉命祀北狱,母梦绯衣神人入室,生公,遂名岳。公瓌伟秀异,目光炯炯,望之若神。天顺元年进士,入翰林为编修,历侍讲,至学士。弘治中,为吏部尚书,赠少保,谥文毅。本朝父子为翰林,得并谥文,自公父子始,并有集行世。"③可知倪宫保自幼聪颖,读书仕进都非常顺利,做到了吏部尚书的高位,但可惜寿命有限,再高的官也没法做了。姚三老,是个大富翁,曲作中说他腰缠万贯并不为过,刘元卿《应谐录》有:"上元姚三老,赀甲闾右,尝买别墅,其中有池亭假山,皆太湖怪石。一日狂客王大痴来来游酌池上,酒酣大痴曰:'翁费直几何?'曰:'费千金。'大痴曰:'二十年前,老夫曾觞咏於此,主人告我费且万金,翁何得之易耶?'三老曰:'我谋之久矣,其孙子无可奈何,只得贱售。'大痴曰:'翁当效刻石平泉,垂戒子孙,异时无可奈何,不宜贱售。'"④从这条记录中,可见姚三老

---

① 谢伯阳编:《全明散曲》第1卷,第1069页。

② 四库全书存目丛书编纂委员会:《四库全书存目丛书》子部110,第642页。

③ (清)钱谦益:《列朝诗集小传》上,第253页。

④ 王云五主编,刘元卿:《丛书集成初编》2940《贤奕编》,商务印书馆,民国25年(1936年),第79页。

可谓富甲一方,买个别墅都能花上千两金子,这样的举动自然会惊叹世人,被记录下来广为流传。倪宫保官运亨通不长寿,姚三老腰缠万贯终有散去那一天,唐伯虎告诫世人,即使贵如倪宫保,富如姚三老,也并不是能够天长地久的,也一样会烟消云散,要做个"达人",看透世情、看薄富贵,世人都一样。"兰蕙",自屈原在《离骚》中高咏:"余既滋兰之九畹兮,又树蕙之百亩",就成为香雅的代名词。"蓬蒿"正是与之相反的野草,"蓬"指"飞蓬",是一种头重脚轻的野草,经常会被大风吹得连根拔起,漫天飞扬。《诗经》里有:"自伯之东,首如飞蓬",形容头发乱糟糟的就像飞扬的蓬草。"蒿"指"蒿子",蒿叶表面有一层白色的绒毛,柔软而光滑,整张叶片呈狭长形,周围还有锯齿般的纹路。蓬蒿常用来喻指轻贱。所以,李白才会有:"仰天大笑出门去,我辈岂是蓬蒿人"的千古感叹。在唐伯虎的曲作中,不管是以香雅代称的兰蕙,还是有轻贱之意的蓬蒿,在他看来——都是草。曲中还把"鸾凤""鸱枭"并列,这两种鸟在中国文化中同样一种代表高贵吉祥,一种代表低贱晦气,在唐伯虎看来还是一样,不过都是鸟而已。"北邙",山名,即邙山,在今河南省洛阳市北。东汉及北魏的王侯公卿多葬在此山,后常用来泛指墓地。生在苏杭,葬在北邙,这句话不知传了多少年,多少代。其实早在苏杭成为鱼米之乡的千余年前,北带黄河、南望伊阙而显得厚实的北邙一带,就已经是古人最向往的死后能葬于此的风水宝地了。广义的北邙,西起豫西三门峡,沿黄河南岸向东绵延至郑州以北的广武山。狭义的北邙,指的就是洛阳城北那道长长的黄土岭,在这道"水低土厚、枕山蹬河"的黄土岭上,那些森然壮观的覆斗形或圆锥形的封土堆——比砖瓦窑还要大些的古墓冢,星罗棋布,层层叠叠,里面埋葬着自东周以来的几十位帝王和众多的文武将相。① 这样受人追捧的丧葬圣地,在唐伯虎的笔下也不过是"北

---

① 新年:《行走中原》2,大象出版社,2018年,第300页。

邙路儿人怎逃"，任你是王侯将相，任你是富贵权豪，就算葬在北邙，也不过是走向死亡。所以，名利不必求，富贵都是空，对于人生的终极走向死亡，大家都一样；还不如及时寻乐，享受眼下的愉快时光，他号召大家及时行乐，要"痛饮百万觥，大唱三千套"，在美酒中尽情畅饮，还要纵情高歌，边喝边唱，恣意享受眼下的快乐。生命苦短，人生无常，是古代文人长期以来的一个感叹主题，古诗十九首中就有"生年不满百，常怀千岁忧，昼短苦夜长，何不秉烛游"的慨叹。面对易逝的时间，难建的功名，生命短暂、人生无常的悲剧意识一直是文士笔下常常抒发的情怀，他们常常感叹时光之难留，年华之易逝，忧生念死，这种无奈感又往往与仕途失意壮志难酬连结在一起。这难以消解的悲愁，往往要借酒来消解，所以，一旦文人悲感时光易逝、功业难建，常常会出现饮酒消愁的情景。唐伯虎的诗作中，也有许多饮酒作乐、借酒消愁的内容。在他的曲作中，更为惊世骇俗的是，他公然提出了饮酒还要招妓取乐，且看这首小令：

> 竞短争长，世事何时已？富贵贫穷，由天不由己。七十古来稀，而今岂止你？风雨忧愁，又常多似喜。屈指寻思，前途能有几？
>
> 赴会的从今日受用起，莫为千年虑。对景且开怀，有酒须招妓。既为人须索要为到底。[①]

曲作先表达了世事没有穷尽之时，世人不必太较真，更不用去竞短争长，争个我高你低也没有什么意义；进而表达了对世事难料的无奈，富贵还是贫穷，并不是个体所能决定对的，都是天注定。人生易逝，韶华难留，不如意事十有八九，这一生经历的风雨洗礼，遭遇的忧愁烦恼，往往比喜乐之事多太多。仔细思考一下，所谓的前途

---

① 谢伯阳编：《全明散曲》第 1 卷，第 1070 页。

有多少,所谓的追求又有多少能实现? 人生不过是白驹过隙,不必
伤神费力地去考虑什么富贵和前途,更不用忧思重重想做千年虑。
对这大自然这种不用花费分文的美景,就要开怀畅饮,开怀畅饮还
不足以让人更快乐,还必须招妓。作者在结尾豪迈地说:"做人就
要做到底。"美酒与美人相伴,似乎是人性的一种本能宣泄,在伦理
教化的社会里,提出这些确实属于过于大胆,易引人诟病。但唐伯
虎似乎毫无顾忌,他不但要招妓,还要招班头才行:

> 有酒无花,端的为省酒;有妓不佳,也难当做有。选妓要
> 班头,方才是对手;不论酸甜酒,须饮一百斗。烂醉酕醄,通宵
> 不肯走。

> 老头非是要出丑,世事多参透。一朝那话儿来,要耍不能
> 够。想人生有几个到九十九?①

文人狎妓虽是那个时代的一种平常现象,公然在作品中以狂放的
姿态表达出来,还是难免有点为人不齿,毕竟不是登大雅之堂之
事。但在唐伯虎的笔下,却是酣畅淋漓的表达。他的饮酒不单纯
是喝得大醉就满足了,而是要有花相伴,他曾在诗歌中写道"酒醒
只在花前坐,酒醉还来花下眠"。饮酒要赏花使得饮酒不再是酒徒
所为,而是风流雅士的雅好了。饮酒没有花赏,在作者看来是很扫
兴的事,所以他说"有酒无花,端的为省酒"。对酒赏花本是雅事,
不料作者笔锋一转,不但要赏花,还要招妓,招妓还要招佳者,所谓
"班头"才是对手。既是妓之佳者,必然有过人的容貌和技能,或是
擅歌,或是擅舞,又或是琴棋书画的高手,这样的女子怎不让人心
动,让人激情澎湃。如果有这样的女子相陪,作者豪气地表示不管
啥味道的酒,都要饮上一百斗。此时,酒已不重要,敞开心扉纵情
畅饮,喝他个"烂醉酕醄,通宵不肯走"。但作者又不仅仅在追求酒

---

① 谢伯阳编:《全明散曲》第 1 卷,第 1070 页。

精的麻醉,而是看透世事后的无奈,人生苦短,无常不知何时到来,趁着年轻还可以享受生活,不如恣意享受眼下的生活。如果有象征生命绚烂的花可赏,有容貌与才艺俱佳的美人相伴,人生还夫复何求,不如在这美人美色中恣意畅饮,也是对时光留不住的另一种感伤。既然留不住时光匆匆的脚步,就放开身心拥抱生活,对酒赏花,再有佳人相伴,当然要不醉不归,甚至是醉了也不想归,只愿沉醉在此时,恰似留住了时光那匆匆的脚步,也或可以聊补作者内心的感伤了。

唐伯虎的散曲中,还有极少数香艳之作。一首是《黄莺儿》咏美人浴,写了美人沐浴时的一些情形:

> 衣褪半含羞,似芙蓉怯素秋。重重湿作胭脂透,桃花在渡头,红叶在御沟,风流一段谁消受? 粉痕流,乌云半軃,撩乱情郎收。①

曲作用细腻的笔法,把一位美女沐浴时的姿态活化在我们面前,这位不知名的美女衣服脱去后带着天然的娇羞,可见并不是那种泼辣无所谓的女子,这位女子似乎带着温柔、带着娇羞,在作者的笔下恰似一朵令人心动的芙蓉花。芙蓉,在花中是有雅称的品类,还以其生长季节有不畏风霜的特性。"芙蓉花,九月霜降晴朗,故又名拒霜。"②更有诗篇《芙蓉》对其盛赞"锦城千本照江红,折取芳心露一丛。莫笑清霜秋太冷,未甘陪面向春风。"③可见,唐伯虎笔下的这位美女,并不是那种风尘泼辣的女子,而是自带清冷气质,恰如不畏秋霜的芙蓉,惹人爱怜。这位美女沐浴时被水流打湿了胭脂,她红润的脸颊恰如渡头那红艳艳的桃花,又如那御沟里流出来

---

① 谢伯阳编:《全明散曲》第 1 卷,第 1060 页。
② (明)周文晖:《子海精华编·汝南圃史》,赵广升点校,凤凰出版社,2017 年,第 106 页。
③ (明)陈霆:《四库德清文丛·水南集》上,陈景超注释/点校,浙江古籍出版社,2017 年,第 208 页。

的红彤彤的红叶,在她白皙细腻的皮肤衬托下,更有一段诱人的风流,让唐伯虎忍不住感叹"风流一段谁消受"。更让人浮想联翩的是美女那乌黑如云的头发,半歪半斜松松地堆在头上,一缕缕乱发贴在洁白的皮肤上,不知在等哪位情郎替她收拾好。曲作确实堪称香艳,读来真是让人怦然心动,却不觉轻浮下流。但他的另一首《排歌》咏纤足就常常被人诟病了:

> 第一娇娃,金莲最佳,看凤头一对堪夸。新荷脱瓣月生芽,尖瘦帮柔满面花。
>
> 从别后,不见他,双兔何日再交加。腰边搂,肩上架,背儿擎住手儿拿。①

曲作写了女性的纤足,那个时代女性有缠脚的习俗,以纤足为美,宋明以来咏纤足的诗词很多。如苏东坡的《菩萨蛮·咏足》:

> 涂香莫惜莲承步。长愁罗袜凌波去。只见舞回风。都无行处踪。
>
> 偷穿宫样稳,并立双趺困。纤妙说应难。须从掌上看。②

词作上片描绘一位女性的小脚轻飘的步姿。莲花上"承步","罗袜凌波",如最美的洛水女神飘在水面上,只看见舞步如回风,都看不到脚印在哪里,写出了这位女性婀娜多姿的舞态。词的下片写了这位女性小脚的痛苦之处,偷穿宫廷贵夫人的鞋,虽然穿上合适,但无奈脚太小,不能并立站起来,走路更是困难。从某种角度写了小脚给女性带来的麻烦,其间也带有属于批判性的成分。又如南宋刘过《沁园春·美人足》:

> 洛浦凌波,为谁微步,轻尘暗生。记踏花芳径,乱红不损;

---

① 谢伯阳编:《全明散曲》第 1 卷,第 1067 页。
② 叶嘉莹主编:《苏轼词新释辑评》上,中国书店,2007 年,第 132 页。

> 步苔幽砌，嫩绿无痕。衬玉罗悭，销金样窄，载不起盈盈一
> 段春。①

词作用了很多意象来表达一位女性的纤足之美，同苏轼一样，刘过
也用了洛神来比拟此女的体态轻盈之美。接着又用了两个夸张的
细节描写，一写她踏过落满花朵的小径，却没踩坏娇嫩的花瓣；一
写她走过布满青苔的石阶，竟然连青苔上都没留下一点痕迹，极力
夸大此女的体态轻盈。然后，用"衬玉罗悭，销金样窄"写了鞋子的
精美之极，这样的美足让人怦然心动，恰如春意盈盈的美景。前代
文人的作品，虽有对女性纤足的描写，也有细腻笔触的赞美，都和
时代的审美相关联，也都称得上无伤大雅。到了唐伯虎笔下，不但
赞美纤足的美，还露骨地写出了性爱中的纤足之态，"双凫何日再
交加。腰边搂，肩上架，背儿擎住手儿拿"，用直白的语言把纤足和
性爱联系起来，被认为此曲浮薄伤雅庸俗气息浓厚。虽有学者指
出本小令的作者未必是唐伯虎，此处仅以集中收录做论。

唐伯虎现存的曲作中，此类浮薄作品极少，除了这首，流传下
来的曲作内容还是比较健康的。有研究者，往往依据本首推论唐
伯虎散曲浮薄轻艳，未免有失偏颇。整体来看，唐伯虎的曲作反映
的内容，虽然不够广泛，多局限于伤时光之易逝，悲人事之无常，在
无可奈何的情况下，选择放纵自己，沉迷花酒之间，实属对人生烦
忧的一种排解方式。

三

曲论家们对唐伯虎的散曲的艺术成就也有不少美誉，从前文
论述可知，明清两代如王世贞、王骥德、吕天成等对他散曲的评价，
都以小令成就为高，誉为翩翩有致。唐伯虎的散曲作品数量虽然
不多，但整体婉转多致，含蓄蕴藉，颇具灵秀之气，在内容、风格和

---

① （宋）刘过：《龙洲集》，上海古籍出版社，1978年，第92页。

艺术手法等方面都有自己的特色,具体表现在他的小令创作明显有雅化倾向,风格上更接近词;曲作具有很强的画面感,体现了"曲中有画"的特点;曲作中融入了丰富的个人情感,颇有哀婉之风致;艺术手法上追求工丽纤巧的语言。

唐伯虎的小令婉转多致,词藻或华丽或清雅,讲究对仗,擅长在环境中酝酿气氛,且以景融情,情境交融,有非常明显的词化现象。我们且看这两首《失题》:

> 蝴蝶杏园春,惜芳非红袖人,东风九十愁缠病。罗衣嬾熏,蝉蛾嬾簪,烟波鱼鸟无音信。夜黄昏,空庭细雨,灯影伴孤身。
>
> 疏雨滴梧桐,听秋声万籁风,孤衾夜永相思重。楼头怨鸿,床头乱蛩,啾啾唧唧惊芳梦。待朦胧,相逢未已,无奈五更钟。①

虽然内容大致相同,表达的都是闺中少妇独守空闺的寂寞与百无聊赖,但是曲作的文字清雅,营造的意象也是凄清的,女主人公虽然无限哀愁,却还是隐忍着等待着,体现了"哀而不伤"的典雅之风。春天是美好的,唐伯虎在曲中选取了蝴蝶与杏园来表达对春天美好事物的赞美,这并不是偶然。因为,在中国古典文学中"蝴蝶"与"杏园",都有着这样那样的隐含寓意。"蝴蝶"自从有了梁山伯与祝英台的爱情故事以来,几乎成了凄美悲恋的代表。梁祝的故事在中国可谓家喻户晓,源远流长,也是唯一在世界范围内产生广泛影响的中国民间传说,是与莎士比亚《罗密欧与朱丽叶》齐名的古典爱情悲剧。唐伯虎曲作中也是表达爱而不能相守的悲恋,这春光里翩翩起舞的蝴蝶勾起的是女人主人公见不到心上人的无限的哀愁。"杏园"也因为"一枝红杏出墙来",多被寓为最热闹的春景,但这满园的春景却被门关住了,游园的人进不去,赏不了,依然是情感不得舒畅表达的情境。虽然在诗歌里,有一枝开得正艳

---

① 谢伯阳编:《全明散曲》第1卷,第1061页。

的红杏伸出了墙外,但更多的繁花还是被关在了园子里。所以在表面上热闹美好的"蝴蝶杏园春"景之中,唐伯虎表达的其实是潜在的落寞与伤感,接下来"惜芳非红袖人,东风九十愁缠病",更印证了这样的感伤。作者以"红袖"代指那充满哀愁的女主人公,不是"绿袖""黄袖",是因为红色代表最热烈的情感,着红装更能衬托出女主人公热烈的情感不得舒展的悲伤,所以她更怜惜那稍纵易逝的春日芳菲。这春景的美好,和自己独守空闺、见不到心爱之人的伤感形成了难以排解的忧愁,她不禁因愁生病了。所以她懒于打扮自己,衣服也不想熏香,头发也不想梳理,都怨那"烟波鱼鸟无音信",心爱的人似乎把她忘了,没有任何音信,哪里有心情梳妆呢?梳妆了也见不到心上人,又有什么意义呢?到了黄昏,天气也不作美,还下起了蒙蒙细雨。"空庭"不仅仅是庭中无人的空寂,还是女主人公心里空落落的传递。只有跳跃的灯影,甚而是在女主人眼里灯还有影来相伴,自己却无人相伴,孤身一人,看着灯和灯影更增添了无限的愁绪。曲作中的景语都不仅仅是景语,而是深深的离情和愁绪。在春日繁花盛开蝴蝶翻飞的美好日子里,女主人公的心情却是烦闷的无聊的,环境的热闹中蕴藏着离愁的气氛,春日的愁绪如此深重,秋日的孤寂更让人难忘。"疏雨滴梧桐"这首写女子在秋天的悲愁。"梧桐"号称百树之王,是落叶最早的乔木,据说此树最早感受到秋气的到来,素有"梧桐一叶落,天下尽知秋"的说法。秋季是肃杀的季节,最容易引起人的伤感,雨天更加深了秋的悲凉。在很多文学作品中雨、梧桐总是和离愁、寂寥、悲伤联系在一起,唐伯虎的这首曲子也不例外。本曲的妙处在于于景物中表达出深深的情绪,借秋天的各种声音表达曲作中女主人公的寂与悲。女主人公在秋天的夜里百无聊赖,不能安眠,因为枕边人远在天涯,相思却无奈。疏雨是淅淅沥沥的雨,它不紧不慢却绵延无限,在秋夜思念的时光里,拉长了相似无奈的悲戚。这淅淅沥沥的雨,淡然地敲打着梧桐的叶子,点点滴滴,每一下都是对女主人公的折磨。雨打梧桐的声响中，还有无情的秋风时时吹过，让雨打梧桐的声音变得摇曳多姿，加重了女主人公的愁闷与无聊。"孤衾"强调了一个人独睡的冷清，"夜永"表达了孤寂时光的难捱，"相思重"点明了女主人公孤枕难眠、夜不能寐、愁肠百结的心情。接着曲作又从别的声音描写，衬托了环境的静寂，表达了女主人公的悲戚。那常常登上的楼头时时传来鸿鸟的怨鸣，本就让人难以安眠，床头还传来蟋蟀不知疲倦的叫声，这惹人心烦的啾啾唧唧的声音把女主人公从潜睡的梦中惊醒。梦冠以芳，何尝不是女主人公梦到了心上人的欣喜。只是这半梦半醒的虚幻的幸福时光，也被恼人的秋声惊扰。待要重新回到温暖的梦里，却再也不能梦到意中人，最无奈的是时已五更，将要起床了。小令用词典雅，"蝴蝶""杏园""芳菲""红袖""烟波""鱼鸟""疏雨""梧桐""孤衾""夜永"，曲作中词语优雅，意象朦胧，情感表达含蓄蕴藉，景物中寄托了深深的情。正如学者赵义山先生在谈到唐伯虎散曲的词化倾向时所说的那样："这类作品，无论其句式的整饬，词语的雅洁，意象的华彩，还是闲雅的情思，情景交融的意境 和隽永绵长的韵味等，都与传统的婉约词并无二致，如果撇开音乐，单就文学一端而言，曲发展到这一步，也就与词合流了。"①唐伯虎的散曲中，确实与词体有许多合流之处。

唐伯虎的小令还具有"曲中有画"的特点，这与我们常说的"诗中有画"有异曲同工之妙。唐伯虎绘画水平极高，名列明代四大画家之中，尤其是仕女图别具风流，在艺术发展史上成就卓著。也许，作为绘画家的唐伯虎在文学创作上，也或多或少有些体现，他的有些曲作，画面感极强，整首曲构成了一幅优美的画。我们来看这首《失题》：

---

① 赵义山：《论词场才子之曲与明中叶散曲之复兴》，《河北师范大学学报（哲学社会科学版）》，2003 年第 11 期，第 89 页。

春花满眼,数不尽红深紫浅;晓来风度湘簾,娇怯莺声流啭。唤起春情万千,唤起春情万千,点点有谁消遣?空把雕阑倚遍。悄无言,啼残玉颊芳容减,抛却金针懒去拈。①

这首小令,在春景中勾勒出了一幅美人愁思图。画面中有色彩对比强烈的春花,春花颜色众多,作者在这里没有选取通常的红白对比,而是选用了红紫对比,这两种色彩都是非常热烈,具有视觉冲击力的色彩,特别容易吸引人的眼睛,让人挪不开眼。画面中还有被风吹起的湘簾,这一边被风撩起的湘簾,让簾内那位女主人公听到了春日里娇莺的啼叫,鸟儿婉转的叫声,唤起了女主人公的春情。但纵使思念成河,心上人也不知所踪,春情又去哪里排遣呢?这时,画面中最重要的角色出现了,一位粉面上还残留着泪痕的沉默不语的女主人公,倚着雕阑,形容消瘦,身边还有一个被闲置的针线筐。曲作在色彩的对比和空间的布置上,都具有极强的画面感,红色与紫色的强烈对比,簾外流莺与簾内思妇,闲置的针线筐与脸上的泪痕,都构成了一幅春日美人愁思图。再看这首《失题》:

风雨送春归,杜鹃愁花乱飞。青苔满院朱门闭,灯昏翠帏,愁攒翠眉。萧萧孤影汪汪泪。惜芳菲,春愁几许,碧草遍天涯。②

这首曲子,也用细腻的笔触为我们勾勒了一幅春日愁思图。画面中有一座风雨过后的小院,繁花零落,青苔满院,朱门紧闭。朱门内的屋宇内,翠绿的帷幔后有一盏昏暗的灯,有一位满面愁容眼泪汪汪的美女独自与自己的影子相伴。朱门外的远处有碧绿的草似乎蔓延到了天涯,恰如这忧愁的女主人公的愁思,绵绵不绝,因为她的意中人不知身在何处,只有她孤身一人在这风雨之夕看满地

---

① 谢伯阳编:《全明散曲》第1卷,第1063页。
② 谢伯阳编:《全明散曲》第1卷,第1062页。

乱花,听杜鹃愁啼,满地的青苔似乎也在默默表达这里已经很久没有人来过了,更加衬托出女主人公的悲寂无处诉说。曲作表达的内容,就是一幅充满愁绪的图画,落花、青苔与紧闭的朱门构成的近景与翠帏、昏灯、充满惆怅的女主人公构成的中景,还有碧草到天涯的远景,共同为我们描绘了一幅春日愁思图。

在散曲发展史上也有许多作家,曲作中就有曲中有画的特点。如元代著名散曲家马致远《寿阳曲·远浦山归》:

> 夕阳下,酒旆闲,两三航未曾着岸。落花水乡茅舍晚,断桥头卖鱼人散。①

这是马致远为宋迪的《潇湘八景图》所题的其中一首,宋迪的原画现已失传,但是人们可以根据这首曲的文学画面很好地构现原画画面,感受其中的韵味。岸边是夕阳照耀的酒家,酒家的旗子闲适地飘在风中,水面上还有几艘小船没有靠岸。岸上有几间茅草屋,一座孤独的断桥边,一群卖鱼的人正在散开。宋迪是北宋南宗画派的成员之一,着色追求秀雅清旷。马致远的散曲深得其昧,让读者感受到了"曲中有画"的意味。马致远是元曲的大家,但他不是画家。元代大画家倪瓒,作为画家兼曲作人,他的散曲自然流畅,不假雕饰,写景多用淡墨山水画技巧,语言典雅工丽,含蓄委婉。他的散曲[越调·小桃红],也是一首极具画面感的曲作:

> 一江秋水澹寒烟,水影明如练。眼底离愁数行雁。雪晴天,绿苹红蓼参差见。吴歌荡桨,一声哀怨,惊起白鸥眠。②

正如赏析所言:此曲写东吴一带深秋的美景。首二句从江水写起,并点明了节序,明静的江水,淡淡的烟雾,表现的是一幅静态的画

---

① (元)关汉卿:《图解元曲三百首 全彩图解典藏版》,思履注,北京联合出版公司,2016年,第81页。
② 黄天骥:《名家注评今译元曲三百首》,辽宁人民出版社,2018年,第366页。

面。三、四句写雪晴了，表明已经进入深秋。雁行飞动，增加了画面的动感，也增加了秋天的愁绪，毕竟悲秋是文人永恒的话题。第五句设色鲜丽，红绿相间。最后写歌声里扁舟荡出，增加一点哀怨，再画上一只白鸥，于是一幅完美的画图完成了。倪氏为元代文人画巨擘，这首散曲也可看作是一幅画卷，真可谓曲中有画。唐伯虎的散曲和倪瓒的散曲在内容勾勒的画面感上，有着类似的地方，他们都善于用曲作勾勒画面，景物的选择和安排都与绘画的布局和设色有关联，用语也比较清雅。

唐伯虎的曲作多写人状物，非常善于塑造幽怨的女性，在景物中寄托感情，景中有情，情景交融，可谓一切景语皆情语，颇有哀婉之风致。前文论述了唐伯虎曲作内容较为单一，集中在闺情与四季景色的描绘，不像别的作家涉猎范围广泛。他的曲作中更多地塑造了一些充满愁怨的思妇，她们在青春正美好的时光，不能与心爱之人相守，总是独守空房，呈现出被冷落被遗忘的孤独愁闷意象。王骥德《曲律·杂论·下》中说："诗不如词，词不如曲，故是渐近人情……而曲则惟吾意之欲至，口之欲宣，纵横出入，无之而无不可也。故吾谓：'快人情者，要毋过于曲也。'"①唐伯虎的曲作，在快人情者上，却有独到之处。我们看这首《黄莺儿》：

> 寒食杏花天，鸟啼春人晏眠，一帘飞絮和风捲。芳菲可怜，相思苦缠，等闲松了黄金钏。闷恹恹，朝云暮雨，魂梦到君前。②

曲作用春日的美好，映衬女主人公的无奈仇怨。清明前后正是百花繁茂的季节，杏花又在热烈开放了，叽叽喳喳的小鸟也似乎在欢歌，正是安睡的好时节。可是看着这可爱的芳菲，女主人公却开心

---

① （明）王骥德：《王骥德曲律》，陈多、叶长海注译，湖南人民出版社，1983 年，第212 页。
② 谢伯阳编：《全明散曲》第 1 卷，第 1062 页。

不起来,都是因为"相思苦缠",心上人不知所踪,只留下她在这繁茂的春光中寂寂等待。这磨人的相思,害得女主人公都形销影瘦,作者用松了的黄金钏来暗示相思之苦。曲作塑造了一位苦闷的思妇,在怡人的春光中独守空闺,寂寂等待,只能在梦中与情郎相会的意象。描写景物的"杏花天""鸟啼""飞絮""芳菲",传达了春天的热闹与美好,本应是纵享欢乐的春天,女主人公却无人陪伴,这春的美好显得更加让人伤感。在唐伯虎的套数中,这种特征更为明显,我们看这首《伤春》:

> [南南铝针线箱]自别来杳无音信,昨夜里灯花未准。五行中合受凄凉运,只索要苦萦方寸。有时节独立在垂杨下,可奈枝上流莺和泪闻。(合)真愁闷,缕金衣上都是啼痕。

> [前腔]过一日胜似三春,看看早春光又尽。害得那不疼不痛淹淹病,渐觉这带围宽褪,只见落红满城香成阵,又是雨打梨花深闭门。(合)真愁闷,缕金衣上都是啼痕。

> [解三酲]待写下满怀愁闷,竟说与外人不信。回文锦图空织尽,为诉与断肠人。几番待撇寻思别事因,又争奈一夜欢娱百夜恩。(合)今番病,非因是害酒,只为伤春。

> [前腔]海棠娇等闲憔悴损,怎不见当时花下人?东风不管人离恨,空吹散楚台云,如痴似醉悠悠劳梦魂,恨不得一上青山变化身。(合)今番病,非因是害酒,只为伤春。

> [尾]恨薄情无凭准,朝朝相思泪珠倾,这样伤春谁惯经?①

这首套曲名为《伤春》,作者以曲中女主人公的视角写满眼春光带给她的无限烦恼,这烦闷来源于心上人的"自别来杳无音信"。在"落红满城香成阵"的春光里,女主人公一边慨叹春光的易逝,一边

---

① 谢伯阳编:《全明散曲》第 1 卷,第 1081 页。

诉说自己的满怀愁闷。她在家中苦苦等待，镂金衣上都是泪痕，她写了回文诗想诉说自己对心上人的思念与等待。又猜疑心上人迟迟不归，到底是什么原因，她不愿相信心上人会移情别恋，想放又放不下，只因为她是个痴情的人。"海棠娇等闲憔悴损，怎不见当时花下人？"看着海棠花由娇艳到败落，她不禁想起了以前和她一起赏花的心上人，只可惜此人现在杳无音信，这更平添了她无限的愁思，怨恨情郎不讲信用，害自己天天以泪洗面，这样的伤春太伤神。曲作成功塑造了一个思念情郎、郁郁寡欢的思妇形象，在景物的描绘中，以感伤自然界春天的逝去，暗喻女主人公因情郎不在身边，忧愁烦闷的思念情怀。形象生动，如"朝朝相思泪珠倾"写出了女主人公见不到情郎的悲伤；景中有情，如"雨打梨花深闭门"的意象阑珊，写出了女主人公的百无聊赖。以上可知，唐伯虎曲作整体有哀婉有致的特点。

唐伯虎的曲作，还用词优雅，善于用典，巧用对仗，句式工整，使作品呈现出"清雅"的特色。我们来看这首《秋思》：

[香遍满]春风薄分，吹回楚台一片云。入梦追寻无定准，远山疑浅鬐，仙踪不染尘。想应梦里人，解怜我伤秋恨。

[琐寒窗]浙江枫玉露初匀，料想衡阳雁未宾。盼巫峰朝暮，信息难真。谁知青鸟，忽传来信？似云骈降临隐隐。偶闻，试端详月下丰神，顿教良夜生春。

[刘泼帽]背人避影通芳讯，恨尘缘尚阻良姻。盈盈眼底明河近，不得亲，脉脉添愁闷。

[大圣乐]玄都观花事虽湮，想天台缘未泯。采春正合元郎韵，知盼盼是你前身。少不了今生酬却前生愿，岂但是一夜夫妻百夜恩？从他间阻，这赤绳到处，自然相引。

[生姜芽]秋蟾又吐痕，采萸新壶觞肯向时俗混。频传问，待玉人携芳酝，任他吹帽金风峻，黄花笑把簪蝉鬓。屈指良辰是佳期，从今定无孤辰运。

　　[尾声]离情一日三秋迅，况秋宵容易断魂，待取相逢却
细陈。①

曲作写秋思，表达了秋日对意中人的思念，抒发了有情人不能相守
相伴的惆怅，表达了坚信他们的爱情一定会圆满的信念。不同于
唐伯虎其他许多曲作中以女主人公思念心上人为抒发主体，这首
曲子是以男主人公的视角诉说对意中人的思念。曲作用词文雅，
用"薄分"表示春风的离去，用"浅鬟"表示青山的淡远，用"江枫玉
露"表示秋天的到来，用词不可谓不文雅。他的曲作不但用词文
雅，在用典上也是信手拈来，生动贴切，让曲作更加含蓄蕴藉。第
一支曲子"吹回楚台一片云"中"楚台"即宋玉所作《高唐赋》中所言
楚王游云梦之台，与神女幽期密会的地方，后世用来比喻男欢女爱
之所。春风没有情分，吹来楚台的一片云，勾起了主人公的相思之
愁。第二支曲子写秋天来到，用了"料想衡阳雁未宾"写初秋到来，
湖南衡阳市南有回雁峰，传说秋末冬初，大雁由北向南飞来，至此
停留下来，不再南飞。"未宾"指大雁还没到，说明季节还没那么
冷，尚是初秋天气。写初秋，用此典表达可谓含蓄典雅。"盼巫峰
朝暮"宋玉所作《高唐赋》中的巫山云雨典故，表达了对情人的思
念。"谁知青鸟，忽传来信"，用了常用的典故"青鸟传信"，传说西
王母有三青鸟为使者。西王母会汉武帝时，青鸟先往报信。后来
青鸟就成了信使的代称。这里以男性视角写见到传信的青鸟，似
乎就可以很快见到青鸟的主人，令他日思夜念的心上人。她好像
坐着云车来了，月夜里的她是如此美，以至于在男主人公眼中是
"良夜生春"，美的似乎是最美好的季节春天一样让人叹为观止，让
人沉醉流连。第三支曲子中"盈盈眼底明河近"用了古诗十九首的
《迢迢牵牛星》篇中对牛郎织女被天河阻隔，以至于"盈盈一水间，
脉脉不得语"不得相会的描写，此种情形怎不让有情人愁闷。第四

---

① 谢伯阳编：《全明散曲》第 1 卷，第 1078—1079 页。

支曲子，用典更多，几乎环环相扣，集中表达了男主人公对姻缘前定的笃信。"玄都观花事虽湮"用了刘禹锡作《再游玄都观》的诗，刘禹锡被贬十四年后重回长安，当年长安玄都观里炙手可热的道士和他栽种的仙桃树都已不见了，可被贬的刘禹锡又回来了，这里用此典表示政治仕途虽不顺利。接下来，唐伯虎又写下了"想天台缘未泯"，用了刘义庆《幽明录》中记载的一个小故事，刘晨、阮肇两人进天台山采药，遇到了两位美女，在她们那里欢宴行乐，流连半年。后来常用"天台约""天台缘"比喻男女爱情。这两句典故是说，男主人公仕途是不太顺利，但姻缘应该还是有希望的。所以下一句"采春正合元郎韵"，"元郎"，当作"阮郎"，意指与刘晨上天台山遇仙女的阮肇，后来也指与丽人结缘的男子，这里寓指男主人公自己。下一句"知盼盼是你前身"，表达了男主人公对心爱之人对爱情坚定不移的自信。这里把心爱之人比作"盼盼"，用了为爱情殉身的名妓关盼盼的典故。唐代徐州妓女关盼盼，被张建封纳为小妾。建封死后，楼居十五年不嫁。后来白居易赠诗中有"歌舞教成心力尽，一朝身死不相随"之句，盼盼遂感愤不食而死，以身殉情。从此成了忠于爱情、至死不渝的象征。接着男主人公表示，他和意中人的情分不仅仅是一夜夫妻百日恩，而是前生有缘今生再续，可谓浪漫至极。他还信心满满地表示，不怕两人之间的情分被阻隔，接下来再次用"赤绳"的典故，据说在唐朝有个叫韦固的人，一次离家外出住在京城，有天夜里他梦中遇到一位老人在翻检书信，身旁一个袋子中藏有"赤绳"。韦固甚感诧异，好奇地问老人"这是什么意思。"老人告诉他，这红绳是暗系在男女脚上的，只要一系上便会结成夫妻，这是天意，命中注定的。老人还告诉他，他未来的妻子现在是一个才三岁的小女孩。韦固听后很不开心，派人去杀那个小女孩。刺客说刺中眉心，没杀死。后来韦固姻缘不顺，十五年后才娶妻，发现妻子眉心有个痕，询问知是 15 年前被刺留下的。韦固才相信，缘分天注定。此处用"赤绳"来表明他们的姻缘是上天注定,谁也阻隔不了。第五支曲子,男主人公表达了对与意中人相会的场面设想,秋高气爽时节,意中人带着美酒与自己相会,那时节他意气风发、心情爽朗,坚信自己"从今定无孤辰运"。这里用了"孤辰运"的典故,"孤辰运"犹霉运。辰指地支,六甲中无天干相配的地支叫孤辰。如甲子辰中无戌、亥,戌、亥即为孤辰。星相术中以孤辰为不吉利。在这里,男主人公坚定地说,自己再也不会遇到"孤辰运",从此要和心上人相知相守了,实在是大快人心的人间乐事。最后一支曲子用了"一日三秋"的典故,《诗经·王风·采葛》有"彼采萧兮,一日不见,如三秋兮",表达男女相思之热烈,一会儿没见到对方,就觉得像过了三秋一样长,形容相思难耐。这里用来表现男主人公对心上人的思念,希望赶快见到她,好"待取相逢却细陈"。整首曲作,用了很多典故,这些典故用得非常贴切,恰到好处地表现了男主人公对意中人那绵长又深切的思念,也让曲作变得典雅有致。唐伯虎曲作中的用典并不仅仅存在这一首中,很多曲作中都有丰富的用典。如《失题》:

> [集贤宾]阶前青草长旧斑,王孙何事不还?李白桃红春已半,怪求友黄莺相唤。长吁短叹,对景物愁肠千段。凄凉限,知甚日情当完满?①

首句"阶前青草长旧斑,王孙何事不还?"就是化用了《楚辞·招隐士》:"王孙游兮不归,春草生兮萋萋。"和唐王维《送别》:"春草年年绿,王孙归不归?"的诗句。"怪求友黄莺相唤",则是用了《诗经·小雅·伐木》"嘤其鸣兮,求其友声。"本曲中还有:

> [前腔]侧耳听啼鹃,洒花枝似血鲜,想应他也有离别怨。白日懒言,清宵懒眠,心头常挂着相思线。绿窗前,挥毫未写,泪洒薛涛笺。

---

① 谢伯阳编:《全明散曲》第1卷,第1083页。

首句"侧耳听啼鹃,洒花枝似血鲜",用了"杜鹃啼血"的典故。传说,战国时蜀王望帝杜宇禅位于鳖。望帝修道,处西山而隐。杜宇死后,他的精魂化作杜鹃鸟,每到春天就夜夜悲鸣,一直啼叫得嘴边淌出血来,滴血染红了杜鹃花。唐伯虎在这里用此典,来表达情人之间深深的离别怨。"泪洒薛涛笺","薛涛笺",又名浣花笺、松花笺、红笺等,是唐朝著名女诗人薛涛设计的一种便于写诗、长宽适度的笺纸,其制作精致玲珑,色美怡人,为笺中珍品。此笺原专为写诗而作,后世逐渐用于写信。此处用这个典故,表明了女主人公是个优雅而有才情的女性。

除了用典巧妙,唐伯虎的曲作还善于运用对仗,如"情和愁,缠人沉醉;月和灯,明人心地","情和愁"对"月和灯","缠人沉醉"对"明人心地",对仗巧妙,句式工整;再如"数过清明春老,花到荼蘼事了","嫩绿芭蕉庭院,新绣鸳鸯罗扇","煖融融温香肌体,笑吟吟娇羞容止","睡昏昏不思量茶饭,气淹淹向虚空嗟叹","信迢迢无些凭准,睡惺惺何曾安稳",这些曲子内容对仗圆融,让句子也更加工整。综上所述,这些典故、对仗的运用,让唐伯虎曲作的表达更为含蓄委婉,清丽典雅,正如刘英波所说,唐伯虎的曲作是雅有"清气"……其套曲《春景》《夏景》《秋景》《冬景》虽全为咏写闺情之曲,但每套曲作的首曲,都写得较为清雅。[①] 从中我们也可以看出唐伯虎曲作对语言运用的追求,可谓纤巧秀丽,典雅多致。唐伯虎在散曲创作上的"清雅"与"有致"使他在明代中期曲坛上成了一位独具风格的作家,在散曲的发展史上做出了自己的贡献。

第二节 唐伯虎的词文赋

唐伯虎的文学作品,除了数量成就最高的诗歌,在散曲发展史上有自己特色的散曲,还有一些词作、散文和赋作。这些作品虽然成就

---

① 刘英波:《明代"吴中""关中"散曲史论》,山东人民出版社,2014年,第20页。

在文学史上不够突出，也是立体研究唐伯虎不可或缺的一部分。

一

唐伯虎的词作，较之他的诗歌和散曲，从数量上看是更少的，明代刊本里他的词作是零散地分布在作品集中的，至清嘉庆六年（1801）长沙唐仲冕辑有《唐伯虎全集》，卷四收录词曲，其中词23首。近人赵尊岳《明词汇刊》中收录有《六如居士词》一卷，《全明词》据录，《全明词补编》另录其词2首。关于唐伯虎词作的研究比较少，张仲谋在《明词史》中把唐伯虎的词作评价为"其词直白如画，亦不讲句法，又好为俚俗语。词至唐寅，与散曲几无分别"。王世贞《艺苑卮言》评其诗曰："'唐伯虎诗如乞儿唱莲花落'，读唐寅词亦当作如是观。虽无乞儿相，而莲花落自是定评。"[1]这种评价略失偏颇，细观唐伯虎的词，可以发现他的词作涵盖的社会生活面比散曲更为广泛，在艺术上也不是都直白如话，不讲修饰，有一些词作艺术成就还是比较高的。

唐伯虎现存词作主要涉及以下几个类别，一是书写闺情的，一是咏怀的，一是题画的，一是咏风物的，一是应酬唱和的，可见他词作数量虽不多，但涉及的社会生活面还是比较广泛的。书写闺情之作有以《踏莎行》为代表的几首词，我们先来看看这以春夏秋冬四季写闺情的：

　　可怪春光，今年偏早。闺中冷落如何好。因他一去不归来，愁时只是吟芳草。　　奈尔双姑，随行随到。其间况味侬知道。寻花趁蝶好光阴，何须步步回头笑。

　　日色初骄，何妨逃暑。绿阴庭院荷香渚。冰壶玉簟足追欢，还应少个文章侣。　　已是无聊，不如归去。赏心乐事常难济。且将杯酒送愁魂，明朝再去寻佳处。

---

① 张仲谋：《明词史》，人民文学出版社，2019年，第182页。

八月中秋，凉飙微逗。芙蓉却是花时候。谁家姊妹斗新妆，园林散步频携手。　　折得花枝，宝瓶随后。归来赏玩全凭酒。三杯酩酊破愁城，醒时愁绪应还又。

寒气萧条，刚风凛烈。薄情何事轻离别。经时不去看梅花，窗前一树通开微。　　急唤双鬟，为侬攀折。南枝欲寄凭谁达。对花无语不胜情，天边雁叫添愁绝。①

这四首同词牌的小词，写了闺中女性春夏秋冬的愁情烦闷，这恼人的愁绪还是因为意中人在春天"因他一去不归来"引起的。女主人公对意中人的离去，虽然无限烦闷，但并没有怨而生怒，可谓哀而不伤。女人主人公发愁了也是吟咏芳草解闷，私底下埋怨两个小姑子时刻跟随着她，还小儿女情态地抱怨自己被看得太紧了，此处把女主人公的心态可谓写得俏皮活泼，令人忍俊不禁。夏天来了，女主人公的思念依然绵绵，无奈意中人仍然远在天边。词作重点写了女主人公的避暑活动，去绿荫满布的庭院纳凉，去荷花飘香的池塘边纳凉，用冰壶来降温，这些都可以给女主人公带来身体上清凉的感觉，可是她的心里还是觉得少了点什么，少了什么呢，就是少了那个会文章的伴侣啊。想到这里，女主人公不觉意兴阑珊，顿时没有了游赏的兴致，不禁慨叹"赏心乐事常难济"，忍不住要借酒浇愁了。到了秋天，芙蓉花开得正好，女主人公也去赏花消愁，却不料看到了谁家的姊妹画了时新的妆容，古时素有"女为悦己者容"的说法，那斗新妆的姊妹自然隐含了看她们新妆的情郎，所谓"园林散步频携手"，成双成对的赏花人无形中勾起了此时却形单影只的女主人公的悲伤之情。一句"归来赏玩全凭酒"暴露了女主人公的愁闷，本来是去散心的，没想到回来后却更加愁闷，只能让酒精麻醉自己了。可她又不胜酒力，三杯就喝醉了，更让人心疼的是，最怕酒醒了愁还在，细腻地刻画了女主人公相思无奈的心境。

① 饶宗颐初纂、张璋总纂：《全明词》第2册，中华书局，2004年，第493页。

到了冬季,天气寒冷,思念更甚,女主人公忍不住埋怨意中人"薄情何事轻离别",留下她日思夜念,相思苦缠。连梅花也好久没心情去看了,直到发现一树梅花开得正灿烂,又忘了对意中人的怨恨,只想着赶紧折两枝最美的梅花,想把它们送给意中人,让他也看看这冬日里最美的花。却没想到,这下的梅花往哪里寄呢,她的意中人已经一年没有消息,不知现在身在何方了。如此一想,愁闷顿时涌上了心头,"对话无语"细腻地表达出了女主人公无奈伤感的心情,天边的雁叫声也更加重了她的烦恼,这传递消息的大雁也没有捎来意中人的音信,这磨人的相思了无止境啊。从这四首词中,我们可以看到唐伯虎词作的语言并不是都如乞儿唱莲花落,用语还是比较典雅的,表达的感情也是婉转细腻的,细节的刻画也是动人心魄的。更有一些作品,如行云流水,读来朗朗上口,情思表达却缠缠绵绵。如《一剪梅》的两首:

> 红满苔阶绿满枝。杜宇声归。杜宇声悲。交欢未久又分离。彩凤孤飞。彩凤孤棲。　　别后相思是几时。后会难知。后会难期。此情何以表相思。一首情词。一首情诗。
> 雨打梨花深闭门。辜负青春。虚负青春。赏心乐事共谁论。花下销魂。月下销魂。　　愁聚眉峰尽日颦。千点啼痕。万点啼痕。晓看天色暮看云。行也思君。坐也思君。①

这两首词,用了很多重复的字句,达到了读来回环往复、朗朗上口的效果,如"杜宇声归。杜宇声悲","彩凤孤飞。彩凤孤棲",仅仅替换个别字,形成了句式上的类同,增强了语言的表达性,又营造出一种特殊的意境,让情感的表达更为酣畅淋漓。如" 别后相思是几时。后会难知。后会难期。此情何以表相思。一首情词。一首情诗",更是把有情人不得不分开,分开后何时再相见的难以预期写了出来,分开后这磨人的相思何以表达,只有书写对情人的思念

---

① 饶宗颐初纂、张璋总纂:《全明词》第 2 册,第 494 页。

的诗词才能略微消减一点这浓浓的思念。而"晓看天色暮看云。行也思君。坐也思君",更是用思念情人的眼光来书写,早上看天色,傍晚看行云,看这些都是为了消减对情人浓浓的思念,可是这思念是如此浓烈,以至于走着也思念,坐下来也思念,可以说是无时不念了。这与李清照的相思名词"此情无计可消除,才下眉头,却上心头"有异曲同工之妙。

我们再来看看唐伯虎的咏怀词,如这首《望湘人》,副题"春日花前咏怀":

> 想盘铃傀儡,寒食裹蒸,曾尝少年滋味。冻勒花迟,香供酒醒,又算一番春计。镜里光阴,尊前明月,眼中时事。有许多闲是闲非,我说与君君记。
>
> 道是荣华富贵,恁掀天气燄,霎时搬戏。看今古英雄,多少葬身无地。名高惹谤,功高相忌。我且花前沉醉,管甚个兔走鸟飞,白发蒙头容易。①

词作开头书写了恣意潇洒的少年生活,"盘铃傀儡",指配有盘铃乐器的木偶杂技。在唐代就是一种比较高级的偶戏,是时人争相观看的偶戏,以一看为荣。"裹蒸"应该是以糯米、绿豆、腌制过的肥猪肉,加上芝麻末和香料,用冬叶包扎蒸煮而成的美食,也是当时人追捧的美食。在这里,唐伯虎用追看最时尚的表演,品尝最流行的美食,来表达少年生活的洒脱。接着转笔写眼前的赏花,可能由于天气寒冷,春天来得迟了些,花开得有些迟。这迟开的花,引起了唐伯虎的无限感慨。他不禁想起镜中的自己已经变老,想起对月饮酒的那些时光,想起眼看的各种时事,于是他对同时赏花的人表达了他对过往人生的感慨。由于唐伯虎一生仕途坎坷,生活也时陷困顿,从风流潇洒如日中天的解元,到枷锁上身的牢狱之灾,

---

① 饶宗颐初纂、张璋总纂:《全明词》第 2 册,第 493 页。

这一生的风波坎坷,让他对世事有了自己的感慨,不要看重所谓的荣华富贵,那些都是随时事可以瞬间发生变化的,看看历史上多少英雄豪杰,因为各种原因竟落得死无葬身之地的下场。太出名了惹人诽谤,功劳过高容易引起忌惮。这些思想同他在诗歌和散曲里表达的看透世事有类似之处,所以,词作中他也是提出了不要在意荣华富贵,这些都是很容易就消散的,不如花前沉醉,对酒赏花且享受眼下的快乐,不用去管别的,只抓住眼前的幸福与快乐就好。

唐伯虎还有一些题画词,如《千秋岁引》(题古松赠寿)、《过秦楼》(题莺莺小像)、《二犯水仙花》(题莺莺小像)两首、《一剪梅》(题画),一共五首题画词,在唐伯虎词作中占比是比较高的了,其中三首都是和崔莺莺有关的画像题词。

他的题画词有的用语讲究,读来有较强的画面感;有的是对画像抒发自己的感想。如《千秋岁引》(题古松赠寿):

> 藓叠苍鳞,萝缠翠角,万丈髯龙奋腾跃。深更抱云宿夜涧,清朝捧日登秋壑。挺风霜,傲泉石,倚寥廓。

> 下有茯苓上有鹤。守护地丹竈药。粟粒粘唇世缘却。凡时细调白玉髓,藏来密锁黄金橐。祝千龄,向初度,齐天乐。①

这是题在一幅用来赠寿的古松图上的词,既是用来祝寿的画,一定有不少和长寿有关的元素出现在画面。虽然我们现在看不到这幅图,但是从唐伯虎的词作中,可以看到一幅象征长寿的古松图,这棵古松苍翠挺拔,树干上的皮像黑黑的鳞片,树根部可以看到有厚厚的苔藓,古松就像一条腾跃的髯龙。这棵古松长在深山,树上栖息着仙鹤,树下有象征祥瑞的茯苓,正暗喻了松鹤延年的祥瑞。词作在意境的营造上,有独到之处,唐伯虎善于通过观察画面选取适

---

① 饶宗颐初纂、张璋总纂:《全明词》第2册,第493—494页。

合烘托主题的景物,以婉转的描述取代铺排,既勾勒了画面,又传达了意境。如用"深更抱云宿夜涧,清朝捧日登秋壑"这种联想式动态描绘,烘托松树高洁的形象;用"挺风霜,傲泉石,倚寥廓"的排比句式,展现古松磊落的气质。对古松形象与气质的赞美,其实就是对此图主人的赞美,词作既贴合画面,又传达了对主人的祝福和赞美,可谓一举两得。我们再看他的《过秦楼》(题莺莺小像):

> 潇洒才情,风流标格,脉脉满身春倦。修荐斋场,禁烟帘箔,坐见梨花如霰。乘斜月,赴佳期,烛烬墙阴,钗敲门扇。想侊俪鸾凰,万千颠倒,可禁娇颤。　　尘世上、昨日朱颜,今朝青冢,顷刻时移事变。秋娘命薄,杜牧缘悭,天不与人方便。休负良宵,大都好景无多,光阴如箭。闻道河东普救,剩得数间荒殿。①

唐伯虎的这首词既有对画面的勾勒,更多的是对莺莺故事的想象与感慨。词作上片对莺莺与张生从偶遇到相会,做了联想描绘,勾勒了一个追求爱情大胆献身才貌双全的莺莺。下片从莺莺的故事结合世事多变发出感慨,要人们"休负良宵,大都好景无多,光阴如箭",不如抓住现在,享受当下的美好生活。用普救寺只剩下数间荒凉的屋子,来警醒世人不要错过眼前的幸福生活。词作不仅用语精工,句式工整,言有尽而意无穷的更引人思考。同样是题画词,祝允明就比较直白,如《忆王孙》(题春睡美人图):

> 梨花蒸透锦堂云,堆下巫山一段春。化作辽西身外身,忆王孙,枝上流莺休要闻。②

虽然祝允明本词的画面对象和唐伯虎题画的对象不同,但祝允明

---

① 饶宗颐初纂、张璋总纂:《全明词》第2册,第494页。
② (明)祝允明:《苏州文献丛书》第4辑《祝允明集》下,薛维源点校,上海古籍出版社,2016年,第646页。

在写法上就比较抽象,我们从词作上感受不到画面的具体细节,只大概可以感受到这个春睡的美人肌肤白嫩,所谓"梨花蒸透锦堂云",身形丰腴,所谓"堆下巫山一段春",其他的就语焉不详了。对比可见,唐伯虎题画词,在由画面展开的联想和想象上更胜一筹,文笔也更为细腻传神。

唐伯虎流传下来咏风物的词作数量较少,不如他的好友文徵明,流传下来有较多咏风物词,如以《风入松》为词牌,就写有"咏盆中金鱼""咏秋葵""咏灯花",也不像祝允明有香艳体的《念奴娇》(咏银质鞋杯)。唐伯虎的咏物词留下来的有阙调名的咏风花雪月的四首,这四首词见于《惜阴堂丛书》:

> 风嫋嫋。风嫋嫋。冬岭泣孤松,春郊摇弱草。收云月色明,卷雾天光早。清秋暗送桂香来,拯夏频将炎气扫。风嫋嫋,野花乱落令人老。

> 花艳艳。花艳艳。妖娆巧似妆,锁碎浑如剪。露凝色更鲜,风送香常远。一枝独茂逞冰肌,万朵争妍含笑脸。花艳艳。上林富贵真堪美。

> 雪飘飘。雪飘飘。翠玉封梅萼,青盐压竹梢。洒空飞絮浪,积槛耸银桥。千山浑骇铺铅粉,万木依稀挂素袍。雪飘飘,长途游子恨迢遥。

> 月娟娟。月娟娟。乍缺钩横野,方圆镜挂天。斜移花影乱,低映水纹连。诗人举盏搜佳句,美女推窗迟夜眠。月娟娟。清光千古照无边。①

这四首咏物词用语文雅,对仗工整,如"冬岭泣孤松,春郊摇弱草","妖娆巧似妆,锁碎浑如剪","翠玉封梅萼,青盐压竹梢","乍缺钩横野,方圆镜挂天",不管是从词性,还是从色彩,或者是从意蕴上,

---

① 饶宗颐初纂、张璋总纂:《全明词》第 2 册,第 496 页。

对仗都十分贴切融合,显示出较高的艺术水平。而且,词作中也有用典之处,如写"雪"这个主题,就巧用了文学史上的一段关于谢道韫咏絮才的佳话,故事见于《晋书》,有一年冬天,太傅谢安召集家族聚会,与子辈们讲论为文之义。不一会儿,天骤降大雪,谢安一时兴起,问诸子侄白雪纷纷何所似?侄子谢朗抢先说:"撒盐空中差可拟。"谢道韫悠然道:"未若柳絮因风起。"举座皆惊,谢安大喜,大赞其妙。后世常用此比喻雪的姿态,唐伯虎在这里就用了"青盐压竹梢。洒空飞絮浪",可谓是巧妙化用典故,增加了词作的艺术性。

唐伯虎还有一些应酬唱和的词作,如《江南春》(次倪元镇韵)、《谒金门》(吴县旗账词)、《鹧鸪天》(吴县旗账词)、《鹧鸪天》(廖通府账词)、《忆秦娥》(王守谷寿词)、《秦楼月》(谢医)等,这些作品有的是和诗友唱和,有的是应酬之作,有的是对身边事的记录,从中也可以了解唐伯虎社交和生活的情况。其中《江南春》(次倪元镇韵)是唐伯虎的乡人许朝相得到了元代倪瓒《江南春》手迹,邀请沈周、杨循吉、祝允明、唐伯虎、文徵明、徐祯卿等赏析唱和,唐伯虎和他的好友祝允明和文徵明等都写过同题的词。"《江南春》本名《秋风清》,一名《秋风引》,原为单调词,全首六句三十字,句式排列为三言两句、五言两句、七言两句。元人倪瓒所作《江南春》却为双调词,即这首词从乐曲角度上分为上下两阕,因之文字书写方式也相应成为上下两段各八句。"①我们来看唐伯虎的词:

> 梅子堕花菱孕笋。江南山郭朝晖静。残春鞋袜试东郊,绿池横浸红橘影。古人行处青苔冷,馆娃宫锁西施井。低头照井脱纱巾。惊看白发已如尘。　人命促,光阴急。泪痕渍酒青衫湿。少年已去追不及,仰看乌没天凝碧。铸鼎铭钟封

---

① (清)梁廷楠撰:《艺文汇编》,杨芷华点校,暨南大学出版社,2001年,第236页。

爵邑,功名让与英雄立。浮生聚散是浮萍,何须日夜苦蝇营。①

词作从游春之踪书写,西施井前脱纱巾,发现青春已逝,白发如银。不禁感慨时光易逝,功业难成,人生如浮萍,不必日夜苦经营,表达了无可奈何的伤感和看透世事的恬淡。整体抒发的情感,与唐伯虎个人的人生际遇不无关系,可见科举案的阴影时时萦绕在他的心头,让他不得不放弃了功业的追求,转而在人生的自适中寻求快乐。祝允明也写了同题的词:

> 北都相将宴樱笋,忘却闺人绿窗静。不堪丽日入房栊,真珠一铺碎花影。空梁燕归怨泥冷,杨花轻狂挂藻井。姚黄无赖照领巾,当年曾与争芳尘。　春日迟、春风急。春云蒸透春花湿。妍姿失时羞莫及,烟绵草缬凝空碧。愁心重重气于邑,绣衫稜稜遮骨立。空帷寂寂悬青萍,谁能持寄并州营。②

祝允明的词勾勒了闺中少妇在家中苦等意中人的情形,这相思让女主人公日渐消瘦,还想着谁能帮她捎封书信给她的意中人,可谓痴情。较之唐伯虎的词,祝词是一首传统的闺怨词,并无身世之感。文徵明也写过同题的词:

> 象床凝寒照蓝笋,碧幌兰温瑶鸭静。东风吹梦晓无踪,起来自觅惊鸿影。彤帘霏霏宿余冷,日出莺花春万井。莫怪啼痕栖素巾,明朝红嫣鏖作尘。　春日迟、春波急,晓红啼春香雾湿。青华一失不再及,飞丝萦空眼花碧。楼前柳色迷城邑,柳外东风嘶马立。水中荇带牵柔萍,人生多情亦多营。③

文徵明的词与祝允明的词类似,都是以第三人视角书写闺中女性等待意中人的痴与怨,与唐伯虎将自身际遇融入词作抒发感概也

---

① 饶宗颐初纂、张璋总纂:《全明词》第 2 册,第 494 页。
② 饶宗颐初纂、张璋总纂:《全明词》第 2 册,第 424 页。
③ 饶宗颐初纂、张璋总纂:《全明词》第 2 册,第 504—505 页。

不同。三首词比较，动人的还是唐伯虎的词作，概缘于唐伯虎的词作，从游春到惊叹人已老、志未酬的伤感，更能引起人的共鸣，也更具感染力。在这些应酬词中，还有一些对时政关心的内容，这在唐伯虎的文学作品中是比较少见的，如《谒金门》（吴县旗账词）：

> 天子睿圣。保障必须贤令。赋税今推吴下盛。谁知民已病。　一自公临邑政。明照奸豪如镜。敕旨休将亲侍聘。少留安百姓。①

词作上片对当时他的家乡吴县的赋税情况做出了批评，"谁知民已病"表达了对赋税之重给百姓带来的烦恼。下片对新来理政的官员做出了赞美，说他如明镜烛台，照的奸人无处藏身，为人公正，执法严明，不徇私舞弊，给百姓带来了安康。

他的词作也偶尔记录自己的生活经历，如《秦楼月》（谢医）：

> 业传三世，学通四库，志在济人利物。刀圭信手就囊拈，能事在医人医国。雷封薄宦，寄身逆旅，忽感沾危困厄。过承恩惠赐余生，只撰个新词酬德。②

词作对一位医术高明的医生进行了赞美，从此种可以看出唐伯虎生了一场病，多亏了这位医生出手相助，用精湛的医术挽救了唐伯虎的性命，所谓"过承恩惠赐余生"，有感于此，唐伯虎写下了这首词表示感谢。

以上，可以看出唐伯虎的词作内容还是比较广泛的，虽然流传下来的数量不多，也可以从中反映出唐伯虎生活中的不同方面。

二

唐伯虎的"文"包括的种类很多，广义上来说，他书写出来的各

---

① 饶宗颐初纂、张璋总纂：《全明词》第 2 册，第 495 页。
② 《唐伯虎全集》，第 132 页。

类文章都可以称之为"文",比如他所写的书、尺牍、序、记、碑铭、墓志铭、墓碣、墓表、疏文、启、制义类等都属于"文"的范畴,这里除了"制义"属于唐伯虎的八股文创作,属于应试科举文章,我们不予讨论。其他的各类文体,都可以从各个方面反映唐伯虎社会生活的一些细节,这是本文要着重研究的。

唐伯虎流传下来的书信主要是写给吴中师友的,最多的是写给好友文徵明的,有三封;还有一封写给吴宽的。唐伯虎写给好友文徵明的三封信分别是《与文徵明书》《答文徵明书》《又与文徵仲书》,其中《与文徵明书》是他因科举案所累入狱,后查明被释放出狱乡居时写给好友文徵明的一封激情澎湃的复信,也是艺术成就非常高的一封信。信中,他引经据典申诉了自己所受的委屈,坚定地表达了不会改变志向,追求自我的高洁情操,他耻于为小吏,决心追步前贤,想成一家之言,传之好事,记之高山。《答文徵明书》先回顾了与文徵明小时候的友情,接着表达了虽然两人友谊深厚,但也不能接受文徵明让他收敛锋芒的规劝,呈现了一个耿直率真的唐伯虎。《又与文徵仲书》则是一封表达感谢的书信,回顾了30年交往以来文徵明全家对他的各种关爱和帮助,盛赞了文徵明的为人与品德高尚的节操,表达了自己深深的仰慕与佩服。从时间上来看,应该是他晚年的作品。《与吴天官书》是唐伯虎写给同乡先贤吴宽的一封书信,吴宽,字原博,号匏庵。长洲人。成化八年(1472)状元及第。在信中,唐伯虎先书写了自己的生活处境比较困顿,接着表示他不害怕眼前的生活上的挫折,他担忧的是自己壮志未酬,想像那些有志功名之士一样,施展自己的才华,但是苦于没有这样的机会。他盛赞了吴宽的卓越成就,表达了自己的仰慕之情和希望吴宽汲引,好成就自己建功立业的愿望。唐伯虎在很多文字记载中呈现的都是不屑功名,心高气傲的才子形象,在这篇书信中的唐伯虎呈现的却是一个谦逊、诚恳、渴望功名的后学形象,这也让唐伯虎的形象更加立体。这四封书信情感都非常充沛,行文布局工整，言辞绮丽，用典巧妙，多有六朝时期官方骈文的色彩。尤其是《与文徵明书》文辞雅丽，句式工整，感情迭宕悲慨，可谓泣血之作，读来非常感人。

我们先来看它的开头段落：

> 寅白：徵明君卿。窃尝闻之，累吁可以当泣，痛言可以譬哀。故姜氏叹于室，而坚城为之隳堞；荆轲议于朝，而壮士为之征剑。良以情之所感，木石动容；而事之所激，生有不顾也。昔每论此，废书而叹，不意今者，事集于仆。哀哉！哀哉！此亦命矣！俯首自分，死丧无日；括囊泣血，群于鸟兽。而吾卿犹以英雄期仆，忘其罪累，殷勤教督，声竭怀素。缺然不报，是马迁之志，不达于任侯；少卿之心，不信于苏季也。[1]

书信开篇就向文徵明告白自己因科场案受累后的激愤之情，巧妙运用典故表达自己的委屈和悲愤。先用了"姜氏"的典故，事见《左传》，鲁人杞良战死，其妻悲愤滔天，放声大哭，一截城墙应声而倒。事有夸张，后世常用来比喻极度的悲伤和愤怒。接着用了"荆轲"的典故，荆轲是战国时著名侠士。为了便于刺死秦王，荆轲提议献上督亢地图和樊于期的头颅。时流亡在燕的秦将樊于期当即慨然应诺，自刎而死。樊于期不惜献出自己的生命，是被荆轲感于刺杀残暴的秦王的勇敢行为所感动。这两个典故，被唐伯虎用来说明情感的力量的巨大，大到无感情的城墙也被感动地倒下了，信念的激励也是巨大的，所以樊于期勇于献出自己的生命帮荆轲去完成一件壮举。唐伯虎用这两个典故向文徵明表明自己遭遇的不幸让自己"俯首自分，死丧无日；括囊泣血，群于鸟兽"。而此时的好友文徵明并没有因为自己身陷泥潭而远离他，反而不离不弃，还以"英雄期仆"，鼓励他振作起来，这样的友情让他热血澎湃。他不是

---

[1]《唐伯虎全集》，第 220 页。

不懂得回报,而是像司马迁和李陵一样,还有自己未完成的心愿。这里,唐伯虎又用了两个典故,一个是受了宫刑的司马迁,忍住屈辱,给自己的老友任安写《报任安书》,表明自己之所以不死,是因为要坚持写完《史记》;一个是投降匈奴的汉将李陵,匈奴扣押了苏武,想让李陵劝降苏武,苏武不为所动,李陵向苏武表达了自己投降匈奴的原因实属迫不得已,他的内心也无比痛苦。唐伯虎用这两个人的事例,来表明自己内心的痛苦及苟活的原因,可谓用典巧妙。这些典故都是受了冤屈,极度悲愤的典型,让我们对唐伯虎当时内心的痛苦与难受有了更清晰的认识。在句式上,对仗也非常工整,如"姜氏叹于室"对"荆轲议于朝","坚城为之隳堞"对"壮士为之征剑",

　　"马迁之志,不达于任侯",对"少卿之心,不信于苏季",对仗的运用让散文结构更整齐,增强了文章的艺术表现性。在《与吴天官书》中,这种情感表达的酣畅和典故运用的娴熟也非常突出,我们来看这段:

　　　　寅凤遭哀闵,室无强亲,计盐米,图婚嫁,察鸡豚,持门户。明星告旦,而百指伺餔;飞鼠启夕,而奔驰未遑。秋风飘尔,而举翮触隅;周道如砥,而垂头伏勒。舆隶交叱,刀锥并侵;烟爨就微,颠仆相继。彷徨闉阇之下,婆娑闾巷之侧。飞尘扬波,行人如蚁;恫恫惕惕,不可与处。①

这段文字用排比"计盐米,图婚嫁,察鸡豚,持门户。明星告旦,而百指伺餔;飞鼠启夕,而奔驰未遑。秋风飘尔,而举翮触隅;周道如砥,而垂头伏勒",把唐伯虎身陷日常琐碎生活之累表达得惟妙惟肖,我们仿佛看到了一个为了把持门户,悉心照顾家庭成员而日夜操劳的唐伯虎。"舆隶交叱,刀锥并侵;烟爨就微,颠仆相继。彷徨

---

① 《唐伯虎全集》,第218页。

阊阖之下,婆娑闾巷之侧。飞尘扬波,行人如蚁;恫恫惧惧,不可与处",把唐伯虎遭遇科场案的种种不幸,痛彻心扉的感受表达得淋漓尽致。这段文字完美展现了唐伯虎深切的无奈、满腔的悲愤以及不屈的信念,使读者可以在字里行间深深感受到唐伯虎的不幸与痛苦,产生不忍卒读的感受。他还巧用典故表现自己的伤感之情,如:

　　雍门援琴,吁其伤矣! 墨子悲丝,殊乎昨矣! ①

雍门子周,战国齐人,善鼓琴。刘向《说苑·善说》载:相传雍门子周以善琴见孟尝君。孟尝君曰:"先生鼓琴亦能令文悲乎?"雍门子周曰:"臣何独能令足下悲哉!"于是,雍门子周就向孟尝君讲述了当时的形势:南雄则楚,西霸则秦,以薛之小国欲抗二者难矣。故薛处于危机之中,使孟尝君领悟到灭国之痛,然后他弹起了更具悲鸣的琴,孟尝君伤感得不能自已,涕泣皆下。后世常用此典写感叹盛极而衰、一朝沦落的悲伤之情。墨子悲丝典故讲的是:墨子见人染白丝而生感叹,说:"白丝用青黑色染料去染,就成了青黑色,用黄色染料去染,就成了黄色。染料不同,丝被染出的颜色也不同,所以染东西时不可不慎重呀。"唐伯虎用这两个典故,表明自己从会试的解元,到因科举案被牵连入狱的阶下囚,可谓从人生的繁盛突然落到了人生的低谷,这中间的落差足以毁掉一个读书人的一生,这样的际遇怎么能不让他悲伤难抑,深刻体会到雍门援琴的哀与愁。墨子看到洁白的丝,因进入不同的染料而变色,不再是白丝的悲痛,不正如唐伯虎本是皎洁无暇前途无量的人生,突遇科场案,从而身染污点,再也回不到学而优则仕的道路上去了,这样的悲痛怎不让人扼腕叹息。《与吴天官书》中,这样的情感表达和巧妙用典之处还有很多,正如郭玉衡评价这篇书信所说:"唐寅为文,

---

① 《唐伯虎全集》,第 219 页。

有如其人,'或精或泛',确无'常态'。现存之文虽已不多,但有些篇章,如书信诸作,颇见特色。例如《上吴天官书》……这样的笔墨藻思丽逸确属富于'才情'之文。上规六朝,骈四俪六,虽不免模拟之态,但在当时,正是台阁余风未息、七子倡言'文必秦汉'之际,这样的文章也就自为一体,别有风致。"①唐伯虎流传下来的这几封写给挚友和乡贤的书信,文辞典雅,情感充沛,艺术水平确实比较高。

唐伯虎的"序"文中,有不同的种类,有为书所写的《啸旨后序》《谱双序》,有写给师友的送别之文《送文温州序》《送陶太痴分教抚州序》《送徐朝咨归金华序》,有应友人约书写的《中州揽胜序》,有对文体写法做出自己看法的《作诗三法序》,还有为前辈的祝寿之文《柱国少傅守溪先生七十寿序》,从中可以看出唐伯虎丰富的社会生活,也可以感受到唐伯虎更为立体的人生形象。《啸旨后序》是唐伯虎应友人之约为他收集整理的一本如何"啸"的书写的序言:

> 子儋朱君,好古博雅,一时俊彦之良,无有逾者。于仆契分甚厚,暇日出是编以相勘校,因曰:"啸之失其旨也久矣,幸存此编,略知梗概;不刊诸梓,以传于世;则羊礼俱亡,后人何所考据。子盍为我叙其事于编后,以遗同志。"

子儋朱君就是唐伯虎的友人朱承爵,江阴人。前文考述唐伯虎的交游时,得出唐伯虎去江阴,曾两次住在朱承爵的存余堂里,二人是交情不错的朋友。朱子儋整理编了一本关于如何"啸"的书,我们常在文献中看到"长啸一声","啸"应该是一种比较特殊的发声,从唐伯虎的序言中我们也可以看到这种发声方式很讲究,"遂系以内激、外激、运气、撮唇法甚详"。《谱双序》是应友人沈润卿所请,为其收集的棋类书所写的序:

---

① 郭预衡:《中国散文史》下,上海古籍出版社,2011 年,第 143—144 页。

双陆格,不获见,今止有谱双。润卿沈君,博雅之士也,梓之以传好古者。暇日示仆,因论及古人双陆,偶忆得数事,遂笺于其后。昔朱仲晦讥贱其废日,余谓儒者焉往而不学,苟存心于一艺,推其术以应世,若以象棋观之:车有衡突之用,马有编列之势,士有护内之功,卒有犯前之力;斯可以论兵矣。以双陆言:垓不可虚,门不可开,积则量轻重,迟则计缓速,敝不可纵,家不可失;斯可以论文矣。①

从中我们可以看到,唐伯虎从象棋的下法推及到用兵的方法,如"若以象棋观之:车有衡突之用,马有编列之势,士有护内之功,卒有犯前之力;斯可以论兵矣",从双陆的下法推及到论文的方法,如"以双陆言:垓不可虚,门不可开,积则量轻重,迟则计缓速,敝不可纵,家不可失;斯可以论文矣"。从中可以看到,唐伯虎涉猎广泛,在音韵、棋类上有自己独到的看法。

在唐伯虎写给师友的送别文中,以《送文温州序》情感最充沛,艺术成就最高。文温州,就是唐伯虎好友文徵明的父亲,对唐伯虎的俊雅之才很是欣赏,在唐伯虎的人生历程中给予了他许多关照。"家君太仆先生,时以过勤居乡,一闻寅纵失,辄痛切督训,不为少假"②,把文温州对他的爱之深、恨之切表达得淋漓尽致。一旦唐伯虎有了值得夸耀的地方,文温州总是不遗余力地帮助他,有"先生复赞拔誉扬,略不置口,先后于邦间耆老,于有司无不极;至若引跛鳖,策驽骗然;是先生于后进也,尽心焉耳矣"③,表达了对文温州的深切感激之情。文中对文温州奖掖后辈做出了高度赞美,并对当时的一些后辈的不良行为做出了批判,"今之后辈,被服姣丽,伸眉高论,旁视无忌,不复识有前辈之尊与益也,是岂长者绝之哉?"④得

---

① 《唐伯虎全集》,第 233 页。
② 《唐伯虎全集》,第 227 页。
③ 《唐伯虎全集》,第 227 页。
④ 《唐伯虎全集》,第 227 页。

出了不是前辈不提携奖掖后辈，而是现在的有些后辈行事乖张、骄傲自大、目无尊长，是这些不良行为自绝于长辈，从中可见唐伯虎中正的道德观。《送徐朝咨归金华序》是一篇应人之托写的一篇中规中矩的序文：

> 徐君朝咨，来自金华，宴苏之治，省太夫人与兄吴公也数日，饰装将还；侄子重衰吴之善诗者，为咏言以赠行橐，而倬予志其首。余少读潜溪先生所著书，深叹伏其根本仁义，鼓吹礼乐，以为一代儒宗。及南游金华，见其乡士大夫，皆彬彬尚实，古朴大雅，有潜溪之遗风焉。……朝咨君又不远千里，来展定省，忠孝笃厚之谊，不待歌诗而见；而潜溪之风，盖有验矣。朝咨君少精壁经，著声场屋间，天性诚笃峭整；他日继郡公轨范，上弼唐虞，下阜民物，沛仁义礼乐之教于天下，则知金华士大夫之学业远有自云。①

从中我们可以看到徐朝咨是浙江金华人，来到吴中看望做官的兄长吴公，临行之际，吴公的侄子托唐伯虎写篇序文。因为徐朝咨是金华人，唐伯虎就用金华名人宋濂来表达对金华人的赞美，先说读了宋濂的书，对他的学问深表叹服，又说南游金华时，感受到了宋濂文化对当地文人的影响，结尾赞美徐朝咨年少有为，他日必成大事，彰显金华人的影响。文章用词典雅，行文流畅，是符合礼仪规范的一篇序文。《送陶太痴分教抚州序》则呈现了与其他文章不同的风格，本文用语直白，近乎不加修饰，文笔还有些谐谑与调侃，我们且看其中的部分内容：

> 陶太痴先生老且贫，仕又不达，故人知己多亲贵者存念之，为之推荐，得转官一阶，自南昌司训往教谕崇仁。既领檄，买船载书，使厨奴负鼎俎，仆牵狗挟被，与之洒然而行，若无家

---

① 《唐伯虎全集》，第232—233页。

之人,往僦室以居者。唐生与先生号知己,饯之章江之上。酌酒相别,喟然为之叹息,曰:嗟乎！士为贫而仕,仕又不能免于贫,斯乌在其为仕也？士赖故人知己之推荐而后达,举之而又不达,斯乌在其有故人知己也？士不仕,仕又无故人知己为之荐达,则其贫而老也固宜。若先生岂宜此耶？岂所谓故人知己者,知先生有未尽也。知之未尽,则弃绝之而已,何为而致之若是其且困也？①

文章开头就用非常直白的语言说陶太痴这个人不但年龄老,而且很贫穷,作为送别人的序文,这么说确实有点太口无遮拦,有失礼仪,唯一可以说得通的是陶太痴这个人跟唐伯虎关系特别熟悉,熟悉到唐伯虎可以这么直白,毫无顾忌地调侃他,也不会引起对方的不满。接着唐伯虎用近乎白描的语言写了陶太痴准备去赴任的情形,所谓买船载书,说明陶太痴是个爱读书的人,不然估计也不会得到唐伯虎的认同,达到如此熟悉可以肆意调侃的程度。接下来的描写就让人忍俊不禁了,唐伯虎说陶太痴让厨房的奴仆背着灶具和炊具,仆人牵着狗还挟着被子,和陶太痴一起洒脱地走着,好像无家室的人,去往租赁的屋子住一样。这样赴任,跟逃荒差不多,实在是对赴任的一种无形的调侃。接着唐伯虎说他和陶太痴关系深厚,为他饯行在章江边上,酌酒相别时不禁感叹说,陶太痴因为贫穷去做官,做了官又不能免于贫穷,那还做这个官干什么呢？士人有赖知己的推荐然后显达,推荐了也不显达,这故人知己跟没有一样了。这样调侃可谓太辛辣,而且以文的形式送给对方,倒也符合唐伯虎口无遮拦、率性而为的性格特点,也可以看出来陶太痴与唐伯虎关系确实不一般,不然也接受不了这样的揶揄和调侃了。文章写陶太痴出行多用白描,幽默风趣,极具画面感;写感叹多用排比反问,增强了文章的气势。

---

① 《唐伯虎全集》,第230—231页。

唐伯虎的《中州揽胜序》则是一篇观赏画作后的文章,在这篇序文中表现了唐伯虎对人生的一些看法,对自己的人生理想做了展望,并通过对历史的反思和提问,表达了自己忧虑的情怀。

> 吾党袁臣器,少年逸器,温然玉暎,盖十室之髦懿也。弘治丙辰五月,忽翻然理篙楫,北乱扬子,历彭城,渐于淮海,抵大梁之墟,九月来归。乃绘所经历山川陵陆,并冲隘名胜之处,日夕展弄,目遊其中。予忝与乡曲,得藉访道里,宛宛尽出指下,盖其知之素而能说之详也。①

文中说道自己的朋友袁臣器少年才俊,于弘治丙辰五月游离了一些地方,归来后绘就了中州览胜图,图画根据自己所经历过的名胜风景绘就,因与唐伯虎交好,邀请他一同赏玩,在赏玩的过程中,为唐伯虎一一细说图中的景物。弘治丙辰年是 1496 年,唐伯虎当时才 27 岁,离弘治十一年(1498),唐伯虎举应天府乡试第一还有两年的时间,离科场案受累还有三年。这个年龄正是唐伯虎追求人生理想,奋发向上的一个阶段。所以,唐伯虎在欣赏了好友画作后,更多地表现了自己的人生追求,他想建功立业,追求功成名就的人生。唐伯虎在文中讲了两种人,“予闻丈夫之生,剗蒿体揉柘干以丽别室,固欲其远陟遐举,不龌龊牖下也。而愿悫者怀田里,没齿不窥闉阇”,一些人只对经营装饰自己的别业感兴趣,也希望他们能行万里路,不要局限于自己的小日子。一种人是谨慎朴实的乡间隐士。这些人至死不入城郭,虽然有自己的志向,人们却都不知道。唐伯虎对这两种人生都不满意,他想区别于这些人,无奈目前自己“青袍掩胫,驰骛士伍中,而身未易自用也”,现实条件不允许他去追求更绚烂的人生,但是他并没有消沉,反而表达了自己“窃亦不能久落落于此”的志向。这说明唐伯虎对于满足眼前的生

---

① 《唐伯虎全集》,第 228 页。

活享受和归隐乡间做隐士都不感兴趣,那么他想追求什么样的人生呢? 下文他引经据典的几处提问,或可以看出他伟大的志向与愿念。

> 臣器新从魏地来,今不知广陵有中散之遗声欤? 彭城项氏之都也,今麋鹿有几头欤? 黄河故宣房之基在否欤? 大梁墟中有持盂羹为信陵君祭欤?[①]

这里,唐伯虎提的第一个问题是袁臣器既然去过广陵,那有没有听到过嵇康的《广陵散》的遗音? 广陵作为历史文化名成,涉及的典故非常多,这里唐伯虎独选择嵇康《广陵散》的典故,可见他对"竹林七贤"之一的嵇康是深怀敬意的。嵇康,字叔夜,谯国人。三国魏文学家、思想家、音乐家。曾做过中散大夫,故世称嵇中散。他是曹操孙沛王曹林的女婿。据说嵇康善鼓琴,但是只有《广陵散》这首曲子不传给学生,后来嵇康因与司马氏不合作,被司马昭杀害。嵇康是个大才子,却因政治纷争不幸被株连,留下了千古名曲无人为继的悲剧,世人常用此典表示某一事业后继无人。唐伯虎在这里也表达了对嵇康的深切缅怀,对他身亡之后《广陵散》是否还流传在广陵深表关心,如果广陵还有遗音,也是对先贤的一种纪念吧。他的第二个问题是作为项羽之都的彭城,现在还有多少头麋鹿呢? 彭盛故址在今江苏铜山县,秦汉之际西楚霸王项羽曾都于此。西楚霸王盛极一时,叱咤风云,无人匹敌,无奈兵败,彭城从繁盛到荒凉,似乎只有麋鹿见证了那段历史。中国古人凡叙写故戎荒凉之况,多以麋鹿多生作喻,所以,唐伯虎也提出了这样的问题,表达了对项羽由盛到衰的感叹。接着唐伯虎又提出了第三个问题,汉武帝因黄河决口筑建的宣王宫的基石是否还在? 据史料记载,汉武帝元光三年(公元前 132),黄河从濮阳瓠子河口冲决,淹

---

① 《唐伯虎全集》,第 229 页。

没十六郡。武帝派汲仁、郭昌领数万人堵塞无效,黄水泛滥长达20多年,给人民带来严重的灾难。元封元年(公元前110年),汉武帝去泰山封禅回来,带着官吏、将士数万人,亲自指挥堵塞瓠子决口,在那里建了宣王宫,解决了黄河决口的问题,给老百姓带来了福荫。宣王宫是帝王功业的象征,但随着时间的流逝,宣王宫还在不在,或者宣王宫的基石还在不在? 唐伯虎提出的这个问题,似乎是对时光流逝、功业不再的无奈感慨。他提的第四个问题是大梁这个地方有没有人去祭奠信陵君? 信陵君,名无忌,战国四公子之一,以礼贤下士著称。司马迁在《史记》中为他写传,曾评论曰:"吾过大梁之墟,求问其所谓夷门。夷门者,城之东门也。天下诸公子亦有喜士者矣,然信陵君之接岩穴隐者,不耻下交,有以也。名冠诸侯,不虚耳。高祖每过之而令民奉祠不绝也。"①可见对信陵君的祭奠与怀念是历代不绝的,那到了一千多年后的明代,是否还有人记得信陵君的功业,是否还有人继续去祭奠他怀念他呢? 这仍然是对时光流逝,泯灭一切功名富贵的感慨。唐伯虎提出的四个问题涉及的典故,都有一个共同的特点,那就是它们都有全盛时代走到了衰落时代,从赫赫有名到近乎湮没无闻,谁也逃不过时间的流逝。唐伯虎对他们的关注,正可以说明他对于建功立业的渴望与期盼,也对功业随时间的消散感到无奈。

唐伯虎的《柱国少傅守溪先生七十寿序》是为他的老师王鏊七十大寿写的祝文,序文先盛赞老师是"福天下之人",接着论说了福气从小到大的区别,冥冥之中必有司福之神,福之多寡厚薄,端视各人德业而定;能造福天下人的,其所享福份也必然大,总结为王鏊是大福气之人,所以能泽被更多的人享受福气。接着用精简的笔墨对王鏊的一生进行了描述和赞美:

> 公以英敏特达之资,天人深邃之学,为世宗儒,领解南都,

---

① (西汉)司马迁:《史记》下,吉林大学出版社,2015年,第556页。

会天下试而登元,殿策仍及第,入玉堂,几五十年,遂践揆端,未尝一日奔趋下僚。自幼至老,未尝一日有失适。今上登极,尤见宠锡,子孙满前,皆列近要;芝兰玉树,照映阀阅,蟒衣玉带,朝廷矜式。祁寒盛暑,手不释卷,天下服其勤。贵瑺用事,计陷宰相,公力拒之,天下尚其义。遂引疾以归,天下推其勇。归卧包山之麓,太湖之上,耳目所接者,松风雪浪,于世事无一预也,天下称其高。凡是数者,皆天下之人所不可得,或有其一,犹自以为踰于天下,况备有之哉?盖公平日以言行之善,处宰相之位,施诸普天之下,蒙其福者,自人及物,不可计算;故其享福也。备有众美,而踰诸人耳。①

用精简的笔墨对王鏊的才能、功名、节操和风骨做了勾勒,呈现出一位少年既为地方才俊,在科举考试的道路上所向披靡,入仕后又勤政爱民步步高升,对工作兢兢业业,对家人关爱有加的乡贤形象。更对王鏊不与恶势力同流合污的勇气做出赞扬,宁可归隐乡间追求道义,也不向朝廷上的恶势力低头。文章用词典雅,言简意赅,如"今上登极,尤见宠锡,子孙满前,皆列近要;芝兰玉树,照映阀阅,蟒衣玉带,朝廷矜式",用精简的语言写出了王鏊家族的昌盛与春风得意。

唐伯虎的"记"文流传下来的约有八篇,除了《许旌阳铁柱记》是唐伯虎游览时所写对许旌阳的看法之文,《荷莲桥记》是对内相喻公关爱民生、为民修桥的记文,《王氏泽富祠堂记》是"行旅过徽,友格以币交"为徽歙王氏家的祠堂所写记文之外,其余都是应朋友之邀为其独特的爱好追求所写的记文。如《爱谿记》是为"新安洪君伯周"所写,此人"弄长竿之清风,披笠袭之烟雨,飘然波涛,邈焉寒暑。势不可夺,强不可挠,盖公休任公子之流。于是以爱溪自

---

① 《唐伯虎全集》,第 234—235 页。

号,而丐余记之"①可见洪伯周这个人,喜爱担风啸月、泛舟江湖、追求亲近自然的潇洒生活,是一位风雅之士。如《竹斋记》则是为"歙之吴君明道,字存功,别号竹斋,君子人也。丐余记斋"所写,松竹梅为岁寒三友,也是文人雅士所热衷的雅号,唐伯虎也提出了"何不以松桂花草颜其斋,而特以竹"的疑问,又用自问自答的方式解释"至存功与竹,迭为宾主,皆号君子"②,盛赞了吴存功的为人与竹子的品质很相似,称得上这样的别号。《筼隐记》则是为"秦君仁之"所写,此人"有材之君子也,和以处众,敬以方外,言貌动止,一由规矩。所居之斋,植筼为陴,朝退宴清,必与相对;故以筼隐为称"③写出了秦仁之爱竹之情和行事方正,人与竹品格类似。《菊隐记》是为"朱君大泾"所写,此人"世精疡医,存心济物,而自号曰菊隐",可知朱大泾是个艺术高明的医生,为人风雅,有济世的追求,唐伯虎还说可能是因为朱大泾的职业缘故,经常使用草药,所以选择菊来做自己的号,"而医亦寿人之道,必资草木以行其术,然非高蹈之士,不能精而明之也;是朱君因菊以隐者",对朱大泾的艺术和品德做出了肯定,认为他配得上这样的称号。这些文章,用语都比较文雅,行文流畅,有叙述有议论,贴合中心,堪称风雅之文。

唐伯虎流传下来的碑铭墓志类文章有十几篇,其中《徐廷瑞妻吴孺人墓志铭》是写自己的岳母;《唐长民圹志》是写自己的侄子;《祭妹文》是祭奠自己的妹妹之作;其余的都是为乡邻或受人之托所写之文。在《徐廷瑞妻吴孺人墓志铭》中,唐伯虎用朴素的语言描述了岳母十七岁嫁为人妇,七十岁逝世勤劳持家的一生。"孺人性好纺绩,自庙见而抵于疾,几六十年,自旦至暮,未尝一日不在筐筐之侧,虽祈寒盛暑不废也。性禀节俭,藿盐之外,不求兼味。及不好佛事,自信以为修短有算,祸福有数,天道不可邀冀得也,故梵

---

① 《唐伯虎全集》,第240页。
② 《唐伯虎全集》,第241页。
③ 《唐伯虎全集》,第242页。

呪之音，未尝出口"①，语言虽质朴无华，情感却如小河流水，潺潺不绝，把岳母勤劳、爱好纺织、节俭、不信佛事、有主见的形象立体呈现在了我们眼前。在《唐长民圹志》中，唐伯虎以泣血啼泪的文字，表达了对唐长民辞世的哀痛之情。从文中看，此文写于唐长民迁移坟墓重新立碑时，从情理上讲，唐长民应该去世比较久了，亲人的悲痛应该有所减弱；但是，我们从文中感受到的哀伤和悲痛是排山倒海、扑面而来的，正可以见证唐伯虎对这个侄子的深情厚爱。原来"长民余弟申之子也，母姚氏。余宗不繁，自曾大父迄先府君，无有支庶，余又不育；暨有此子也，兄弟骈肩倚之"，可知唐长民这一代，因为唐伯虎没有生儿子，只有弟弟唐申生了唐长民，在无后为大以男为尊的社会里，唐长民就是唐家延续后代的唯一希望，从"骈肩倚之"可以看出唐伯虎和唐申对唐长民的爱与期待。而唐长民也"颖慧而淳笃"，是个聪慧又厚道的孩子，跟大伯唐伯虎感情也很好，所谓"有间必诣余"，经常膝下承欢。唐伯虎曾对他寄予厚望"天必祐之，振起其宗"，却不料唐长民在正德戊辰（1508）九月去世，可谓白发人送黑发人，此痛何及，他不禁发出"昊天不聪，丧我犹子，诚为善之无征矣，吁乎冤哉！呜呼痛哉"的伤痛之言。在唐长民迁墓之时，唐伯虎"吮笔命词，涕之无从！"写下了铭文："昊天不聪，翦我唐宗，冤哉死也斯童！兄弟二人将何从？维命之穷。"②此处被袁中郎评价为"真切"，可见文中表达的哀伤确实让人读之不禁泪目。《祭妹文》则是唐伯虎怀念自己亲妹妹的一篇文章，"吾于其死，少且不俶，支臂之痛，何时释也！"语言虽质朴，情感却沉痛。以上论述可见，唐伯虎此类文章用语平实，几乎没有修饰，如白话家常，却于语言文字中蕴含了对亲人的无限哀思，具有较强的感染力，也可视为唐伯虎散文的另一种姿态。

---

① 《唐伯虎全集》，第 256 页。
② 《唐伯虎全集》，第 255 页。

三

唐伯虎的赋作有六篇见于记载,其中《广志赋》《招恤赋》失传,仅有名称记载;流传下来的有四篇,分别是《娇女赋》《金粉福地赋》《惜梅赋》《南园赋》,其中《惜梅赋》学界考证不是他的作品,可靠的作品就只有《娇女赋》《金粉福地赋》《南园赋》三篇了。孙海洋曾评价唐伯虎的赋为:"走向清艳一流。赋风近于南北朝。其《金粉福地赋》,多用四六之句,语瑰丽而词清艳"①。唐伯虎的《金粉福地赋》确实如它的篇名,粉以金饰是耀眼的炫富的,地以福修必是物产富饶的,赋作语句用词华丽,用典文雅,排比自带气势,韵脚明显,读来朗朗上口。且看以下这段:

> 蝴蝶以胭脂作队,玉树以芙蓉为蕊。瑶池疏润,演丽于九春;析木分辉,流光于千里。香合麝脐,痕匀獭髓。九华妆篚,长缄楚国之蘅兰;八宝镜台,烂斗武家之桃李。映阳光而独照,揽轻尘而四起。习成雅步,风细细而无声;学得宫妆,月亭亭而不倚。②

这段话对仗手法运用得非常熟练,先是两个七字对句,以"蝴蝶"对"玉树","胭脂"对"芙蓉","作队"对"为蕊",营造了一个奢华香艳的氛围。第二句用四字加五字句,对四字加五字句。第三句用四字加七字句,对四字加七字句。第四句又是两个七字对句。第五句用四字加六字句,对四字加六字句。句式上非常整齐,句子内部分文辞对仗也很工整,如"瑶池"对"析木","香合"对"痕匀","风细细"对"月亭亭"等。句式和文辞上工整的对仗,让文章更为整齐,具有了形式美。本段的押韵性也比较强,"队""蕊""辉""髓","脐""李""起""倚"等,都有相同的韵母,读起来错落有致、朗朗上口,有

---

① 孙海洋:《明代辞赋述略》,中华书局,2007 年,第 128—129 页。
②《唐伯虎全集》,第 7 页。

很高的艺术性。文章中典故运用也很娴熟，对文章整体艺术价值的提高功不可没。如"瑶池"，是神话中西王母所居之地。《太平广记》：西王母所居宫室"九层，玄室，紫翠丹房，左带瑶池，右环翠水"。"九春"，指春天。《文选·阮籍〈咏怀诗〉之四》："夭夭桃李花，灼灼有辉光。悦怿若九春，磬折似秋霜。"张铣注："春，阳也；阳数九，故云九春。"在类似于西王母瑶池的花园里，百花盛开在最生机勃勃的春天，一切充满了生命力。"析木"，指析木玉，这是一种在辽宁海城河流域产出的透闪石质籽玉，非常名贵。析木玉散发着辉光，这光泽可以流传到千里之外。"麝脐"，麝香的别称，麝香产于麝的脐下，故称麝脐。唐代的唐彦谦《春雨》诗"灯檠昏鱼目，薰炉呕麝脐"。"獭髓"，是一种高级祛斑霜，晋王嘉《拾遗记》卷八载："孙和悦邓丈人，常置膝上，和于月下舞水精如意，误伤夫人颊，……命太医合药，医曰：'得白獭髓，杂玉与琥珀屑，当灭此痕。'"可知獭髓是可以遮盖面部疤痕的一种名贵化妆品。女子们用的香是糅合了名贵的麝脐的香，增加了香的级别；遮瑕霜也用的是最高级的獭髓，尽显奢华的格调。

"妆箧"，放妆饰的小箱子。"蘅兰"，指杜蘅和兰草，均为芳草。《离骚》："畦留夷与揭车兮，杂杜衡与芳芷"。此箱也不同凡响，用的是来自于屈子故里的香草杜蘅和兰草做装饰。八种宝物装饰的镜台，有武则天御花园里曾经种过的桃李来装饰。香草香花缭绕，怎不让人心动神摇。在这样的环境中，学习怎样走出优雅的步态，学习如何画出宫样的妆容，这真是奢华富贵的生活啊！我们再看下面这段：

> 绣幕围兮，春杯长夜；锦衾灿兮，宵灯独旦。别有沙堤，曲通珣岸。黄金建百尺之台，白玉作九成之观。屏裁云母，隔阆风而不疏；梁镂郁金，承朝阳而长烂。珠玑错三千之履，紫丝垂七十之幔。粤若富春，乐彼韶年。河阳之花似霰，宜城之酒如泉。分曹打马，对局意钱。织锦窦姬，荐朝阳之赋；卷衣秦

> 女，和夜月之篇。宝叶映綦履而雅步，银花逐笑靥而同圆。丽色难评，万树过墙之杏；韶光独占，一枝出水之莲。四坐吐茵，无非狎客；两行垂佩，共号神仙。风里擘衣，接金星而灿烂；月中试管，倚玉树而婵娟。青鸟黄鸟，尽是瑶池之佳侠；大乔小乔，无非铜台之可怜。单衫裁生仁之杏子，松鬓拥脱壳之蜩蝉。锦袖琵琶，眼留青于低首；金钗宛转，面发红于近前。一笑倾城兮再倾国，胡然而帝也胡然天！乐句雕香，舞衣裁缟。步摇拥翠，葳蕤却火之珠；充耳以黄，联络澄泥之宝。鸳鸯在梁，永锡难老；金玉满堂，惟躬是保。北门文学，衔题鸾凤；上苑英华，使称花鸟。秋千院落，日五丈而花阴阴；灯火楼台，月三更而人扰扰。帘影内堂，锁声别沼。浮闲馆于波心，飞重阑于木杪。沐池分北湖之新涨，妆镜开西山之清晓。屈曲回屏，高低覆橑。蜘蛛织三更之雨，蘼芜咏一庭之草。珠帘以珊瑚作钩，翠帐以芙蓉为葆。左思解赋，炼词以十年；竖亥健步，寻源于三岛。神仙多戏，造化无私。海中之地可缩，壶里之天鲜窥。万里石塘，贯八垓之机轴；三重银户，入九曲之摩尼。凌熇借地，嘉福分基。东园颂蛱蝶之嚏矣，南浦赋芍药之伊其。抱明月而长遊，乘清风而忘归。①

文章处处可见华丽的语言、整齐的句式，充分发挥了赋的铺陈和排比功能，把一个热闹繁荣的锦绣福地通过各种奢华的生活场景陈列在我们面前，这里有沙堤曲岸，有黄金台白玉观，有云母屏镂金梁，连鞋子上都装饰了珠玑，帷幔用的是最奢华的紫丝。这里“四坐吐茵，无非狎客；两行垂佩，共号神仙”，人们过着轻奢极乐的生活，仿佛享尽了人世间的欢乐，不信你看“秋千院落，日五丈而花阴阴；灯火楼台，月三更而人扰扰”，这是多么繁荣奢华的城市夜生活，在这样的福地里怎么能不让人“抱明月而长遊，乘清风而忘归”。唐伯虎用金碧华

① 《唐伯虎全集》，第7—8页。

丽的语词,挥洒自如的笔伐,为我们描绘了一个极尽人间奢华享乐的洞天福地,正如他自己所说:"借王勃之风,奋江淹之笔。咀兰成咏,汉殿分香;刻叶为题,郑公借术。竭雕虫之薄技,倾铅华而尽述。"本赋既有汉赋的铺陈排比,又有王勃《滕王阁序》的酣畅淋漓,还有江淹一样的生花妙笔,成就了错金镂彩的风格。

在唐伯虎的《娇女赋》中,集中引用《诗经》典故的情形也很多,铺陈叙述也比较显著,前文已有相关论述,兹不赘述。唐伯虎的《南园赋》不见于明清刻本中他的集子里,而是后人新收录的一篇赋作。赋文如下:

> 叶君复出,家包山之阳,辟圃数弓,艺树卉木,筑堂面之。春日载和,万汇条畅,鸟鸣草怒,怡然相对,迨有忘世之想。今冢宰太原公既为之序矣,复命余赋之。其词曰:伊人卜室,于园之南;君子面明,和乐且湛。玩品物之喜怒,鉴流形之吐含;极中星之揆测,废黄道之讨探。熏风入弦,拉黄羲以共语;钧天在奏,齐羸属以盘珊。春日熙熙,好鸟关关。乐阳舒于厚地,效仁道于高山;赋盘桓以适志,咏归来以怡颜。珮纫都梁,案具蘅苣。曲蹊长径,芳菲郁荟;蝶蘧蘧而飞,燕喃喃而对。万卉千葩,流红湿翠,春风窥桃杏之丽华,秋霜感莪蓼之憔悴。焚僮楚伧,披秧别穗;寒菘露芥,辛夷辣桂;味各因其时,艺各从其类。主者谁氏?其弁伊者;有严来宾,各执另仪。攀条斗叶,于径于湄;叹棠棣有韡韡之华,视枞杜有滑滑之枝。屏风匾匝,步障逶迤;重檐映树,曲槛临池,错绮罗于竹木,间歌舞于杯匜;布流黄以为席,浮大白以罚诗。由是叹为乐之及时,感斯乡之吾故。长诵荜门之章,不美王门之步。销摇窘言,从容望晓;对垒于北里之产,邻墙于辟疆之顾。功名忘世外之机,风月有山间之助。隔绝氛埃,清虚窗户;即此可娱,无心他慕。故因地以自称,聊引言以为赋。①

---

① 《唐伯虎全集》,第 339—340 页。

本篇是受太宰公之托为叶复出的私人小园——南园所写的赋文，赋作对南园的自然风貌做了细致的描绘，所谓"鸟鸣草怒"，"春日熙熙，好鸟关关"，"万卉千葩，流红湿翠"等；对南园的建筑陈设做了解说，所谓"珮纫都梁，案具衡茞。曲蹊长径，芳菲郁荟"，"屏风匼匝，步障逶迤；重檐映树，曲槛临池"；对生活在南园里的人怡然自得的生活做了歌颂，所谓"有严来宾，各执另仪。攀条斗叶，于径于湄"，"错绮罗于竹木，间歌舞于杯匜；布流黄以为席，浮大白以罚诗"，主人与客人欢宴于此，他们或斗草取乐，或赏歌舞而赋诗，在香花香草的环绕中，尽享人间的闲适，他们"功名忘世外之机，风月有山间之助"，不为世间的荣华富贵所动，追求的是内心的安宁与闲适，过着令人向往的恍若世外桃源的生活。赋作的语言文雅清丽，句式对仗工整，写景状物曲尽其态，虽与《金粉福地赋》错金镂彩的风格不同，也是一篇流畅自然的小赋。

唐伯虎的曲词文赋作品，整体数量虽然没有诗歌作品多，也是对唐伯虎生活及文学的另一种反映，有助于我们更为全面地了解唐伯虎。

后记

　　本书是笔者来到连云港师范高等专科学校工作后，在对博士论文《唐寅研究》做出补充研究的基础上产生的成果。对唐伯虎的研究主要侧重于目前学界关注较少的领域，如唐伯虎的侠客思想；唐伯虎的豫章之行史实、心态及影响辨析；唐伯虎的交游史实、交游方式、交游活动对唐伯虎自身及其文学创作的影响；唐伯虎诗文集明代版本的流变梳理；几本署唐伯虎的尺牍的真伪考辨问题；唐伯虎诗文创作态度的辨析；《诗经》对唐伯虎诗文的影响问题。对于唐伯虎诗歌之外的其他文学作品曲词文赋，做了深入细致的研究。通过这些研究，使得唐伯虎的生平史实更加立体可感，有助于我们更好地理解唐伯虎其人其行其创作。但对于唐伯虎的研究，仍有许多让笔者困惑的地方。比如，唐伯虎的身份，到底是市民、山人还是市民化的文人或是其他；比如唐伯虎诗文中多次出现对"心"的辨析，唐伯虎的"心"与同时代的王阳明"心学"的关联问题；比如唐伯虎经常对时间、空间及自我进行思考的问题，如何看待唐伯虎的这些思考，唐伯虎的这些思考在这一问题领域中的地位问题；比如唐伯虎健康的情爱与性爱观在这一问题领域中的地位问题；比如历史上的唐伯虎如何一步步演变成了文学创作中的唐伯虎的问题，以及这种演化的原因是什么。解决上述这些问题必须建立在对这些问题所关联的大领域有深刻熟悉的基础上，才能实现。由于学力和时间的有限，笔者只能寄希望在以后的学习中能找到合适答案。同样,对唐伯虎文学创作的研究也存在粗疏之处,唯愿在未来的工作中能更深入地研究这一问题。

在写作过程中,我经常会感到力不从心,学识浅薄又生性拘谨的我,去研究江南第一风流才子,实在有些自不量力。只有诗人才能体会诗人,我恰恰不具备诗人的潜质。虽然我没有唐伯虎的才气纵横,却无比喜爱唐伯虎的真诚。唐伯虎 50 岁时曾作有《言怀》:

> 笑舞狂歌五十年,花中行乐月中眠;漫劳海内传名字,谁论腰间缺酒钱。诗赋自惭称作者,众人多道我神仙;些须做得工夫处,莫损心头一寸天。①

"莫损心头一寸天",唐伯虎之所以是唐伯虎,恐怕正在于他的真诚与率性。

---

① 《唐伯虎全集》,第 80 页。

参考文献

[1]（汉）毛公：《毛诗正义》，上海：上海古籍出版社，1990 年。

[2]（汉）司马迁：《史记》，北京：中华书局，1982 年。

[3]（北齐）魏收：《魏书》，北京：中华书局，1974 年。

[4]（唐）卢仝：《玉川子诗集》，《续修四库全书》，集 1311。

[5]（唐）李白：《李太白文集》，《文津阁四库全书》，集 355。

[6]（唐）房玄龄等撰：《晋书》，北京：中华书局，1974 年。

[7]（后晋）刘昫等撰：《旧唐书》，北京：中华书局，1975 年。

[8]（宋）郭知达编：《九家集注杜诗》，《文津阁四库全书》，集 356。

[9]（宋）郭茂倩：《乐府诗集》，《文津阁四库全书》，集 450。

[10]（宋）司马光编著：《资治通鉴》，北京：中华书局，1956 年。

[11]（宋）李昉等编：《太平广记》，北京：中华书局，1961 年。

[12]（宋）杨万里：《诚斋易传》，九州出版社，2008 年。

[13]（元）脱脱等撰：《宋史》，北京：中华书局，1985 年。

[14]（宋）范晔：《后汉书》，北京：中华书局，1965 年。

[15]（明）唐寅撰：《唐伯虎集》一卷，（明）俞宪编：《盛明百家诗》三百二十四卷，明嘉靖隆庆间刻本，国家图书馆藏，胶卷。

[16]（明）华淑辑：《明诗选》十二卷，《四库禁煅书丛刊》，集部 1。

[17]（明）唐寅撰，（明）何大成辑：《唐伯虎先生集》上下卷，《唐伯虎先生外编》五卷，《唐伯虎先生外编续刻》十二卷，《续修四库全书》，集部 1334—1335 册。

[18]（明）唐寅撰，（明）何大成辑：《唐伯虎先生集》上下卷，《唐伯虎先生外编》五卷，《唐伯虎先生外编续刻》十二卷，《六如居士画谱》三卷，国家图书馆藏，胶卷。

[19] (明)唐寅撰,(明)何大成辑:《唐伯虎集》4 种,明万历刻本,北京大学图书馆藏。

[20] (明)唐寅撰,(明)何大成辑:《唐伯虎先生集》二卷,《唐伯虎先生外编》五卷,明万历刻本,复旦大学图书馆藏。

[21] (明)唐寅撰,(明)何大成辑,(清)顾楳批:《唐伯虎先生集》上下卷,《唐伯虎先生外编》五卷,《唐伯虎先生外编续刻》十二卷,《六如居士画谱》三卷,上海图书馆藏。

[22] (明)唐寅撰:《唐伯虎先生外编》,存两卷 。上海图书馆藏。

[23] (明)唐寅撰,沈思辑,曹元亮校:《唐伯虎集》四卷,附刻外集一卷,明万历四十年曹元亮翠竺山房刻本,四册,国家图书馆藏,胶卷。

[24] (明)唐寅撰,沈思辑,曹元亮校:《唐伯虎集》四卷,附刻外集一卷,明万历四十年曹元亮翠竺山房刻本,一函四册,北京大学图书馆藏。

[25] (明)唐寅撰,沈思辑,曹元亮校:《解元唐伯虎汇集》四卷,附刻外集一卷,明万历四十年曹元亮翠竺山房刻本,四册,上海图书馆馆藏。

[26] (明)唐寅撰,袁宏道评:《袁中郎先生批评唐伯虎汇集》四卷,附刻外集一卷,《六如唐先生画谱三卷》,六册,国家图书馆藏,胶卷。

[27] (明)唐寅撰,袁宏道评:《袁中郎先生批评唐伯虎汇集》四卷,附刻外集一卷,《六如唐先生画谱》三卷,白玉堂藏版,一函四册,中央民族大学图书馆馆藏。

[28] (明)唐寅撰,袁宏道评:《袁中郎先生批评唐伯虎汇集》四卷,附刻外集一卷,《六如唐先生画谱》三卷,四美堂藏版,一函四册,中国社会科学研究院历史研究所古籍室藏。

[29] (明)唐寅撰,袁宏道评:《袁中郎先生批评唐伯虎汇集》四卷,一函四册,清华大学图书馆藏。

[30] (明)唐寅撰,袁宏道评:《袁中郎先生批评唐伯虎汇集》四卷,附刻外集一卷,二册无函,上海图书馆藏。

[31] (明)唐寅撰,袁宏道评:《袁中郎先生批评唐伯虎汇集》四卷,附刻外集一卷,二册无函,上海图书馆藏。

[32] (明)唐寅撰,袁宏道评:《袁中郎先生批评唐伯虎汇集》四卷,附刻外集一卷,一函四册,上海师范大学图书馆藏。

[33] (明)唐寅撰,(清)俞长城选评:《唐伯虎稿》一卷,《可仪堂一百二十名家制义》,文盛堂怀德堂全梓。

[34] (明)唐寅撰,(清)俞长城选评:《唐伯虎稿》一卷,《可仪堂一百二十名家制义》,步月楼令德堂全梓。

[35] (明)唐寅撰,(清)唐仲冕编:《六如居士全集》七卷,补遗一卷;《六如居士外集》六卷,《六如居士制义》一卷,《六如居士画谱》三卷,清嘉庆6年,果克山房 。

[36] (明)史鉴:《西村先生集》,二十八卷,清初抄本,缩微胶片。

[37] (明)唐寅撰:《才子文》,巾箱小品十三种。

[38] (明)唐寅撰:《六如诗钞》,绿满书窗六种。

[39] (明)唐寅撰:《唐六如先生小简》,吴门紫樱轩珍藏,上海崇文书局印行。

[40] (明)唐寅撰:《唐六如先生笺启》,吴门紫樱轩珍藏,虞山襟霞阁印行。

[41] (明)唐寅撰,《六如居士尺牍》,一函四册,光霁草庐印。

[42] (明)王鏊:《震泽集》,《文津阁四库全书》,集 419—420。

[43] (明)吴宽:《家藏集》,《文津阁四库全书》,集 419。

[44] (明)王鏊:《震泽长语》,《文津阁四库全书》,子 287。

[45] (明)沈周:《石田诗选》,《文津阁四库全书》,集 417。

[46] (明)程敏政:《篁墩文集》,《文津阁四库全书》,集 418—419。

[47] (明)祝允明:《怀星堂集》,《文津阁四库全书》,集 421。

[48] (明)黄云:《黄丹岩先生集》,《四库全书存目丛书》,集 60。

[49] (明)阎秀卿:《吴郡二科志》,《四库全书存目丛书》,史 90。

[50] (明)汪砢玉撰:《珊瑚网》,《文津阁四库全书》,子 271。

[51] (明)刘凤:《续吴先贤赞》,《四库全书存目丛》,史 95。

[52] (明)归有光:《震川集》,《文津阁四库全书》,集 430。

[53] (明)杨循吉:《松筹堂集》,《四库全书存目丛书》,集 43。

[54] (明)袁袠:《衡藩重刻胥台先生集》,《四库全书存目丛书》,集 86。

[55] (明)贺复征编:《文章辨体汇选》,《文津阁四库全书》,集 468—471。

[56] (明)朱存理:《楼居杂著》,《文津阁四库全书》,集 418。

[57] (明)俞弁:《山樵暇语》,《四库全书存目丛书》,子 152。

[58] (明)陆粲:《陆子余集》,《文津阁四库全书》,集 426。

［59］（明）皇甫汸：《皇甫司勋集》，《文津阁四库全书》，集426。

［60］（明）姜绍书：《韵石斋笔谈》，《文津阁四库全书》，子289。

［61］（明）黄省曾：《吴风录》，《续修四库全书》，史733。

［62］（明）王世贞：《弇州四部稿》，《文津阁四库全书》，集427—428。

［63］（明）王世贞：《弇州续稿》，《文津阁四库全书》，集428—429。

［64］（明）钱穀：《吴都文粹续集》，《文津阁四库全书》，集463。

［65］（明）郁逢庆：《书画题跋记》，《文津阁四库全书》，集271。

［66］（明）郁逢庆：《续书画题跋记》，《文津阁四库全书》，集271。

［67］（明）何良俊：《四友斋丛说》，北京：中华书局，1959年。

［68］（明）李诩：《戒庵老人漫笔》，北京：中华书局，1982年。

［69］（明）文洪编：《文氏五家集》，《文津阁四库全书》，集462。

［70］（明）杨一清：《杨一清集》，北京：中华书局，2001年。

［71］（明）张丑：《真迹日录》，《文津阁四库全书》，集271。

［72］（明）王稚登：《国朝吴郡丹青志》，《四库全书存目丛书》，子71。

［73］（清）安岐：《墨缘汇观录》，《续修四库全书》，子1067。

［74］（清）黄宗羲：《金石要例》，《文津阁四库全书》，集496。

［75］（清）王士祯：《古夫于亭杂录》，北京：中华书局，1988年。

［76］（清）陈田：《明诗纪事》，《续修四库全书》，集1710—1712。

［77］（清）陆廷灿：《续茶经》，清雍正间刻本。

［78］（清）陆心源：《皕宋楼藏书志》，《续修四库全书》，史928—929。

［79］（清）陆心源：《穰梨馆过眼录》，《续修四库全书》，子1087。

［80］（清）陆时化：《吴越所见书画录》，《续修四库全书》，子1068。

［81］（清）王应奎：《柳南随笔》，北京：中华书局，1983年。

［82］（清）吴升：《大观录》，《续修四库全书》，子1066。

［83］（清）刘宝楠：《论语正义》，北京：中华书局，1990年。

［84］（清）张予介等修、（清）顾登等纂：《昆山新阳合志》，清乾隆16年刻本。

［85］（清）赵宏恩等修：《江南通志》，《文津阁四库全书本》，集172—173。

［86］《御定书画谱》，《文津阁四库全书》，子271—272。

［87］（清）张照等：《石渠宝笈》，《文津阁四库全书》，子273。

［88］（清）张廷玉：《明史》，北京：中华书局，1974年。

[89]（清）何文焕辑：《历代诗话》,北京：中华书局,1981 年。

[90]（清）钱谦益：《列朝诗集小传》,上海：上海古籍出版社,1983 年。

[91]（清）孙诒让：《十三经注疏校记》,济南：齐鲁书社,1983 年。

[92]（清）叶昌炽：《藏书纪事诗》,上海：上海古籍出版社,1989 年。

[93]（清）朱彝尊：《静志居诗话》,北京：人民文学出版社,1990 年。

[94] 钱基博：《明代文学》,上海：商务印书馆,1933 年。

[95] 宋佩韦：《明文学史》,上海：商务印书馆,1934 年。

[96] 铁琴屡主编辑：《唐伯虎尺牍》,上海：大通图书社,1935 年。

[97] 温肇桐：《明代四大画家》,世界书局,1946 年。

[98] 杨静庵编：《唐寅年谱》,上海：商务印书馆,1947 年。

[99] 郑振铎：《插图中国文学史》,北京：人民文学出版社,1957 年。

[100] 江兆申：《关于唐寅的研究》,台北："国立"故宫博物馆,1969 年。

[101] 马茂元：《古诗十九首初探》,西安：陕西人民出版社,1981 年。

[102] 柳闻：《唐伯虎》,南京：江苏古籍出版社,1981 年。

[103] 郑骞：《唐伯虎诗辑逸笺注》,台北：联经出版事业公司,1982 年。

[104] 丁福保辑：《历代诗话续编》,北京：中华书局,1983 年。

[105] 周道振辑校：《文徵明集》,上海：上海古籍出版社,1987 年。

[106] 吕锡生：《徐霞客家传》,长春：吉林文史出版社,1988 年。

[107] 胡适著：《胡适古典文学研究论集》,上海：上海古籍出版社,1988 年。

[108] 黄立新：《红楼梦十论》,上海：复旦大学出版社.1990 年。

[109] 李昌集：《中国古代散曲史》,上海：华东师范大学出版社,1991 年。

[110] 徐朔方：《晚明曲家年谱》,杭州：浙江古籍出版社,1993 年。

[111] 陈正宏：《沈周年谱》,上海：复旦大学出版社,1993 年。

[112] 张沛编著：《昭陵碑石》,西安：三秦出版社,1993 年。

[113] 陈书录：《明代诗文的演变》,南京：江苏教育出版社,1996 年。

[114] 陈麦青：《祝允明年谱》,上海：复旦大学出版社,1996 年。

[115] 周道振、张月尊纂：《文徵明年谱》,上海：百家出版社,1998 年。

[116] 郭预衡：《中国散文史》,上海：上海古籍出版社,1999 年。

[117] 杜信孚、杜同书：《全明分省分县刻书考》,北京：线装书局,2001 年。

[118] 周道振、张月尊辑校：《唐伯虎全集》,杭州：中国美术学院出版社,
2002 年。

［119］张仲谋：《明词史》，北京：人民文学出版社，2002 年。

［120］紫都、霍艳文编著：《唐寅生平与作品鉴赏》，呼和浩特：远方出版社，2005 年。

［121］黄卓越：《明代中后期文学思想研究》，北京：北京大学出版社，2005 年。

［122］章培恒等编：《中国文学古今演变研究论集二编》，上海：上海古籍出版社，2005 年。

［123］罗宗强：《明代后期士人心态研究》，天津：南开大学出版社，2006 年。

［124］徐朔方、孙秋克：《明代文学史》，杭州：浙江大学出版社，2006 年。

［125］孙海洋：《明代辞赋述略》，北京：中华书局，2007 年。

［126］赵义山：《明清散曲史》，北京：人民出版社，2007 年。

［127］汪涤：《明中叶苏州诗画关系研究》，上海：上海文化出版社，2007 年。

［128］范志新编年校注：《徐祯卿全集编年校注》，北京：人民文学出版社，2009 年。

［129］赵义山、李修生主编：《中国分体文学史》诗歌卷，上海：上海古籍出版社，2014 年。

［130］李嘉球：《苏州梨园》，福州：福建人民出版社，1998 年。

［131］傅璇琮、许逸民等主编：《中国诗学大辞典》，杭州：浙江教育出版社，1999 年。

［132］谢伯阳编：《全明散曲》第 1 卷，济南：齐鲁书社，1994 年。

［133］（唐）温庭筠等：《婉约词》，沈阳：万卷出版公司，2018 年。

［134］薛军良选注：《彭兆荪边塞诗文选注》，太原：三晋出版社，2018 年。

［135］华觉明、谭德睿主编：《图说中华铜文化》，合肥：中国科学技术大学出版社，2018 年。

［136］春梅狐狸：《图解中国传统服饰》，南京：江苏凤凰科学技术出版社，2019 年。

［137］（元）王祯撰：《农书译注》，济南：齐鲁书社，2009 年。

［138］任中敏：《敦煌曲研究》，张长彬校理，南京：凤凰出版社，2013 年。

［139］石海光编：《秦观词全集》，武汉：崇文书局，2015 年。

［140］范松义选注：《两宋词作》，北京：中国社会出版社，2005 年。

［141］陶红亮编著：《飞花令》元曲，贵阳：贵州民族出版社，2019 年。

[142] 许松华:《古风清音》元曲精选集,北京:北京燕山出版社,2019 年。

[143] 邓元煊主编,肖猷洪绘图:《元曲彩图版》,成都:四川辞书出版社,2019 年。

[144] (明)周文箄:《汝南圃史》,赵广升点校,子海精华编,南京:凤凰出版社,2017 年。

[145] (明)陈霆:《四库德清文丛·水南集》上,陈景超注释/点校,杭州:浙江古籍出版社,2017 年。

[146] 叶嘉莹主编:《苏轼词新释辑评》,北京:中国书店,2007 年。

[147] (宋)刘过:《龙洲集》,上海:上海古籍出版社,1978 年。

[148] 刘英波:《明代"吴中""关中"散曲史论》,济南:山东人民出版社,2014 年。

[149] 饶宗颐初纂、张璋总纂:《全明词》第 2 册,北京:中华书局,2004 年。

[150] (清)梁廷楠撰:《艺文汇编》,杨芷华点校,广州:暨南大学出版社,2001 年。

期刊论文

[1] 阆风:《唐六如评传》附年谱,《清华周刊》,1932 年第 4 期,第 287—314 页。

[2] 谢孝思:《唐寅三绝》,《名作欣赏》,1980 年第 1 期,第 157—160 页。

[3] 施宁:《吴门才子 画苑名流——唐寅诗歌表里》,《南京艺术学院学报》(音乐与表演版),1984 年第 2 期,第 30—36 页。

[4] 林坚:《高情逸韵 风流千古——从题画诗看唐伯虎的思想风貌》,《盐城师范学院学报》(人文社会科学版),1985 年第 3 期,第 21—28 页。

[5] 宋戈:《论唐寅诗歌的艺术特色》,《辽宁大学学报》(哲学社会科学版),1985 年第 3 期,第 51—55 页。

[6] 魏际昌:《唐六如评传》,《承德民族师专学报》,1986 年第 1 期,第 1—6 页。

[7] 俞明仁:《漫议唐伯虎》,《杭州大学学报》(哲学社会科学版),1986 年第 4 期 ,第 61—68 页。

[8] 王文钦:《唐寅思想初探》,《苏州大学学报》(哲学社会科学版),1987 年第 3 期,第 87—92 页。

[9] 周月亮:《唐寅和晚明的浪漫思潮》,《读书》,1987 年第 12 期,第 65—68 页。

[10] 章培恒:《明代的文学与哲学》,《复旦学报》(社科版),1989 年第 1 期,第 1—9 页

[11] 段炳果:《唐伯虎的遭遇及其对艺术思想的影响》,《艺术百家》,1989 年第 1 期,第 73—76 页。

[12] 王乙:《唐寅诗与〈列子〉享乐主义》,《昆明师范高等专科学校学报》,1989 年第 3 期,第 20—24 页。

[13] 朱万曙:《一个文学史不该忘却的作家——唐伯虎文学创作试论》,《安徽大学学报》(哲学社会科学版),1990 年第 3 期,第 88—94 页。

[14] 周怡:《略论唐寅》,《齐鲁艺苑》,1990 年第 4 期,第 16—21 页。

[15] 郑平昆:《〈金瓶梅〉咏打秋千诗乃唐寅原作》,《文献》,1991 年第 1 期,第 265—266 页。

[16] 宋戈:《风流才子唐伯虎》,《文史知识》,1994 年第 1 期,第 62—65 页。

[17] 马旷源:《唐伯虎故实考略》,《云南师范大学学报》(哲学社会科学版),1996 年第 1 期,第 34—39 页。

[18] 雷广平:《论唐寅诗风对《红楼梦》诗词创作的影响》,《社会科学战线》,1996 年第 2 期,第 224—228 页。

[19] 彭茵:《狂放与悲凉交织的人生——唐寅的人生道路》,《古典文学知识》,1999 年第 1 期,第 55—60 页。

[20] 张耀宗:《明代藏书家朱承爵》,《江苏地方志》,1999 年第 2 期,第 35—36 页。

[21] 张春萍:《论唐寅诗歌中的"畸人"特质》,《学术交流》,2000 年第 1 期,第 122—125 页。

[22] 张春萍:《佛教与唐寅诗歌思想内涵》,《河南师范大学学报》(哲学社会科学版),2000 年第 2 期,第 56—59 页。

[23] 戴诚;沈剑文:《读唐寅咏花诗》,《苏州铁道师范学院学报》,2000 年第 3 期,第 70—74 页。

[24] 王富鹏:《论唐寅思想的多面性和整体性》,《嘉应大学学报》,2000 年第 4 期,第 48—52 页。

[25] 丛彬彬:《谈谈唐伯虎和他的劝世诗》,《南通职业大学学报》,2001 年第 4 期,第 27—29 页。

[26] 王富鹏、魏建钦:《论唐寅的佛道出世人格》,《韶关学院学报》,2002 年第

10 期,第 26—29 页。

[27] 王晓辉:《唐寅生命意识的解读》,《南通师范学院学报》(哲学社会科学版),2003 年第 2 期,第 60—62 页。

[28] 王富鹏:《论唐寅的儒侠入世人格》,《韶关学院学报》,2003 年第 4 期,第 49—52 页。

[29] 赵义山,《论词场才子之曲与明中叶散曲之复兴》,《河北师范大学学报》(哲学社会科学版),2003 年第 11 期。

[30] 孙植:《论唐寅诗的情志内容及其人格表现》,《重庆大学学报》(社会科学版),2004 年第 2 期,第 67—70 页。

[31] 雷文学、成杰:《唐伯虎与〈红楼梦〉》,《武汉理工大学学报》(社会科学版),2004 年第 3 期,第 376—379 页。

[32] 马宇辉:《文学史写作的一个挑战——唐伯虎之文化意义论析》,《南开学报》(哲学社会科学版),2004 年第 4 期,第 118—124 页。

[33] 马宇辉;陈洪:《一部续写不已的"名著"——唐伯虎》,《中国文学古今演变研究论集二编》,2005 年,第 491—511 页。

[34] 孙小力:《元明题画诗文初探——兼及"诗画合一"形式的现代继承》,《上海大学学报》(社会科学版),2005 年第 1 期,第 36—41 页。

[35] 沈金浩:《唐寅、文征明文化性格比较论》,《深圳大学学报》(人文社会科学版),2005 年第 6 期,第 72—76 页。

[36] 蒋旻:《论〈唐伯虎点秋香〉中"唐伯虎"文学形象的生成》,《江南大学学报》(人文社会科学版),2005 年第 6 期,第 80—82 页。

[37] 马宇辉:《画家唐寅的一次诗学探讨》,《明代文学研究国际学术研讨会论文集》,2006 年,第 173—193 页。

[38] 谈晟广:《明弘治十二年礼部会试舞弊案》,《故宫博物院院刊》,2006 年第 5 期,第 124—139 页。

[39] 王富鹏,《论唐寅性格的女性化特征及成因》,《韶关学院学报》,2006 年第 2 期,第 1—3 页。

[40] 杨继辉:《唐寅科场案详考》,《苏州教育学院学报》,2007 年第 2 期,第 30—33 页。

[41] 王文英:《唐伯虎的人生历程及其立名思想》,《河北师范大学学报》(哲学

社会科学版），2007 年第 3 期,第 113—115 页。

[42] 邓晓东、吴乐雅:《唐寅〈谒故福建金宪永锡陈公祠〉赏析——兼论唐寅中举前的心态》,《名作欣赏》,2007 年第 6 期,第 70—72 页。

[43] 马宇辉:《唐寅与弘治己未春闱案的文学史影响》,《南开学报》(哲学社会科学版),2008 年第 1 期,第 124—132 页。

[44] 刘畅:《唐寅散曲略论》,《哈尔滨学院学报》,2008 年第 1 期,第 103—106 页。

[45] 邓晓东:《百年来唐寅研究的回顾与展望》,《南京师范大学文学院学报》,2008 年第 2 期,第 32—37 页。

[46] 邓晓东:《审美趣味的嬗变与唐寅集的编选》,《南京师范大学学报》(社会科学版),2009 年第 1 期,第 138—142 页。

[47] 王晓辉:《从辞采镂金到芙蓉出水——论唐寅诗风的转变》,《大庆师范学院学报》2011 年第 5 期,第 52—54 页。

[48] 刘慧娟、袁成亮:《近十年来唐寅研究述评》,《中华书画家》,2014 年第 11 期,第 117—121 页。

[49] 赵运平:《唐寅的诗情与世情》,《古典文学知识》,2016 年第 1 期,第 76—82 页。

[50] 李燕清:《论唐伯虎诗词曲中的"花"意象》,《名作欣赏》,2017 年第 23 期,第 125—126 页,第 153 页。

[51] 马宇辉:《唐伯虎的"红拂"镜像》,《职大学报》,2018 年第 4 期,第 37—41 页。

研究生学位论文

[1] 马宇辉:《"唐伯虎点秋香"考论》,博士后出站报告,华东师范大学,2007 年。

[2] 马宇辉:《新视野中的唐伯虎》,博士学位论文,南开大学,2002 年。

[3] 黄朋:《明代中期苏州地区书画鉴藏家群体研究》,博士学位论文,南京艺术学院,2002 年。

[4] 李双华:《明中叶吴中派研究》,博士学位论文,南京师范大学,2004 年。

[5] 邱晓平:《明中叶吴中文人集团研究》,博士学位论文,首都师范大学,2004 年。

［6］汪涤:《吴门画派的诗画结合研究》,博士学位论文,华东师范大学,
　　2005年。

［7］李志梅:《唐寅与"三笑故事"》,硕士学位论文,陕西师范大学,2002年。

［8］李承锋:《唐寅心态及其诗歌研究——兼论明中叶吴中士风》,硕士学位论
　　文,湖北大学,2003年。

［9］于雯霞:《明中叶吴中四才子论》,硕士学位论文,山东大学,2003年。

［10］王颖:《"西厢制艺"考论》,硕士学位论文,扬州大学,2003年。

［11］童皓:《徜徉于出处之间——明代中叶吴中文人心态研究》,硕士学位论
　　文,苏州大学,2005年。

［12］曹燕:《唐伯虎明代印象研究》,硕士学位论文,上海大学,2006年。

［13］路国华:《世俗的诗化和诗的世俗化——明代中叶吴中文人生活及诗文
　　创作探究》,硕士学位论文,上海大学,2006年。

［14］许丽媛:《唐寅人格探析》,硕士学位论文,厦门大学,2007年。

［15］杨继辉:《唐寅年谱新编》,硕士学位论文,苏州大学,2007年。

［16］谢丹:《唐寅文学研究》,硕士学位论文,苏州大学,2008年。

［17］刘畅:《唐寅、祝允明曲化词研究》,硕士学位论文,黑龙江大学,2008年。

［18］王春花:《明清时期吴门袁氏家族刻书藏书事业及其与吴门艺文关系初
　　探》,硕士学位论文,苏州大学,2008年。

［19］陈思欣:《唐寅形象演变研究》,硕士学位论文,厦门大学,2017年。

［20］束真杨:《"三笑故事"的传播研究》,硕士学位论文,天津师范大学,
　　2020年。

附录

一、友人与唐寅交游诗歌补辑

（一）徐祯卿

《喜值唐子》

以我梦寐心，逢君别离面。秋鸿昔共辞，春燕今同见。

范志新校注：《徐祯卿全集编年校注》，北京，人民文学出版社，2009年版，第114页。

（二）黄云

《送唐子畏游庐山》

我昔游庐山，春归万花送。归来已十年，庐山长入梦。唐子天马不可羁，凤歌凤兴李白期。忽来别我泛彭蠡，直指庐山发兴奇。追思旧游隔烟雾，恨不从君纵飞步。千峰紫翠动晴光，九叠屏风扫空素。九天一派垂银河，泻入湖腹翻雪波。灿如芙蓉落天镜，钟声出寺青巍峨。昭明书台委众草，内史墨池散群鹅。白莲之杜已寂寞，禁此猿啼鹤怨何。唐子胃中久蟠□，掷鳌掣鲸或鼓鼍。桑落洲前宜引领，此生不游双鬓皤。好与山人借白鹿，搜抉奇古穷洞谷。解衣盘礴浴天池，石床眠霞留信宿。群仙来相招，临风长歌谣。和以玉管，酌之双玉瓢，调笑不使朱颜凋。山灵为子开画苑，咫尺能装万里远。僧堂蔬笋饱白饭，吴楚江山任舒卷。浪传太华如船藕，绝顶□□摘南斗。东海三山袖中有，可图五老为我寿。

《题张汝勉藏唐伯虎画》

山中白云谁赠我，舒卷只向图中看。新图乃是伯虎画，秋林忽生春昼寒。□危倚峻复回互，滴沥泉声石群聚。不闻老鹤巢长松，似有微风吹碧树。丹枫秋未深，人居仙品何招寻。清言不可测玄度，我欲对之披我襟。伯虎画法实神授，有如文字肖天秀。电光石火散浮名，草木山中共坚瘦。绿烟茗碗捧玉纤，春酒一瓢戒濡首。

下有双行小字：伯虎为酒困自作戒甚切绿烟其侍人也

《唐子畏作墨竹，署曰：秋风寒渐沥，夜雨碧淋漓。
竹法有文、苏遗意。为赋》

听风听雨总秋声，意到毫端妙忽生。金薤叶披苍玉立，洋洲衍派祖彭城。

《唐子畏勾勒竹》

天上白团光同同，一枝夜送窗前影。淋漓醉墨挥洒余，搴取水绡出俄顷。雪翎敛戢鸢或停，飞白书成风自静。佳人不拾琐碎金，金错刀寒铁钩冷。虎头痴绝见伯虎（双行小字：子畏一字伯虎），诗笔堂堂初脱颖。一时游戏真漫耳，忽略萧森露精猛。谁家吹断玉参差，魂断湘灵空引领。

《唐伯虎》

走马春城遍绿烟，挥金随处拥婵娟。自家花样天机杼，笑领蓬莱第一仙。

《题唐子畏画》

三月开先看瀑流，山风吹雨凛于秋。六如画景浑相似，白发萧萧忆旧游。

（明）黄云：《黄丹岩先生集》，《四库全书存目丛书》，集60。

二、顾榴批跋语

《唐伯虎先生集》，外编五卷，续刻十二卷，画谱三卷。（清）顾榴批跋何刻本。索书号线善 798279－84 上海图书馆藏

1. 见第一册第二页下半页

余旧有袁中郎□□□□（缺字数不详）诗文较之是编，十阙其二三，然中郎所收者，此或失之，故于题上记一红圈对同明白。是编有未尽收者，亟宜录入。再，六如尚有书画题跋散见《清河书画舫》、《真迹日录》、《庚子销夏记》等书甚伙。二编均未收录，若得搜罗，续刻一编更佳。

庚寅七月廿九日小痴灯下记

2. 乐府一十二首下有"袁中郎所刊唐六如文集已载者，题上以红圈为记"。

3.《伤内》下有"是诗盖又如悼元配徐氏而作，继配沈氏以妒被斥"。

4.《唐伯虎先生集》卷下第十四页上半页倒数第二行，《刘太仆墓志铭》批语"叙述太率略"。

5.《唐伯虎先生集》卷下第十四页上半页最后一行"戊戌仲春小痴道人重阅于紫筠轩中"。

6.《漫兴》下有评语"六如诗词大约轻率浮薄者居多，《漫兴》十首，如春华秋实，沉着涂厚，且有悔悟返真之语，非凡流可及之。"

7.《花月诗》十首下有评语"灵心妙腕，如春蚕吐丝，络绎缠绵，袅袅不绝。虽非大家体格，却不失为才子笔墨。"

8.《桃花庵歌》有"豪情逸思一片性灵"。

9. 外编卷之三，第四页眉批"黄九烟撰张灵崔莹合传，选入《虞初新志》，甚妙。"批的是"伯虎与张灵俱为郡学生，赤立泮水中以水相击事"。

10. 外编卷一《五十诗》批语"六如无子,此诗盖为他人作"。

《花酒》"此等诗近于小说品格之最工者"。

《醉时歌》眉批"自述当时取祸之由",诗结尾又有夹批"考吴门有陆南字海观,为六如前辈,上浮字疑误刊。"

《百忍歌》眉批"得禅那三昧"

《叹世》六首"此等诗乃小说家气习"

11. 《莲花似六郎》批语"其意层出不穷,变幻莫测,灵心独运,妙义积生,此真江南第一风流才子笔墨。读此,使锥钝者开发心思,悟超灵境。"

12. 《拟瑞雪降群臣贺表》"逸气凌云,神光孕玉,典则工丽,与天池白鹿表足称雄。"

13. "唐子畏被放后于金阊见一画舫"批语"别本作无锡华氏所纪情事与此稍异"。改华升为华昶。

14. 伯虎与客出游,盗果,掉入厕中。批语"此则与刘青田《郁离子》所记西郭子侨事,绝相似。"

15. 六如题虎丘剑池……批语如下

十八年

王公中成化十一年乙未会元,廷试第三人。李公中成化二十年甲辰状元

王公在正德元年丙寅以礼部尚书迁文渊阁大学士,即游虎丘之次年也。三年八月,王公致仕。嘉靖三年五月王公卒,年七十五,谥文恪。

16. 外编卷之三"有徐生名经者"批语"经系宏治乙卯科乡贡,考戊午科乡页四十一名为徐璋,昆山人,非经也。且都穆亦非与子畏同榜,乃宏治己未进士也。"

17. 外编续刻卷之二上半页收《春江花月夜》二首,下半页无竖格,黑色毛笔书写两首诗。

《题醉曼倩图》

尽将东海酿流霞，醉倒瑶池阿母家。却笑小童扶不住，月明踏碎碧桃花。

《题赠谢相国梅花图》真迹藏余家

万树苦梅一草堂，相公归去了年芳。天宗胜此和羹手，泽国来开屑玉庄。

18.《作诗三法序》批语"持论极当，惜不如自为诗，合此三法者，殊少。大抵失之不经意耳。"

19.《送陶大痴分教抚州序》批语"苍凉感喟，文生于情。宛曲盘旋，层复叠出，令人百读不厌，是六如集中第一杰作。"

20.《六如唐先生画谱目录》有批语"壬辰仲秋阅于瓜步榷馆"，结尾有"小痴重阅"。

三、明中期以后历代书目对唐寅著作的记载

1.（明）王道明《笠泽堂书目》

国朝诗文集

《伯虎集》一册　唐寅

（清）钱谦益等编：《稿抄本明清藏书目三种》，北京：北京图书馆出版社，2003 年版。①

2.（明）晁瑮《宝文堂书目》

文集类

唐伯虎集

（明）晁瑮撰：《晁氏宝文堂书目》；（明）徐火勃撰：《徐氏红雨楼书目》，上海：上海古籍出版社，2005 年版。

---

① （清）钱谦益等编：《稿抄本明清藏书目三种》，北京：北京图书馆出版社，2003 年。三种分别是：明王道明《笠泽堂书目》、清钱谦益《绛云楼书目》、清姚际恒《好古堂书目》。

3. (明)徐火勃《徐氏红雨楼书目》

集部

吴县唐寅子畏六如集

画类

画谱三卷　唐寅

(明)晁瑮撰:《晁氏宝文堂书目》;(明)徐火勃撰:《徐氏红雨楼书目》,上海:上海古籍出版社,2005 年版。

4. (清)钱谦益《绛云楼书目》

杂艺类

唐六如画谱

六如有书画手镜一卷

(清)钱谦益等编:《稿抄本明清藏书目三种》,北京:北京图书馆出版社,2003 年版。

5. (清)姚际恒《好古堂书目》

集部

《唐寅伯虎集》四卷　附纪事　画谱　二本"

(清)钱谦益等编:《稿抄本明清藏书目三种》,北京:北京图书馆出版社,2003 年版。

6. (清)黄虞稷《千顷堂书目》

卷二十一,别集类

唐寅　唐伯虎集二卷 字伯虎,一字子畏。吴县人。举南京乡试第一。坐事下狱放归。重编唐伯虎集四卷　袁宏道编。

卷十五,艺术类

唐寅画谱三卷

(清)黄虞稷撰:《千顷堂书目》,瞿凤起、潘景郑整理,上海:上海古籍出版社,2001 年版。

7. (清)赵宗建《旧山楼书目》

唐伯虎集　明刊本　两本

（清）马瀛撰：《唫香僊馆书目》，潘景郑校订；（清）赵宗建撰：《旧山楼书目》，上海：上海古籍出版社，2005年版。

8.《八千卷楼书目》

六如居士外集一卷　国朝唐仲冕编　昭代丛书本

六如画谱三卷　明唐寅撰　惜阴轩刊本

六如居士全集七卷外集六卷制义一卷画谱三卷　明唐寅撰刊本

《八千卷楼书目》，见《海王邨古籍书目题跋丛刊》，第四册，北京：中国书店出版社编，2008年版。